1

7	2	9	1	5	8			6
1		8	9	4	3	2	7	5
					7	1	8	9
	7	2	4		9	8		
				7			6	
3		5						
4		6		8				
		3			4	6		
	1			3				4

2

3			5	1	9		7	
	7	8			4			
5	4		8		3		9	
	9	4			1			
7	1			8	6	9		
8		3	9	4			1	
	6			9		2	5	
								9
4	8			3		1	6	7

3

		2	4			5	7	
1					8		3	
			5				2	9
6	2		8	7		9		
	3							
		4	2	3		1		
2	8						9	
				8				5
				9		7		8

4

	7	4			2			
				9	7		4	
5		9					8	
	4				3		9	
		6	2	5		1		8
			7					
			4		1	3	7	
	5			7	8		6	
6								

5

		2		6		9		1
			1	9		2	7	
	9				2		4	3
9		5	8			1		
		4						
		1	5		6		2	9
	6	3			5	7	1	
5							9	6
4	1	9	6			8	5	2

6

3	6					1		
8	7	4		1	6			2
	5		4			8		6
				6	5		1	
5		6	1	4	9		3	
	4		7				8	
2		5	6		7	9		3
			5	9	4			
				2		5		

7

6		7		8	4		1	
1	2					9		
	9		5	1				
	5	2	1		8		9	
	6	8						1
4	1					6		2
3		1		2				
			8		9			7
	7		4				6	3

8

			5					9
9					4		1	7
	4	2			7		5	
	1			9		7	3	
8		9	2	5			4	
		3		7				
				2		1		4
7					6		9	
5	8							6

9

	8							
5				1	9	3		
3					6	7	8	
	7	9						4
			6	4		2		
							7	
8			5		4	9	2	7
					3			
7	6	5	9			8	4	

10

	5	1		6		9		2
	2		8	5			4	
			3		2			
6			1			7		
		3		7				5
		8	9	3	5	2		
				9	1			4
				8				
9	3	2	7				1	

11

2						9		
1					8			
	6		3	4			1	
9						1	2	8
	1				9		7	
		6	8		7	4		9
				5	1			3
			7			6		1
3		1			2		9	

12

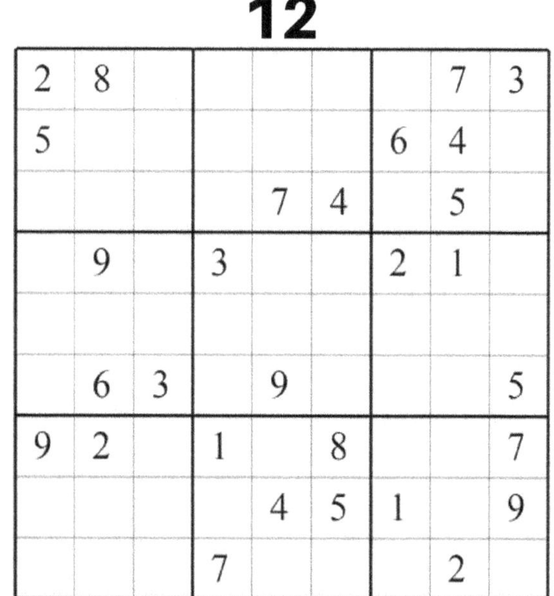

2	8						7	3
5						6	4	
				7	4		5	
	9		3			2	1	
	6	3		9				5
9	2		1		8			7
				4	5	1		9
			7				2	

13

	2	8			9			
9				7			1	
6				1	2		5	
		3		9			4	1
		9	2	6				
				3			9	2
	5	2				9		8
8			3		7			
7		1						4

14

8		7						
3		4		5		8		2
	6			3			1	
1	2	3	5					
6	8	9	2	1		5	7	3
	7			9				
		1						8
9	4			7	3	2		5
	3			8	5		4	

15

7	1				3			
		6	9			3	1	
		8	1			6	7	
			3				5	
1	8		2	5	6		4	3
6		3				8		
8					2			
					7		3	
2			4	3				5

16

	2		9					
	4	9		3	5		7	8
						6	3	
	6					9		7
	5	3				8		
		8	4		7	5		
2			5	9		7		6
	9				8	4		
			6	4	2			

17

	9		3				1	
7						3		6
	2			1	9		8	7
3	6			4	5	8	2	
		4		6	1			
				3			5	
			1	5	4			8
8			6			9		5
		6			7			3

18

		3					8	
8	6	5						1
	1		6	8			2	
						2		6
3			7			1		
	5			4				9
	8	4				5		3
2	3		9					
				1		9		

19

5		7	9	6	2	4	8	1
			7				6	5
			8			7	9	3
3	5							
7			2	8	3		4	6
		4		5	1		7	
2		1						
					8			4
9	4			2			5	8

20

				4				
3	8		6					2
	7			2			1	
			7			4		
8		6	1	3			5	
	5		4			2	3	
4	2			5			6	
				1		7	2	3
	9		2		8		4	

21

			8					1
7	6	9	1	4				
8			6		7		2	4
2				5		3		
	9	3			6	1		8
	4	8	3	1		2	5	
4				8		6		
	3		9		4			
		6	7			4	1	5

22

5	7	2	6					
				7				9
6	9		8			5		
	5	9	3		8			
			5	4		2	8	
		3	7	1		4	9	
	1		2			8		7
	3			8		9		
		8	9				3	6

23

5						9		6
4		6	1	3		7		
	8				6		3	
7								
					1	2		
9	4			8			1	
	2			9	4		8	
				1				
		4	8	6		3		9

24

9		8			6	2		
	2			3		4		6
	3						9	1
3		2			7			
	1	9				7		
4	6		5		1	3		
		4		5	8	6		7
1	8							2
6	7		2					8

25

		1	9					
9		5				2		4
7		6		1		3		9
			4	2	5	6		
	5			9		4	3	
		7						
					8			1
	6					8		2
5		8			2			

26

9		7	5		6		2	1
	4			8	9			7
6	5		7			8	9	
				6				
1			4					
	2			7	8	1	3	
3				1	4		5	
4		6	8	3		2	1	

27

9		6				3		5
		3	5	2		1		6
		7	6		3			9
		2	9	1		6	5	
	9	4	3	5				
		5	7	6	4	9	3	
	4				6	5	8	
					7			
	3	9					6	

28

	2	4		8	5			9
5		1					3	2
7	8			6		4	5	
4		5		1			6	3
		8		7			9	4
		3						
		7	5		8			
		2		3			4	
1		6		4	7			5

29

			5	7				9
9	3	5				7		4
		4			3			2
		2	7		1		4	
4					5	9		
8	1		9		6	5		3
		9				8	3	
							7	
3			2	1		4		

30

				1	7			4
	7					3		
		9	4				6	7
2		4						3
7		8			1	6		
	5			9			8	
5	4				3	9		
			8	5				6
9			1					2

31

	5					1		8
1	2						6	5
	7	8	5		4			
7	3	9			6			
4						6		
5		2	7	8			9	
	4	6			8	5		
	1	7			5	9	8	
		5	3			2	1	6

32

		5		8			9	6
8			9		7			4
						8		2
		7	8	2		6		9
2			1				3	8
			6	4				
			5	6			4	3
4	9	8					6	5
6	5	3	7				8	1

33

8								7
					8	2		4
4		1	3			6		
	1		5		4		2	
	4			7	1			9
		7	6	3				1
	2		9				7	
3		5	1		7		4	2
					3		9	

34

	6			5	9		4	
9				2		5		6
				1	3	8		7
				4		3	5	8
		9		7	1		6	
6		4		8	2		7	9
	7			9				5
5		6				7	2	
8	4			6		9		

35

	8	3			7		9	
			9		8	6		
			3	1	4	2		
3				4				
1		7			3	8	4	
5			6		1			
		6					3	5
	1	2			5	7		6
	3	5	8	7				

36

				5	1			2
	6	3	9	8				7
		4		2				
							7	4
6	7			3			1	
			5			2		
1	4		8	9	3	5		6
	5					9		
9		6	2	1				3

37

9		1	6		7		3	8
					1	9	7	
						6		2
4								
		7		9	5			
		9	3			2		1
	9	3	5		8			
7		8	1			5		
6	5	2						3

38

	8	5			4		2	1
4	2	6		7				5
1		9				4		
3	1			8	7		6	
9			3				4	
		7						
6		1					5	2
	9			4		1	8	3
			1		2			

39

				6	3			8
4	6	8	7		2		5	
		2		8		4	6	7
6		1						
			8	2	4	7		6
					6	8		3
9		6		7	1	2		
1					8			5
		4	2	9		6	3	

40

				6	8			
2			1					
1	8				7		4	9
			7	5			1	4
8	4	2		1		9		7
5	1					2		
3							8	5
	2					4	9	
6			4	9		7		1

41

		2	6	4			1	
					1	5		
9					2			
		7		2		8		
		5		1	9	7		4
		9	8				2	1
2	4				7		8	
	7			9				3
		8						

42

	7				3			
5	3		4	8			6	9
4	6	8		9			2	
	1				6	9	4	3
	2			5				6
		7	9	2		6		
9		2				1		
3			8	1	5	2	9	

43

	1		9	7		2	6	
2			5		6		3	
6								8
				2		7		
	9	5	1			8		
3		2					1	
			2	4		6		
1			6			4	8	
		6						1

44

	9		3	6			4	
		3			5		1	
9		2		3	4	6		5
		5	6		7		8	
7				5	2			
4	7				6			3
	1	8	2	4		7		
5						8		

45

7	3					1	5	2
6	9			2	8	4		
	4			3				6
	2				6	9	4	
			1					
		9		5	2			
	6		2		9			1
2				8		5		

46

			3			9		
	3	9						
			7			8	6	
9	4	7	8	2	3	1		6
	6			5				2
	2		1		6	3	9	4
	9	8				4	7	
4			6		1			9
	1	2	4	9	7			

47

		1		5	3	8		9
	5		4				3	
				8	9			5
		6		3	5	2		
5	1	8				9	7	
			1		8	4		
1			8		2		9	7
			5		6	3	2	
4	2						6	

48

		8					5	9
7								
		6	5	9	2			
	6			8			9	7
		7			3		8	
4							6	2
			6	5		9		
9		5	1					
		3		2				5

49

	4		1			3		5
	5	2	6					7
	8	3	4			6		1
3				2	1			4
4	1	6	3			9		
		5	7		6		8	
8		7		1	4	2		
			2			4		8
5			8	9				

50

8			2	7			9	3
	4	3						
			1	6	3		7	4
								5
4	7		5			9	6	
5				9	8			
1	6	4	9	2				
						6		
9			3				4	1

51

5	3	8			1	6		2
		7	2	3				
	2		5				3	
	5				4	2	9	3
		3						7
				7				
1					9		6	
		5					2	8
		6		2	3	9	7	

52

	9					5		3
		8			2			
			6		8			
8			2			1	3	
	5			4	9		2	
9			1	8	7		4	
2			3	6				
1	7						5	6

53

5		1			3		6	
3		2		4			8	
8	9		7	6		5		
2			9		7			
1	3			5		7		
6	5	7	4			2		1
7							2	
		6	1		4			
4		3					7	

54

		1			4			3
4			1	9	6			5
2					7		1	
7		3				5		
	8	6	9			3		2
		9		2				
6		2	3		9			
		7			2	6		
3	5		7			9		8

55

2			3			1	9	
						8	2	4
	4		8					5
5	2	6	9			7		1
		1		3	5			
	3				2	9	5	8
6							1	9
		2		9	1			
		3			7		8	2

56

				1			3	9
				6		1		
8		9			2	4		6
				4	9			
5		3				6	2	4
	4		6	5	3		9	
3	8		1					
9		5	8	3		7	6	
1	7	4			6		8	3

57

					7			
1			8	3				6
9	7		6	1			2	
	6					9	8	4
5	8						1	7
7			4		1			3
						4	3	8
8			7	4		1		2
	1	2	3	5	8	6	7	

58

2	6		7		5		8	
		3						
9	5	4	8					3
	9	6		4		7		1
		5	1		7	6	9	8
1		2					4	5
			6		2	1		
	2					8		9
	1		3				5	2

59

1	4	9		3				7
				8		1	3	
3			5		9	2		4
				2				
		6		5		3		
5	3	7		4	8	6	2	1
9	5	1						
	6				5	9		
7			1	9	3			6

60

			2			5	6	
	7	1			8			
		8						
	1		7	2		6		
6	3		8	5		2		
		5						1
9				8	2	3		
	5		1			8		
	8	6		3			2	4

61

1			4				5	2
3		2		8	1	4		6
9	4	5		6				
				1			6	
					6			5
5	8		9				4	3
8	2		1	5				4
		3				5		
					4	8	3	

62

							4	6
	7			6		8		
	2		9			5		
	3			8				
8				1	6	9		
		1				7		
5	6				1			
		9		7		1		4
4		3				6	8	

63

		6		5			7	
						5		
	4			7	2		3	
				8	6			
3	1				4	2	6	
6	7						8	1
	6	3						
			3		8			
7		1		6	5	4	2	

64

7	4	1		6		9		3
		2			5			8
	5						6	
	2	4	8					
5						8		
8		3	5		1	6		
				5	9			
		6	3				8	
9		5				2		

65

2		7			8			6
9		5			6		3	8
				7			9	
8			3		7		6	5
6				4	5			1
	5	2						9
	1			3	2	6		7
		6	1					3
				6		1	5	2

66

			1					3
				8				
2	1	5	9	3		6		8
	5				8		2	
6	4	9					3	
8			6			1		
				6	2			
4				1				5
	7		4	9		2		

67

	5		2			1	8	
6		7		8	3			
				9		4	6	
	9		7				4	8
							7	
	3	1		5				
		3		2	8	6	9	
9		2	3			7	1	4
			9					

68

8	3	5			9	6		
		1						
9			6					3
4		2		6	5		8	
	5	6			8	9		
3				4				5
2		7		3				
	4			9		7		
		9		8		4		

69

				8			5	
8				5				2
		3						
7		5			2		8	
						4	2	
1	9	2			4		7	5
6	5		9	7				
9	8					1		6
				1	8	5		

70

2						5		
	1				5		7	
				8				
		2		9	6		1	
			4			3		
	4					6	2	8
8				6		7		
5	3			4	7			9
	7			1		2	4	

71

	6	8		2				4
7			6				1	
	2							7
4			8					
	7		1		3			9
				9	2	7	6	3
8	3						4	1
		7		8		3		
		5		1	6	2	7	8

72

					6	3		9
	3	6		5	4		8	
			8			4	6	
5	6	7		3				1
			6		5			
			7	8		5	3	
					8		2	
8	7		4	6				
	9				7	6		

73

1	7		3	9		4		6
					1	3		
	5		4	7	6		1	9
2	1		7	6			8	
9		3						7
	8				9	1		
5			1				9	8
				5	3		6	
7					2			1

74

	7			8		1		
	6	9	3	1	2			4
1		4		5		9		
			7	2		6	4	
				6	1	3	9	
7		6		9				
	5			4				1
	3				6			
		8		3			2	

75

4	1	6	7	8			3	
			4			8		
		2			1			
	2			5	7			
		7		4	6	1	9	5
		9						
	4			9		7		8
	7			6	4		1	
3			1	7		2	4	6

76

3				7				2
				6		8		
1				2	9		5	6
9	6						1	
5	4	1					8	
	3		5	1			2	9
4	9							
		7	4	9				1
		5	2					3

77

	9							2
	1				5		6	7
		5	7			3		
4	3	8						
	7	2	4		1	5		9
2				4		6	1	
		9	1	8			3	4
1		7	6	5		2		

78

	6	8		9			2	
2		9			6	5	3	
		1	8				7	6
	9		3		2		8	
	7			5				
		5	7	1	8	6	9	
	8			3				7
9					1	2		
4		3	2					

79

		1	9	6		4		5
							8	9
9						2	1	
5	4							1
		9		8	6		4	
	7	2		5			9	
		4			2			3
1		5	3				6	2
	6	3			5	9		

80

	9		8		5		2	
		7						1
								6
	7		5	4			1	2
8	4	3	1	2		6		
1			3	8	7			
	3	9			6			4
2			9		4	5	3	

81

				1				9
3					4			
1	7		9			5		
	5		1				8	
4	9		8			1	6	
				4				
	8	7		5		3		1
			7	3		9		
		3			8	6		

82

		2				8		6
			7	4				
5		1	6	2		4		
2		6	3			9	4	1
	8	3	9	1				
	4	5		3		7	2	
	3	9	2		6			
8			4	5				

83

			6		9			
	2			4	3			6
	9	1	2					4
	5	7	4		1	8		3
4				3	7			
	7		8	2	6	9		
8		6					7	
2					4			

84

	5				4			
	9	4		8			1	2
					2			
	1					6	8	
	7							9
		5	3		9	4		1
6				9				8
9		8					4	
		7	4	1			9	

85

			7		6			8
5		6		9		7		
		7	8				6	
4	3					1		7
8	1				3	6		4
					8			3
9			4		1		7	
	6		5		9	8	2	1
1	5	3	2		7			

86

6	8	9		4			2	1
					6	4		8
							5	
9	3			1		2	8	
5			6					4
7	2				8			6
2				8		9		
	9				3			2
	4	7		6	9		1	3

87

2						7	1	
	3		2		5			
				7	1		6	2
7							4	9
	2		6	1	4			7
6				8		5	2	
9	7	8		4		2		6
3		5			6			
4			5			1		3

88

	6		9				5	
1			8					
	8	4		7		6		
	7			4			6	8
8	4				1	2	9	
3			4		5			
6	9	8						
	2					3	1	

89

	9				1	7		8
		7	3		2		5	9
6		4		7				3
	2	9				5		
	3	1		8				2
					3		8	1
9	1		7	5	4			
		5						7
7	4	2					9	5

90

1	6						9	5
		3				6		
9	2		1	6		4		
	7			9	2			6
6	5	4					2	8
				4	6			1
4	3							2
	9	2			8			4
	1			7				9

91

					7			9
6			1		9	2		
	2	4						
	9			1		5		
4					8			
7	3		5	6	2	9	1	4
	7	5	2		1	8		6
1	4	9						
		2		3	5	4		

92

	2	9	7					
5	4			2			6	
	3						7	2
	9		2	8		3		7
					1			6
	1	3		4				8
	5		3	1			9	
	6	4	8				2	
			4	5	2			

93

							8	
			8		7	6	9	
5		4			6			
	6	5		1		7	2	
		8	5		2	4	6	
9			6			3	5	1
7						9		
8	3			2	5			
4		1					3	5

94

	2					3	5	
8	3			5	4			9
	9		7		3		8	
			9		6			
9	8	6			1		4	5
			4					6
		5		6	7		1	8
	6							
	1			4			6	

95

			8	4				
	6		3					5
	1	2	9	7		8		
		7				1		
6	3		1					
		9			4		3	6
	5	3	4					8
2	7			8				
8	4	1				7	5	

96

					5			
	1	2				9	3	
5	7		6				8	4
	4			2				6
	9				6			7
1	2						4	9
4	5	7						8
						6		
		3	5	9	8			

97

		3			8			5
7	5	8			1		9	
		9			6			
4	8	5	2			1	6	7
			1		7			
			4	6				8
	2	1		7		6		3
8		7			4			
9						8		

98

		7		9	4		1	
		3			6	7	5	9
9	1		7		8			
	2	4	6	3			8	
3		1			9	2		
7	9						3	
			4	6			9	
	7	9		8	1	5		
	3		9	7	5			

99

4	8				5			1
9				6	1		8	5
		1	9					
		8			4	5		6
5			1		7			
1	2			3			9	7
		6	7					3
	4	5		1	2			
							5	

100

6		3		1				
					4			
	1		6				5	3
		1	7			9		
		9		8			6	
	2						4	
3	9			7	1			
8			5				1	
			4		9		3	8

101

8	9	3	5			1	6	
		5						9
					4	8		
2						9	3	1
					5			
	6		2					
			8			2	1	
1	8	7		5				
		4				5		3

102

	2		7			1		6
					9			
	3	5						2
	7	8	3			4	5	
	6		8		2			9
4			5	1		6	2	8
			6			2	4	
	1		9					
	4			8	5			7

103

	5		4		7	6		
	7	4	2	6				3
		8		9				
7	9						1	5
8				7				6
1		5	6			8		7
			9			4		
	2	9		4	1		6	
		1				9		

104

	4	8	2		7	5		3
1	2		9					
5			6	8				
	1	9			8		3	5
	5		3	6				1
		2	5		1			
4	9	3						6
7	8			9	6	3		4
	6				3		5	

105

					4	9		
9		2	7	1		4		
5		6	9			1	8	7
		1	8		9			
		5						
			6	5		2	9	
2	7					8	5	9
				8		7	3	
4			3				1	

106

		4						6
6		3		1		4		
	5			6				7
	4				8	7		
3				7				9
8			4	2				
5	3			4		1		
2	1		5				7	
			1		2	5	8	

107

			1	5	6			9
7			4	3		6		
6				2	9			8
4	5							
8				7			4	2
	7	1	5				6	3
		6				3	7	
			2	9		1		
		4		6		2		5

108

	5	3	4				1	
	8	6						
7	9		5					3
		1	2		9	5		
3			8					6
	2		6	7	4		3	1
		2	3		7	6	8	
	7		1	8		3	9	

109

	3	7	5	2	9	4		
				3	4			
	5				6			9
	7		3	6	2		9	
	6		9	1			4	7
5	1	9	4					
3			8	4				
		8			3	5		
1	9		2			3		

110

1				5			2	
								6
	7	2	1			9		
3				9		7	5	
	2	1	6	7	5	3		
		7	3					8
			7	2		1		
7	8	4		3		6		
	1				9			

111

	3			1		4		
7		8	6					
			9			1	8	
			7				2	9
	5			9			1	
1					4	8	5	
8	2							3
		9						
	6	4		7	2	5		8

112

	7				2			
	1		6			9	4	
			5		1			
					9			
4				2		6	5	
9	6		7	4				2
					6	2	3	4
8						5		7
	9		3				8	

113

		2		9		5		7
				5	7	4	6	1
1	7	5		8	4			
9	1	7	5	4		8	2	
2	8			1			5	
		4		7			9	
						3		
5				3	9			
		9	7	2			1	

114

8		9			1			
		6			9	1		8
				5				
5		8	7	9	3	4		
			2		6			
			5		4		9	2
	9	3			5		6	
6		1						
	8	5		7		9		

115

5					6	7	1	2
							8	
1			7		4			
4				6		9	5	
	9	5				2		
2		3	5					
6		1				3		8
8			3		7	4	9	
9	3		6				7	

116

	5				7		3	1
3			2		5		7	4
						9	8	
5				1				
				4	6		9	
	3		9		2			7
7			1			4		
6		1			9			
								2

117

	2		6			9	7	
			2	9	7		1	
	6	9	3		1			
	4			5	8			9
		8		6				
6		7			4	5		
5				1				2
	8	2	4	7				
1		6				8		4

118

	2		3				5	
9								
		8		4		1		
3	9	6	7	5				
4					3			6
	1					3		
1					8		3	5
2							6	1
5		4	1		9			

119

2				9		3	5	
	4	9	3					
4							9	8
	8		9			4	6	
		6		2	8			3
9	1				5		2	
		7					4	1
	6	5	1		2			9

120

1					9	7	5	2
7				3				9
2					5		4	
8								4
5		4	7				6	8
9		6			8			
4	1		3	8				5
3	8			5		4	2	
6	5			4				7

121

	8	5			1		9	2
4	1					6	8	
9		2			3			
	3		8			2		9
	9	4	1		2			6
1	2		9	5	6	3		
		3	2	1		9		
2		1			5			
	5			7		1		

122

8					6	7	5	
		2		5				
3	5					4		6
7			5	2			4	3
		5		6		1	9	7
	3	6			7			
		9			1	3	7	4
		3			4	5		
		4					1	9

123

	1				6	4		8
	6		1				9	
		3			2	6		
2						9	8	
				5	7	2	1	
		5					4	
		8				5	2	4
				3	5	8		7
		4		2	8	1		9

124

		4			8		2	
1	2		4		3		6	
8	7		5	2				
4				5	2			6
	8					1	5	
	6	1		3				
	5	2				4	7	
	4	3		6			1	
				9				

125

				3		2	9	
1		4			5	7		
		8	9			5	6	1
4			8		3		5	
	5	9		1	2			
8						4		2
7	2	1			4		8	6
9			3			1		
3			7				4	5

126

2	4	3					8	
					3			4
8		1			5	6		3
	8	2		5	9			
			2		6		3	9
5	3		1				6	
1	5						9	
		7	4					
		8			2		7	

127

			2	7	1			8
4		8		5				6
	3	2			6	9		
3	7		1	2			6	
8	2	9	6		5			7
1				3			9	5
9						4		3
						6	8	
		1	3		8	5	7	

128

	4				1		8	7
	5	1	7	8				
7		8						2
		9	1	7	8		4	6
				9			7	3
		7		4	6		1	
4						3		
	7				3		6	
	8	6	2	1	4		5	

129

3	7	6			9			4
9					8	7	5	
		4	7		3			
6				9	4		7	5
4		5	6	7	1	9		
	4			1	2		8	
	1	9		8				
2	6	8		4	7	3		9

130

		4	1	6	2			3
	2	3	5		4			6
	8			9			4	2
		1	2				5	
6	9		4					
		8	9					7
3		7			9			5
	4						3	
8	6	2		1			7	4

131

		2		1				3
9	8	5		7			4	
		3	9		4	5		7
					9	2	7	
5	3				8			4
2			4	6				
	5	4		3	2			9
					7	8		
		7	6	9				

132

9							5	4
2	7	6						
	5		3	2			9	
		7	4			3	2	
		9		8	6			
						9		
							7	
	9		5			6	4	
	2		7	1		5		9

133

			3	1			5	
8	1	9				7	6	
7	5	3						
3		6			1	8	7	
	8	1			2		3	
		7				1		
6		8		9		5		1
		4		5		3		
1				7	8	6		2

134

			3	4	2	9		6
		7		6	9			1
	3					4	5	
	7						1	
4		3	9			5	8	7
6	9		1			2	4	3
		1		9				
	6			1	8	7	9	
	5	9		7		1		

135

		3	9					
						7		9
		4		3	6			
5	1		4				6	7
6		8			7			
				2		8	5	
3	6			1		9		
	2		8	7				3
	7		3	6	9			5

136

	7	3		5	1			
					3	7		2
					2		4	
			2				6	3
	3	1						
6		8		3		4	9	
5	1	2		4		9		6
3		6		2				4
9							2	

137

4	2							3
6							2	
			9		5		4	
			5	6			1	2
8	1			4	7	6		
	5							
	8		4		9	5		1
5				7			8	
				5	1			

138

					5			9
8				1	2	3		
5								
		8	7		6	4	2	1
	6				3			
	1	5		9		7	3	6
7		9	3			6	8	
3								7
6	5		8			9		

139

				1	4			
	3	2	9	5	6	1	7	4
	4	7	8					5
7					3		1	
		5	6			3		
4	8		5	7		9		
	6	8		4				1
3				6	8			9
		1			7			6

140

		5	1		7		4	6
7			8			2		
	2			5	9	7		
1					5			
5			6	4	1			2
	6			9	3		7	1
6		1	3	7				
8	4	7						5
2	3				4	1		7

141

1					2	8	6	
	8	5	9					
		4	8	6		9		
	5			9				6
						1	4	
3			1	7	6	5	8	
8		7	6		1	3		
				3			9	8
	2						7	

142

9	5			6		3		
					5			8
	6				7			9
						8	7	
		8	5		9			
	1							5
		4		5	2			1
2	3				1			6
7			6		8	5		

143

	4				9			
9				5			3	7
				3				
				9	4			
3	9		6	1		8	2	4
4			7			5		
		6	5			3	8	9
2	5				3		4	1
	3					7		

144

		3				4		
5			3			1	6	8
8	9			4				
6						8	7	
	1		5		3	9		
3			6		7		1	2
		8			4	2		1
	3		2	1				
4				6				

145

5			2		8	4		
			9	7	4		3	
8			3			2	6	
3				1				6
	6					5	7	
	7	5	6	2			8	
		6						
9	5	2	7			1		
		8		9				3

146

4					2	3		6
		8	4	6	7			
			3	9				
2	6		5	7	8			
	8	5				6	7	
	4		9	3				
1	5		7					3
	2				3	7	9	1
	7	3	2			8		

147

6	5			3	2	8		
			8				3	
8			6		7		4	
2								1
	6	7	5			4		8
9					4		2	
		6	1					4
	9			4	3		7	
	2		7	5			8	

148

		8	9	6				
		6		4		7		
9		3		5	2	6		
3		7	2			8		1
					1		4	
				2	8	4		
2		5					6	
		4	6	7				

149

2		8						
	9	5			7		8	
				5	4		2	
							6	
8	3	9						4
7	2			1	5		9	3
5			1	2	9	7		
	4			3				
	1			4		5		

150

7				3		4		2
3				7			8	
		5			4		1	3
				8		3		9
			3		9	6	5	
	4	3	7	5	6	8		
4							9	
		1	6		7		4	
			5					6

151

		7	4	6	2			8
4			1					7
1		5	9		7			
2			6	7				
						7		2
6				4	8	9		
		3					7	
	4	6	7		9	3	8	
7			8					

152

6		9	4				5	2
7								
4	3			7		6	8	1
	8		1					
5	6		7			3	9	
	4			5		1		
	7	6		3				
			8				3	4
3					9		6	7

153

	1				9			7
2	8	3	7	4	6			
				2		4	6	
6			2	7	1	3		
1			4				9	
		4			5			1
	4		8					
	9			1		7		
		8	9	3	2		1	

154

9		2		4	7			8
				1	2	6	4	
		7		8				2
5								
	2			9			1	5
7	9		1	6				
1		8	6					3
	7		2		9	8		1
			8		1		7	

155

9						3	1	
	7	4	2	1	9			
			8	5		4	9	
		8			4	7		9
4	9			8				
	3					8	4	
					6		8	
6		9	1				7	4
8		7	5				6	3

156

7	9		2	6	4	3	1	
1	4		8			9		7
			1		7			4
	2					1		
		5	3	2	1			
			5		6		9	
4		1			3			6
					2			
				4			3	

157

			9		4			
	5			1				9
9	1	2						4
1	6	5	7				8	
	8	9						
3		7			9		6	1
	3					1		
	9		2					7
7	2	6	3		1		5	

158

	8			9	2			4
	9		3				5	
						6	9	
		4	8					
	3	6	7	4				5
	7		5	1		8	4	
	2	3		5		9		
4			9	3			8	2
		8			1		3	7

159

		7	3					6
				6				1
	3	8	4		1		2	9
9	1	2		7				4
7		5	9					2
3			1					
	2	3	5		9	6		
	6		7	1		2		
4			2	3	6	5	9	

160

					3	6		5
		1		7			4	
5	6	7					3	
			6			3		
		6	9		5	1		
	8				4			
2		3	4		8			7
		9	2				8	6
					9	2		3

161

		3		4	7			6
			6	5	2		7	9
7		5						8
				6				1
	5		1			8		2
	9	6	2			7		
		1	4		9			7
	7	2				9		4
8								

162

			1	6	9		4	
							3	
9	4						7	
6	8		5			2		
4		9						
		2	6					7
				7	5	8	9	
	9	7	4	8		3		
								4

163

2		9						
	6	1		9		4	2	
				1		6		
		8	4	6		2		
4	2				1		5	7
	3				5		4	
	1	4			6	5		
6			5		8			
8		3				7	6	2

164

				1			8	5
	1				6	3	4	7
		7		2	5			
	5			7			3	
			1			6		
	8			5		4		2
		5		8		1		
	2	8	5			7	6	
		1		6	3		2	

165

				6	3		7	
4	9	6	8	2		3	1	5
8				1	5	4		2
		1		9			4	
6								1
			2	5		6		
1		7		8	9			
3	4	8						6
	2			4		1		7

166

5		8	2		3		4	1
2		9	7					
					4			
7		5		8				
4			9	2	1		5	
					7			8
	9		6				3	
		3	1		5			
	5				9	1		2

167

3		7	4	9	8		5	
				5		3		
						4		
			2				9	5
2		8					4	
4				7		1		
	8	9	3				7	
		4				9		
1			5					6

168

	1	3		9			8	
			3	5	8	4		1
						3	6	
4	9	5	1			6		
	6	1			7	5		9
2					5			
		7	5				1	6
6	4	9				8		2
	5			8				4

169

	6		8	2		3		
3			9	6				
							5	
	5							
7		2		8				6
	4				3	2		
	1					9		8
			4			5	2	
	9	5	2		6		3	4

170

	8	6					3	
1				9				
7		5	4			1		
5	3		8		9		7	
			3					1
			1	2	7	6	5	
	1		9			5	6	
	6				4	3	9	
9				3	8			7

171

	1	5	2		7		9	
2				6				
9	7	4		1		6	5	
				5		2	7	
5	9			7		4	6	
4			6	3				5
		6		2		9	3	1
				9			4	6
1		9		8		5		

172

				9	1	6	8	
	9					3		
5								
	5			4	9		1	
6		9						
1					6	2	3	
9	1		3					7
		4	6			1		
		8	9					5

173

2	6		9		5		3	1
3	1				7		6	9
7	8					2		
					4		5	7
5				3			1	
		3		2			8	
6			1		9	4		
	5			6	2		9	
		8			3		2	

174

8	2						3	4
				6		9		7
		3	4	2			8	
		6	7	5		3	9	1
	5	7		9	3		6	
	3		8	1	6		5	
	9			4		5		
	4				1			6
3			5	8		2		

175

					2		4	
	5	1	7		4			
9	4		5	1				7
					5	9	6	
		5	9				2	
2			6		7			
			8					3
1							9	
8	2				9			

176

5			3		9	2		6
	2	6		4	8		3	
9		4	2	5				8
8	4		6	9			7	
		2					5	1
		3	8					
					4			
4	1		7					3
		7					9	

177

3							9	5
			5	1	3			
	5	1			7			2
	6		8			5		
9			1				8	
		2				3	4	6
1		7					2	
5			4		1	7		
4					9			1

178

	9				5		3	
2	3	7		9			5	
				3	7		2	
		8	5		3	1		9
			8				4	3
3	2	1	6	4	9	5		7
1		3						
	8						9	4
4				8	2		1	5

179

		9	6				7	2
6			4			3		
7			5		9	4		
1			2					
9	7				5		2	
	5		9	6		7		1
4	8	1		9	6		5	7
5	9		7		8	1		
					2	8		4

180

			8			1		
	4			2		7	6	
		6			1	2		
	8		5		4	3		
			2					4
	5	1	7		3			
	9			3		4		
		7				9	8	3
	1				5	6		2

181

7	6							
5		3	8					9
	9		6				4	7
2							5	1
4	1				8	7		3
3			5			8		
	3			9		1		6
		1		2		9		
					6	5		4

182

	1		5		7	9		
8			9					
				2				3
5			2					8
			3	7	5		9	2
		3				1	5	
9		2	1	4		7		5
		8				3		
4	3	7					1	9

183

1	5			4			6	
		6		1	3			
								2
	9	7						5
8	2	5			7		4	
	6		5			9	7	
			8	2			3	
	4							
		3	7				9	

184

	4	7			8			
9		5						
6					9	3	5	
7	9		1				2	3
		4		2				
2	5		7	9		6	1	
8			9		3	7	4	
	7		8			5		
	3		4	7				1

185

						4	9	
	7			4			3	
	8	9	6			2		
	2				9		6	
9	5			1				
	4		5	8	7		2	
8					2		5	3
						8		
3	9			6			1	

186

					5	4	9	3
					7			
4	9	2		8			7	
		8	2			5	4	
	4			1	8	2		
							1	
					6			1
8	7	4	9				5	
	1				7			

187

1	2			6				
			4	9			2	1
	5			2			7	
						1		
8				7	6		5	
	7				1			6
5		6						8
	8	2	6	1				
9				3	5		6	4

188

	9				5	7		8
	8	7		2	1			3
	6			8		2	5	
6			2	5	4		3	9
8		9						2
2		4						
			7				1	
	4	8			9			5
3	1			4				7

189

7	9			2				
6		2	1			5	9	
	4	3		9		2		
			9	3		6		5
		5	7		6	9		
9	2				4			7
	5		2				6	
	6	7	8					
	1					8		9

190

9							8	
	6	4	2	8	7		1	
		1		9	3			
4			7				3	5
			3	4		7		
	2			5				6
6	1	5		2	8			4
7	4		6					
	8	3			1	6		9

191

		7			6		1	
	1	8	5		4			
6				3		5		2
			7		2	1		9
				6	8		7	
7		4	9			8		
9	7	2	8			3		6
4	8	3						
		1	3	7			2	

192

	3	9	7		4			
		6		5		8		4
		8	9			3		
9		3					2	8
		7	8		9	4		3
6								
	9		1		2	6		7
				9	8	1	4	
	6			3		9	8	

193

6	2			8	1	3		4
				6		8		
5			3		7			
2		6	7			1		
		9			6	7		
		1		4	3	5	2	
	4	2			5			6
9				1		4	7	

194

6	5	3			8			
9		2	6	7	4	5		3
								6
2		5			9			4
		1			5		2	
4	3							
						7		
	4				6		9	1
		6	9	2				8

195

	1			3	4			
		4					7	1
	6	5				9	4	
2	7				9			8
			3		7			2
			8		5	4	6	
		9	5	1	2			
	4	1			6	2	3	9
		2				5		

196

	9				2			
1			4		6	9	5	
4				9		6		
		9	6					
	4			2			3	5
	3	2		4	8			
2		8		5	3			4
9			2			3		8
	1	3			4			

197

			2			9		7
7		8	6				5	
	9						4	
						4		5
1	5	6				2		
			3	5	7	8		
			8			5		
2		1		3			6	
		9	7	6			2	

198

		5			1	2	8	
6	8						1	
1	3			5	4			7
2		4	3	1		9	6	8
8			2			3	5	1
3	5		6				4	
4			1					
	6			7		1		
			4	3	9		2	

199

	7		9			2		8
			6	7	2			1
		3			1			7
			1	6		4		
4	6		2					
			7	9				6
2				1				
1	5						8	9
	8		4				2	

200

				5		8		6
	4	6		2			9	
	1							2
							6	
6	8				4			
	3				8	4		1
1	2		6	7				5
	6		9	8		1		
7			1				2	

201

	6		4				3	
8		3		6	2		1	5
5			8	3		9		
					4		5	
	2				6	4		9
		8	5			2		
		9		4		1		
	3	4	7					
	8			2			4	3

202

3				2	6		9	
8							6	2
			8			4	3	1
				5			7	
7	5	8	3				2	
1		3						9
				9		2		5
2					1	9	8	
	4			8				

203

	6	1			2			
	2			8				
8	7			6		3		2
		7	4	3		5		8
3	4		1			7		
			7		8	4		3
1	9		8		7			5
7	3				5	1	8	
4					3			

204

	1	3		9	4			6
6	7							1
8		5	6					
		7	5	1			4	8
	8					6		9
		6						7
		9		4		8	6	
			8				1	3
1	3				2	4		

205

6		8	9				1	
		5	1		2		7	6
1			6		5	3		
7	4				3	5	8	
		3	7	1				2
		1						
3	8	6		2			5	
	9			5		2		3
5	1							

206

	3							
8		1			3		4	5
			8	7		9	3	
9						7		4
3		4	7	1				
			2			1		
1	9	7		8		5		
2	4				7			9
	8			9	2	4	7	

207

			8	2				
7			4	3		8		
2				9		3		5
	1		3		6		8	
5	4	6		7	8	1		
8	2					6	5	7
	7		1			5	4	2
4		8		6			1	3
			5			7		

208

4	1				3			
9		7	4	1	8		5	
			7					4
5			8	9	2		6	1
1			3			4		
6		9						
7	6	1				3	4	
8		4	2			5		
2	9	5	6					7

209

5		9		4		7	3	
		7				8		
1	4		3	8			5	
		3		7		6		
					5	1		
	6						9	
		2	8					
						3		1
		5	6	3		4		8

210

1	3		5				8	
					6	7		
7		6						4
	7		3		5	6		9
5		1		9	7	3		8
6								
		7		3				1
			7		4	8		
	8	9				4		

211

	7					5		
6			9					4
	4	9		5	3		6	7
5	3		6		4	7		9
						6		
	1	6		7				8
				2	5		4	
	2		8					
		5	3		1			2

212

6		8		3			5	
	3							
			6	1				2
	2	6	1	7		3		
	9	7	3		5		8	
3								
	8	3		9	1			
9					4			
			8				7	1

213

		9				4		
4					2	7		
	7	2			8			
	3						8	
	8			5				6
9		7	8		3			1
	1						5	
		3	5				6	7
	4	6		1			3	

214

4		3			9			6
	6	8		7	2	1		3
	9			6	3			
		1			4		8	
		4		1				
6	3					9	1	
2	5	9			1		3	7
		6	9				5	1

215

	1				4	7		
3		2				4	5	
4				7				
8	4							9
	3		1				2	5
	6			3				
1	2	4		6	8	9	7	
9			7					
				9		5		

216

			3	5	9	8	6	
6	5							
9	7	8	2			4	3	5
	3	4			8			6
			4	7		5		2
		7				3		
4	8		6				2	
	6	2			1			9
		9			2	6	5	

217

7		1				6	3	4
	9							8
	4		7	1		9		
	3		5					
	1			2				
6					3		9	1
1	7			6	2		4	
2	5		3				6	9
4	6			5			2	

218

4		1				8	2	
				2				
	9	8	4	1	7	5		
	4			8	5	2		
						3		8
		3	2		4			5
7	1	4	5		2			
	2	5			1		9	7
8	3							

219

5	8	9		3				
							2	
	2	3		4		7		
8	5	4	3		6	1		7
						8		
1			8					
	6		1				7	
					3		5	1
3	7	1			5	9	4	8

220

					2	9	3	
		1		6				2
2								
	3		1	7		4	5	9
4	8					2	1	3
					3	6		
8		4	3					
1					4		2	7
			2	5	9			

221

	6				3	2		5
7		5		4		6		3
	8							
1				3				7
2					9		3	
		8						9
9					1		4	6
			8			3		
8		7	3	6	4			2

222

2			7				4	
8	5		1	4	3		2	
	4	6	8	9	2			3
		8	6		4	3		
9			5	7				8
	7				8		1	
	6			8	5	1	7	
7		5				4	3	
4								

223

9			7					
	8	4		5		3	9	
	5	1				4		2
						2		
1		7	3		9	8		
			5	7	4		6	
	1		2					
3	4		9			6		
5	7	6	4		8	9	2	1

224

				1		8		
			3	8	2	6	7	
	3	8			4	9		
2			7		1	4	8	
	8	1		5	6		3	
7		3			8	1	2	
		4			3		9	
	6			2	5	3		8
		5			7			4

225

		8						
	3			8			9	
		7			9		6	2
7	9	3			1			6
			6					
8			7			2	3	
		9		1	6		4	5
				3			2	
5		2				6		

226

		8		9	5		4	1
	5				4		3	
	9			1			2	5
4	1			5				
		7					8	
5			9				1	7
6	4	9		2			7	
3		1	4	6				8
		5			1			

227

7	8			3	9			4
5	3		6	7	8			
			5		4	7		8
2		8	3			9	1	
	1					3		2
3	5	9	7		2			6
9						5		
	4			5	1	2		
	2	5			3			

228

7	2					6		
	4	6	5	7	1			
1								7
4	6	7	1		5	2	9	3
		9			7	1	4	
	5		4		9		6	
			2		4			
5	7				8			6
9							5	2

229

		8		6			4	
7				1		9		2
	1		7				8	
	9			5		4	3	
	8				6		2	
	3	1	4					
	7		9	4				
1	4		6	8			9	5
	6	9	5		1	8	7	4

230

4		7				3		
5			6	2	3		7	1
3			5				9	2
		9			1			5
	4		9					7
6			2	7			3	4
8	6		1	5		7		9
		2				1	4	3
	7	4	3					

231

6		7	3	5		8		
	4	1	6				2	
		2						
	7	3	5					4
4	2	6						
		5	4	2			9	3
7		4						2
			2	9	4		3	
2	5			3				6

232

			4	9		2		
9		7		3	8		6	4
	1			2	7	9		
		3	5	4			9	
		6	8			4		
5				6		8	1	
								5
	7					1	8	9
	5	9	2		1	3	4	7

233

6		3	4			5		9
8				7			6	
4					6	3		
2	4				5		7	
		1					5	2
	8	7	9		2		3	
1			2		3			
		6		5	4			3
		4				8		5

234

	4			5	1	2		7
	1				3	4		
				7	2			
3			5					6
			6				8	1
4				1			5	2
5		2		8	7		3	4
1	3				6		7	8
	8		3			1		

235

	1					5	6	
6	4	5	2	8		9		1
9		2					7	
	5			6				7
8			1	9	3			
			4				8	
3			9		8	7		4
			6					
4							2	3

236

3	2	7	9					
9	4	5						8
8	1	6	2					7
		4	6	5		7		
		8	4	3			9	5
						2		
5	6			1			7	
						5	1	
		1	5	2	4		6	3

237

5	1							9
					5			8
9			1			6		
	4	5		3	8	9		
	8	6			4	3		
			2	1				
	6				3			
8		2		5			1	
		9	6			4		

238

	9			8	1	3		4
2	4		5			9	1	8
	6	8				5	7	
4				9				
				2	3	6		
		2			4	1	9	
3			4			8	2	6
5					2	7	3	
6		1					5	

239

		2	1	3	9		8	
	6				7			
	9	7	8				2	
			9	1		5		
	2		7	8				4
		3		4				2
			6		1	3		7
6		1		5				
5			2	7	4	8		1

240

		5	6		7	2	3	
	9	7				8		
	8				9		6	
							4	
1				9		7		
	2				1			
			7			6	2	
		3			5		7	
	7				6		1	5

241

		9				2		1
		4		9	2			
			6	1				
	4	6	9					
1	7		5					3
9		5		3		8		
5					3		4	
	8	3	4	5		1		6
				8		9		

242

	7	2			3		1	4
	5			4		9		
			9		8			
4	8			2		3		7
7		5	6			4		
	6	3			4	2		5
6		4	8	5	2			9
	3							6
2			3					

243

				6				
		2		8		7	9	
1								
	5	3	8					
	9			5		1	8	
		1	3	9		6		
		8			7		1	5
4				3				
			9	4	5		2	

244

		3	6	9				
			8			7	4	
4		6					1	
3	5					6		
2			5					1
7			1		8	2		
						8		
6	3		4	8			2	9
			3					7

245

9	6	5	7		4		1	
	2			3			6	
	8	1	5					2
					8		3	
					3	7	5	
5		2			6		8	
6		4		8			9	7
							4	8
		3	4					5

246

9	8		2			7		
3	4				7		1	
						3		
			4	8		2		
	7							6
	2		7	5			3	8
	9		3		5	6		
8		4		7		9	5	
5	1		6					

247

		6	9		2	1	8	
				6		2		
8	3		7					
					5			
3			2	4			1	
1	7							4
					3		7	
7				5		4	9	2
	5		4	2		8	3	1

248

6			4					
				8			7	
	5		6			4	1	8
				2	5			
	6					7		
		5	3	9			8	
8			2			9		5
5	4				1			
7		2		5				6

249

7	6		9	1	5			
							6	
	2		8			9		
	4	9			8			3
5		2					8	4
8	1	7	3					6
2		3			9		5	
1				3		7		8
				7			3	9

250

		6				9	4	
7	4		2	8	1	5		
1	5	3		4	6		8	
	7				8			
3				9		7	2	
9				3				8
	9				3			
5	3		8			4	9	
6		7						

251

	7			1				5
8		1						
5	6	9			4		1	
		7	6	2		5		
1	5		4					
	2	6		5				9
		4					5	
6			7	9		3		
3	9				5	6		

252

		1						
8	9	6		2				
		2		3			9	6
6			4				8	2
1		8	3		2			
4				7	8	1		
			2				6	
5		4	1				7	
	1			5		9		

253

1		6		3				
	3	8				4	2	
	4		8					3
				1	8	5	6	9
9						8		
6		5	2	7				1
		3	9		2		1	8
						2	9	
2	9	1						

254

		9		6	5			
2			3			6	8	
	1	3		2			7	
3				9	1		6	
	7	2			3			
						4		3
4	2			1			3	5
			4			2		
			2	3	7	1		

255

6								
9	3			4	1		6	
8		7						2
								3
			1			2		4
	9	8			4			
	8	1	7	5		9		
			4	1				7
		5	3				4	8

256

		4	3	5		9	6	
		7	1	4	6		5	
					8			
	3	8				1		2
	6		2				7	
	4	2		7				
4			6		5		2	
	2							4
		9		8			3	

257

		2	9	4		5	8	
		9		5			3	6
5	7							
6		4			8		1	
			6	1	5	3		
	2				3			7
2	9		7				5	3
7	5	6	8			1	2	
			5		9			8

258

			6	9		3		
				3			9	2
9		3	7				5	
1	6	7		5			2	
		9	2		4		1	
	4	8	1		9			5
6	1	5	9	8		2		
7			5			9		
8			3	2				1

259

9			5	8	3	7		1
5	2		9				6	8
		8	2	1		9		
		3	4		1			
		5	7				9	6
	4	2			8	1		5
		9				6		
	3		1				4	
2		7		6				

260

			7	3	6		4	1
	8			4			3	
7					1			
					8	9	7	
	7		1				8	4
6	3					1		
	1				7			
9			8	5	4			
						4		9

261

	7			1			3	
		3						7
			7		3			1
7	9	8		6			2	
	3	1		2		7		6
5	6	2	3	7			1	
		5	9				6	8
9			4	5		1		3
	2		1		6		4	

262

		9		8	7			4
		7		4		6		
								1
8			9		1		6	
		1		5		2		
		6						
	2	4			9		3	
1	5		2			7		
7			5	3	4			

263

8							4	2
			2		4	9		
	9		5	3		6	8	
6					2			5
7		5	3		1		6	4
4				6				3
				5				
5			1	2			3	9
		6	9	4	3		7	

264

	8	6			7		1	5
				2	5			6
1	7							
						6	2	
6			4		9			
8	5			1				4
		1			8		6	
7		8		6		5		9
			5	4				7

265

	2							1
	6		8			9	3	5
				3				
2				7				
		8			5		6	2
			4	2		3	1	
		2		6			8	
								3
8		4		5		6	7	

266

	7		4		8	5		9
	4	9			7			8
	2	1	3					
	6			9			5	
1		8	7					2
9	3					7		
		5	6		1		4	
	1	7	9	4	3		2	
		3		7		6		

267

				7		9		
	9					3		5
5				1			4	2
				3	4	1	2	9
3		4	1	9	7			
	1			6	2		3	
		2	7		9		6	1
9							7	
6		5	2	4			9	3

268

	8				3			6
2		3	7	4		5		8
1		9	6	8				3
						7	9	
			2			6		
6		2	8			1		
8				3				1
3	1			7				
					8		4	7

269

		3	5	4		8	6	
2	5	8						3
7		4	2					9
6	7	5	4		9		2	
			3	5		6	4	
	3							5
		1	6			7		
	2				5			4
8		7		1	3			

270

	5					4	9	
	7			4				6
2					9			
	3	5						
				2	6	3		5
1			3					
3			7		2	9		
	9		4	1		6		
	4	6	9		3			

271

5			1		4			
7		3					1	9
		6	8	7	3	5		
2		1		4	6	9	8	
6			7			3	2	
			2	3		4		
	1			2	8	6		3
		8	9	6		1	5	
					5			8

272

1			9		4			
	4		6	1		9		
					8			1
	7	6	2			8		
		4				3	2	
			3			4	9	
		2					6	9
		1	7	9		2	5	4
4				6		7	3	

273

		3			6			8
			4	7			2	
		6	5	3	8	7	1	
	4							
6	3			1			8	
		7	2	8		9	6	
3		4				6	7	5
9					7		3	2
5					3			

274

	8		2	1		3		
		2				4	7	
	4		5					
8				7	2	9	3	5
1								7
2						1	4	
	1		7		5			
3		6	4	8		5		2

275

					6			3
	8						6	
		4	2	7				9
		8	7					
5	2		3				7	1
7			6		4			
			5		7	2		
8			4	3		5		
		7		2			3	

276

	2		7					
	4		5		3			2
8					9	7		
2	9					5		
	3			7				9
				9	5	8	3	6
	6		9			1		5
9	8						4	
3	5			4				

277

6				4		7	3	8
			1		7			2
		4					5	
4		2	7	6		8		3
				2	3	5		
		3					1	
1	6		2					5
		7			8			1
	4	8	9					

278

	3			4				
								6
		2		8	5	3		
		1	2	6		8		
		4			7	6		5
		8	1					
8	4	5		7	3			2
	9	3			6		7	
	1				8	5		

279

2					7	6		
	9			6			4	7
	6	7	2		8		5	
8			5	7		4	9	
4								
7				3	4			2
6	4			9	3			8
		5		2	6		1	4
						7	3	6

280

	7		2				4	
5								9
6	9	3	7				1	
	1				7	6		4
7		6	1					5
		4		6	2		9	7
1						4		2
	8	9		2	5	7		
	6	5	4					

281

	5	1	2			3		
			1				2	6
2			3				5	
	3		6		2		8	7
		8		3			6	
	2				5			1
	6							2
3				4			1	5
			5		7	6		3

282

7	8		1			9		
6					4		8	
	2			6	8		7	3
					1			
		8				5		4
		6	3		5			
1		7	4				6	
8		4	5	2		7		1
	3					4	5	8

283

	5					6		
	1	3	8		6			5
6		7		4				3
9	4			6	1			2
	6		5			9		7
	3	5				1	6	
	9					7		1
			6			3		9
	7			3			2	

284

		7	3				1	
2					7			
		5		1			7	4
1				3			2	
	6		7				5	
3					5			
	8	3		2		7		5
		1	4	5			6	
5			6		3		9	

285

		1			4		7	
	2				9			5
4		9				6	2	
	8				7	5		
		6						3
			8	4	1			
3							5	
	7	5		2			4	
		8	4			1		

286

2	4		5				6	
			2	7			9	3
	8				1	4		2
	9		7					5
1			6			3		7
	7				2	9		
6	1					5		8
7					6		1	4
8	5			2			7	

287

			3					
	1	6			7	9		4
	2			9		7		
	3					2		
				3		8		6
	4			8	5		7	9
	9	7	4	2	1		5	
1				7				
	5						9	

288

		1			4		8	
5	3				6	1		2
				7				9
	4							
				2		4		5
	1			9	7		6	
4	8	6					2	1
			5	4			7	3
7	5		6	1		8		

289

6			5		2		7	3
			3		1	6		4
		8			7			
3	8	4				9		
		7	4	6				
1					9	7		
	5			7			9	
2			1					6

290

	6		2			1		
1		2					3	
	5				9			
5		1		9		2		
				3	2			
		4		6	1			7
	2		9		8			1
		3	7			9	4	
9		5			6	8		

291

8	1	6			9			
9					4	8	3	6
6	7		3				4	5
					1		6	
		3	2			7		
2	8		6					
4	3	5					2	
7					2	9	8	3

292

					8		2	
6			7		3	8		
		8					1	3
		3	4	5			9	
			3		9		6	
4				1	7	5		
9		6		7		3	8	
3	1	5	9					6
8				3		1		

293

8					5		4	
		9	4					
4		5	8	1		2		
	5			3		6		
3	4			6		5	2	
		6			1			3
5				8				2
	2	8		7	6		5	
6			2					

294

2	1	8	9		4			5
			1				7	
	6					1	9	4
			7	8				6
9				3		7	8	
	8	7			6	4		3
	3						4	9
8		9	6		5		3	7
	7	2				5		8

295

	9			6				2
		2					3	7
				7				
4		7	8		5			
	3	1				5	8	
	8		6	3				
		8	2	1			6	5
3		5		9		2		
				5		4		

296

7		4			6	9		
2	9						1	
					7		3	
		9						
				3	1			6
	6		8	5	9	2		
			7		5			
	8			9				7
9		2	1		4		5	

297

	8		2	3	7	6	1	
	4			1			3	
7	3	4			2		8	1
	9	1			4		2	
2								
		8	4	7		1		
				6	5	2	4	3
		6			3	9		

298

	6		4	2			7	
			1				2	9
5			7			1		
					4	5		2
7	2				5			
9		5						
6			5			3	1	
			8			2		6
	7	3			1			8

299

				5				
	3					6	7	5
8	5				7	9	3	2
	6	3					5	
	9	8		3		4		6
	1			2		8		
	7				2			4
			5	7	4		6	
		5	8	9	6	2	1	7

300

	1	7	2	5	9	8	4	
	9						5	2
2	4							
3			5	6			8	
5	2			8	7		1	
4			3	1				
1							9	8
7					8	4		
				4	3	5		1

301

					2	4		
3	2		4			7		9
4			9			1		5
		7			8			
8				6	1	5	9	
5	9			4				
		3	8	2		6		
				5	6	8		
		2	7		4			

302

		5		3				
7	2			5	8	6	3	
	1	6		7			5	8
8	7			6		5		4
	4			8		2	6	3
1				2				
	5	1		9	3			6
4		7	6		5	3		2
			2					

303

1					6	2		
9			7	1	8	3		4
		6						
					9	4	3	
7	6	9						
			5					
6				4	3	9	7	5
		7				1		
3	5				1			2

304

	5				9		8	7
	2	4				9		
8			4		5			
	9	7				3		
	4	5		3	1		6	
	3			6	7			
5			7	9			2	
4	7				3			
		6		5		8		

305

8			4	2	9		7	6
2	7							
		2			1			3
	9		7				5	
	3	6					9	
				7	3	2		5
	2	7	1		8	9	6	
	6			4		7		

306

		3			1			
				4				
	4		2		8	3		6
7				3		1	2	
		9					6	5
1	2	6		8		9	7	
	6	4	7			2		
		1			6			9
	9	5	8	1	4			

307

5							3	
8			7		3			
6		4				5	7	1
	6	3	8		1		5	
7	5		4		2			3
		2			5	7	6	8
3				1	4		2	
		6			9	1		
	4					3		

308

9	4	3		7			6	1
6					8	5		
5	2		6	1			3	9
1			8	6		4	9	
				3			8	
		5	4	2				
	6	4						
	5		9		6		4	
		9	1	4	3	2	5	

309

	2		3		5		1	6
	9	5			7			
3	6		4					
	8		7				9	
	4					5	7	1
			2		4			
1	3							
	5		9		2		6	
	7	6			8		4	

310

						9		5
	5	2			6		4	7
			9	5		8	2	3
	4					7	8	
6				8			1	
		8	4	6	3	5	9	
	6		3	7	9			
		5						
		4			2	6	3	

311

2	1	4						
7	9				3	8	5	4
			9			7		1
	3	7		9	2	5		
		2		8	1	6	3	
	6			7	5	1		2
		3	1			4		
		9		4	7	3		
			8		9			

312

6	9		3	4		2		5
5	7		2	9		4	3	
		3	8	5			6	1
			6		5	7		
	5	7			9			
8							9	
9	3		7				2	
			5	6			4	
		6	9	3	2			7

313

5								7
		4			1	3	8	5
8		1	2				9	4
3		6	5		7			
7	4	9	8	1			3	
	8				4			9
	6					8	5	3
9	5				3			1
			4		6			

314

								6
2				8			5	1
	3			9				
3	2	7	9	1	4			
	6	4					3	9
9	5							
	7			2	5			
	4				9	8	7	
8		2			3			

315

					2	7	3	6
6			7					9
8		4		6				
		1	8		9	2		7
				1		8	5	3
3							4	1
4		5					9	8
2	8		5		6			
	1	7						5

316

	7	4		9		1	3	
1				4				5
							6	
					4	3	1	
3			9	6			5	4
	4	6		7	1	2		
		3		2		6		
			4		3			7
		1			6	8		

317

8			6		3	9	4	
	4				1			8
		3		5	4			
		2	9			8	7	
	6		1	3			5	
	5	4						
5		1	3	2	8			
2		9				3		5
	3		5					2

318

2		3	9	1	5	6		
			8	2	6	9		
			7			5	8	2
	4			9			3	
		9	1	6			5	
		2		3			6	7
	5	8	4	7			2	1
		1						

319

6	7	4	1		8	2		
			6				4	
8						6	7	
4	5							
1		6		7	3		8	5
	2							6
	8	1					5	
7		9			5			
5				1		9		

320

			7	2		3	8	
	2	6				7		1
9		7			1			
2			9				1	
	4		1	6	2		9	
7		1		8		2	6	5
3	8			1				
4		9					3	6
			3				7	8

321

7			4	9	2		6	
					7		8	
	6		1		3	4	9	7
3						9		
	2		7	3	5	1		
			9					
		6		2			3	
8				5	4	6		2
	5						1	

322

3	1			6				7
							1	
	7				1	6		8
	3				2		7	4
	2	7				5		
4	5			1			8	3
8	4	1	3		9		5	
				8	4			1
5			1					2

323

5		2						
	4			8	6			
6	8		2	1	5	3		7
4					8	1		9
		1	7	6	9		5	
		5		2	1			
		7		9			2	
		4		7		8		6
1			6		2			

324

	6				7			2
	4	5			2		6	
		2	8	6				
4	7				6			
6	9						5	3
			9	7	3	4	8	
			6				2	
2	3		7		8			5
		4	3	2			1	7

325

	8	4			6		7	
		2					4	3
	7			1	4			2
	6		4			2		
	5	9			3	4	6	
	4				1			
4				3		7	1	
7		8		4		3		
			1				5	

326

		9		1	5	3		
3		8		2			4	
		6	3			9	8	
				6			5	3
			1		4			
	9	1					7	
	8	2	4		1		3	5
	1		6	7				9
	3		5			4		

327

	7		9					
				1				5
	8	9	3		2			1
			6			5		8
	1		5	7	3		2	
3								
	2	7					5	
8			1		7	9		6
	6	4	8		5		1	

328

	7		8			9		3
9				7		2		
						1	5	7
			4		3			8
	8		5	9	7			
		4	6			7		
	5				9		2	
	6			5	4			
		7	3					9

329

7		9	8		4	3		
			5			4		
4		3		2				9
			7					
2					8	7	1	6
	3					9	4	
	6	4	1					
				3		6	5	7
				8				

330

		9		1	2		3	
				5				8
	1		3					5
		1		9		2		4
		6						
3	7	4			5	6		
		7				8	9	2
	8		7	6	9			
		5		4			1	

331

2					1			3
						2	8	
	3				5			
1		8	5	6		3		
	9				7		2	8
5			4	2				6
3	4	2			6	8		
		7	8			6	3	1
8				7				

332

		7		2		1		6
5								3
	3			5	9			2
	9			4	7	3		
		3		9			2	
			2		3	4	6	
				3	6			8
	6	5	9		1	2		
3	1		5	8	2	6		7

333

8		6	3			7	5	
			6	4		9	2	
					1		4	
	7	9						
				7	5		3	
	8		1	3	9	4		6
		8					9	7
7		4		8				2
	1	3		2	7	8	6	

334

	1	6						
4		5				7		3
		2	3	4		1		6
7	5		4		9			
	6	1			7			
			8	3		5		7
	2		6		4	3		
		8				2		4
		4	7	9	2	8	6	1

335

9	1		4		6			5
4	5	7					6	9
		2				8		
		9		3	1		7	
		3	5	9				8
					4			3
7		4		5				
8	9							2

336

2	6				4			9
	4		7	2		8		
7	3					4		2
5				6	9	2		7
			2				1	3
8			5				6	
				5				1
		6	4		7	3		
3	5		9					8

337

2				9	1	3		5
						4	6	9
	6				5			
6						7	3	1
	1	7					9	
			7		3			
1		5		3		8		
8	7	6				9		
					6	5	4	

338

7							1	8
			1		7	9	2	6
8			2		5	4		
6			8			2	5	1
	4						9	
1		2	7		9	6		
3		5		2				
			5	7	1	3	6	
		7	9		6			

339

	7		2	4	1	3	9	
	2				9			1
	9		3					
							1	
		8	5	3		7		9
5						6	2	
9	5	7						
							7	
		3	7		8			5

340

	6		3		2			8
		5				3		
3	4	1	8	7			2	9
		6	9	5				4
		9		2	4			7
		8		3	6			
		3		9				
	9		5	4		7	8	
	1	4			3		9	6

341

	5	7	2	6			8	
	6	4		1	5			7
	2	1	9		4	3	5	6
						8	7	
7	1		4				6	9
5				9			2	
	7							
	3		6				1	5
	9	2		4			3	

342

3		4			7		6	5
					6		3	8
			1		3			9
		8	7	2	9	3		1
	3			4			8	
1		7				9	4	
		9		1				
	6		9			2	1	
				3	2		9	

343

	2	3			5	6		
		7					3	
		9	4	7				8
					6			9
			5			8	6	
	7	1		8		5		
	8		6					
					9	7		
	3	2			1			6

344

6		7	9	4	2	1		
4		3					5	2
8		2	3				4	9
				6				1
		9	2	8	4		7	5
		5	7			8		
2		6	4	3		5		
				5			2	
		8		2				7

345

1			9					
9			2	6				
	8					1	5	
		1	4					
	7		1	2	5	8		
		8	7		6	5		3
		3				7		1
					9	2		8
6				1	7			

346

	4					7		
3						9		2
			4	9	3	8		
	1	4			9	5		6
	2				6		8	1
		7	5		1			9
	5			3				8
							5	7

347

					3	2		
		4				3	9	
9		5	2		4			8
	7	8		1			4	2
	9				7			3
5	4		8	3			1	
4				8	9			
6							2	
8			7		2		3	6

348

	9		8			4	7	
								9
7		6		2	9	1		5
		7					4	3
4	8		6		5	7	2	
		5		4				
5			9			3		
2	6		5		7	8		
		1	3				5	2

349

				9			3	
3	5	1		2	6	4	9	7
			4		5	6		
		3		8			1	
1	2	9	5					
4		8		7				2
			2	5		1	7	
7			3					6
2		4	9		7			3

350

7	6	3		1	2			
	9	1		5		8	3	
5		4	9	3			1	
		5	2	4				8
1					8	9	2	3
								4
					1	4	9	
6		9						1
			3	6		2		5

351

		6	2			7	1	3
					9			2
8	2	4			3	6		
1	3	8	5			4		
	4							
				7		1		5
4					7	5		
7		2		3	5			
		5	4					8

352

7	6	5		1	2	4		
	1	9						5
	4				6		1	7
		8				7	3	
	7	4			5			9
1				2	7		5	4
	3	6						
	5		6	8	1	9		
		1	2	9		5		

353

2	7		8				3	
6			3		4		9	8
	9	3				2		1
				6				3
	6		9		2	4		5
	4	7			3	9		
	3	5			7	6		
	8			3			5	
	1	6						9

354

							9	
	9	5			6	7	3	
	3	6	5				2	8
	5		8		2			
	6				7			
9	1		4			6		2
2					3		6	5
	7				9		4	1
	4	9			1			

355

3		1				5	4	
8	4			5				2
			6					
		9					1	8
4	1			2	6			
5				1				6
	9		1		4	8	2	5
					9			
	3	4	2	8	5			

356

6				1	9	8		
		2	4					
					2			6
	2			8		5		
5		8		9	7	4		
	6			4			3	8
	5		8		6		7	4
	8		9		4	6		2
				7			8	

357

		4						5
					8	4	1	
6				7			8	
4			5	1			9	2
					2			
2		3		8	9	1		
8		2	1	9			4	3
			4		7	8		
								7

358

		8	4					7
	3				6		9	4
			1		7	6	2	8
			5	9			3	
3					4			
9				2				6
7	4		3	1	8			
	5		9				4	3
	6							1

359

		2				6	9	
		4			8	2		3
	5			2	6	7	8	
		6		9				5
3			5					8
				7	1			
7		5					2	
			1			5	4	7
		8		5				

360

	1							4
				6		7	2	9
3					2			5
	4	1			7	3		6
					4	9		
	6		2					
4	2		3	7		6		
	5					2		3
					9			

361

6			7	5		4		
	1	5				3	2	
		1	8	3				6
7		9	2					
	5		6			1		2
					6			
5	2			8	1	9	7	
3	7							5

362

9	4		5					2
2				4		5	3	
3	1		8	2		9		
			7	8	9		4	
	7						5	9
4	2	9					8	
	6	8	2		5			
		4						
	9		3		4	7		8

363

9	5	2						8
7			6	4	9	1		
3			4		5			
	2			6				4
			9		2	6		3
	7	3		9	4	8		
1	4			5		3	7	
		5	7	3		9		

364

							2	
		2		3		9	5	1
1			4					
		3	2	8	9			4
2	8			6	7			
6		7	3				1	8
9								
7					1	6		
	5			9			8	

365

				3		6	8	7
	8	2			6			
3			8	7				
		4				1		
2			7	6	8	9	5	
			3					
	4		2		7			9
				9		4		
5			6		1	8	3	

366

	9		1	6				
							1	
		4	9		3	6		
		7				5		
9	8	3	2		6			
	1							6
						8		
6	7	2			1	4		5
	3		4	2		1		

367

	1				6		8	
						1	9	
2			8		3		7	4
3	6				8		5	1
8		2		6		4		
	4		7	3				
4	2				7	3		8
6	8		2	5			4	
9			3					

368

	6			7				
5	2			9		7	6	
								5
6		5	4		2		1	9
	9			5	6			7
4			7	8				
3	8					9	4	2
7								
9				1	8			3

369

					7		3	
9		2		8				
		1				6		4
						1		
	2	6	1			3	9	
4		3			9	8		6
2	3		5				1	8
		8		2			6	
						7		2

370

				9		4		
5		7				9		
		3			2			
		1	3		7			4
	3		4	2			7	9
				6				
4		5	9		6	2		
	8				1	5		6
		9						

371

				6		3	4	2
	3							7
	1		3	5	7			
1			6				2	4
5	2			7		6		1
6		4				7		
					1	5	7	
3			7				9	6
		7					1	

372

7	2			6	5		3	
	6			9				
	5	1						4
3	7							
				3	4	7		
5						2		
		8		5		4	7	6
2					9		1	
		5		8				

373

			9		7			
5		1	2	6				8
4				1	8	7		
3	5	8						6
6			1	7				
				8				2
	8	6				5	4	
1	4		8		9	6		
7								

374

8					6	7		
4			2			8	5	3
5	1				3		2	
3	8			9			6	
	7					3	1	
				7		4		
	2		1	3				4
7								
		3	7		2		9	

375

			7	9		6		
	9	4	3		8			1
			2	4				5
		7		6	2			
	2		9			1		
8	4			1		9		
		3				5	1	
	5	8		3		4	6	
				2			3	

376

	3							7
	6			9	8			
			6				4	
	1			4			3	
		9		5	7	8		
7					2			4
					5	4		8
	9				6	3		5
5					4	2		6

377

	5		7			8		
3		9						
6				4				3
								8
9					7	5	4	
	1		3				2	
	2			7				
		4		1	2			7
	7	3	8			1	6	

378

5		9	6	2		1		8
4		7	3					
1		2	4	8				
	9		1		5			
				3		4	1	9
		1				6	3	5
2		6	8	1	4			3
	4		5	9	6	8		
	1				3			

379

4		5		3		9		
3						8	2	
				9				6
	5		6			4		
		1		2			5	
							1	8
				4			6	7
1	6	9	5		7			
	7				3			

380

	5			3		9		
9	7			5	8			
1	8	6	9		7	4		5
	1	8	3				5	
6	9	7			5	3		
3	4				9	6	2	
		1	7		3		4	6
							9	
5				1				3

381

	3			5			1	2
	7		9				6	
2			6	3		7	9	4
4				1		9		7
		3				6		
	8	6		2				
		2		9	7		5	8
	9				5	1		

382

1				5			6	3
		2		4			9	1
	6				9	2		
7						6		
2		6	5	7		1	8	
9					2			7
8	9							
3		4	6				1	8
					4			2

383

				3	4	5		
4		1						
			5	9			2	
		9	6		5	1		
			8	4	7			
	4						8	
		4			3			
	6	3				8		2
9	1			8	2	3		

384

		6	9	5	3	7		4
			7	6	4	1		
	7			1			3	6
6	4	1			5			7
8								
		3		4		6	5	
	6		8			5		
5	8		4		1			
	2		5			8	4	9

385

7				9		8	3	
	2		3	8		4		6
6			7		1		2	9
	8	7						
1		4	5	3	8	2		
2	6		1					8
3	1		4		2		8	
					7		4	
4	7					1		

386

9				4		3	2	
8	4				2	9	1	6
1		2			9			
							3	5
6	2		3			7	9	
3		5	7	9			4	
2	1			7				4
		9		5		1	8	
5		8				2		9

387

1			9		4	2		
		8					9	1
3	5				6		4	7
					8	5		
5	1			7			3	
		4	5	3			1	
	7					1		
2			4		7			
								9

388

		3			8		4	
		6	1					5
							8	
		7		2	6		5	
2	3							
5		4	3	7				1
			6		4			
9	4		2	8	3			6
								8

389

			1					3
		2					7	5
		1	7			4	9	
8	4		2	5	3		1	7
				9	7	8		2
			8	1			4	9
	3					7		8
		5				9	3	
			9		4			1

390

	3				1	8		
9				8				
6		5			3	1		
			6		2	7	1	
		1				3		
2			3		5	6		8
	2			3	6			
						2		6
	7		9		8			

391

	7						6	
8				9			7	
6		9			3		4	
5		1	3	7	9			6
4			1			7		5
	9	6		5		2		1
	6	5	2	8	7	9		4
	1				6			
	8		4		5			3

392

8			1	4		5		
	1					9	4	
		7				3		2
1	7	8			9	2		
		2	5	8			7	6
	5		3	2			9	
			2		8		3	
7						1		5
2		1						9

393

		6		5				
			8		6		5	9
	7							
	6	8	2	9	5	3	4	1
	3				4			
5	4		1				6	
	2	3					9	
			5		8	6		3
6							1	4

394

9				3	4	8		1
	5				6		7	2
	8			7				
7						2		5
			1			9		
5			6	2	8	7	1	
3			4			5	6	
			3		5	1		4
	4	5					9	8

395

	3	4				7	2	
		9	7	5			3	1
6	7		1					
	9		6			8		
				8	1			
	5		2		9	3	1	
9	2	8				5		3
4				2	5			8
	1	3			8			

396

3	8				1			5
	1	4				7		3
				2			1	
	2		8		9		7	4
1	4		2		3		8	
8			1	4				
				3	2	8	5	1
5	3	1		8	7		6	
		8					9	

397

			1		2	6		9
		6		3		7		2
		4				5		1
8			7		3	1	2	
	3	5						8
2		1						
4			9			8		3
3		7	8					5
	9				5		7	

398

		7	8			9		
		6					5	
5					3	6		7
		1	5		4	8		9
	9	5		8	6		2	1
	7				1			4
		8	4				9	6
			1	2		3	4	
		4		3	9	1	7	8

399

	3	2		9	7			
		4	8					7
8	1						4	
				7				4
	9	3		1				
			9	4		8		6
2	7						3	
		1	3	5	2		8	9
3						6		1

400

			8		6			
		9	1	7	5			8
7		8		4			9	
8				1	2		5	7
	2						4	
			7		4			
9		1	5	2		3		
	4	2		3				1
3		5	4		1	9	7	

401

		3		8		2	1	
	8				6	5		
4		7				9		
			1					
3				6		8	9	4
	6	5	8	9		1		2
2		1	3	4	8	6		
		6		5		4		
		4	6	2			8	9

402

					2	9		
5	7		8		3		4	
	6	9	1	4				
				2	9			
4							7	
	8					6	3	
	1		2			8	6	
		8		6		7	9	2
	2		9	5				

403

2			9		7			
3	9	4		1				8
8	7							6
	3	5			2	6		
		9	3		4		2	
		7					8	5
5			4	9				
						5	6	2
		3		2	8		9	

404

					3		5	7
3				8	9		2	
		6	5	7	1	3		8
		4			7	2		
		7		9			1	6
6		8						3
						5		
8							7	
7	5		3	1				

405

	4		8		6		9	
8			5	1			4	3
			4	3		2	6	
3		6		2		5		
			3		8			
							3	7
		4	2					9
	3				5	6		2
	2							1

406

6	5	3	4					
	2	1	3		8			5
		8						2
3		4					2	
	1				7		9	3
					6	1		
	8			5				
9			6			2		
		6			9	4		

407

1	6				5	9	3	7
3	5		9	1	8		4	
		9	3	6		1		
		3					9	
		4	7	9				6
			6	3	4	5		
9	8	1			6		2	
		5		4	3			
				8			1	5

408

			6	5			4	
6	4	5		7	2		1	9
			9		3	7		
7	8		3					4
	2	6					7	3
			7	2		8		6
				3				1
		8		9			5	
	5	1						

409

4	7		8		2			
1	2				5	8		
								2
			6				9	
3		4	2				1	
	6	9	5	1	4	7		3
8		2	7		3	9		1
6		7	9	8				
		5						8

410

		1				7		
					6	2	4	
	2	8			9	6		3
9			8	6	4		7	
			3	2		9	5	
8			5	9	1	4	6	2
			6	7				
6		3			2		9	
7	8				3		2	

411

	8					3		
9								7
4		2	3	8				9
8	9		4		2			3
						2		4
	2			1	7	5	6	
		9						
						7	4	6
		6	2	3			5	1

412

	6						1	9
				1		2	7	3
8			2	7	9	6	4	5
	7		9	4				8
				6		9		
	9	1		2			6	
	2				3	5		4
3	8							
7	4			8	2			

413

	8	2					3	
	4	6			9		5	
9			3	6			4	2
		8		3	7			9
		1	6		5	8		3
	7			9				4
8		9		5		6		7
5						3		1
					3		9	

414

	3			2		5	7	
		9	8			3	4	
	6							
3		4		9		6	1	5
1	9						3	
	5			4			9	
6	8		2		9	1		
		3	1	8		7	6	9

415

5				8		1		
8	7	2	4	5				3
6			3					
7	5		2	1				6
1		8			4	3		
		3	5				1	9
	1			3			9	
		5	7				3	
					5	6		8

416

		9						
7			8	1			4	5
	1					7		2
3						5	8	
		6	1			4	7	
	8	4	3		5	1		
			7	5		2	9	
4	5			9		3		7
2		7					5	8

417

5	3		4				6	
				6		5		
6		2						7
3		7	6					9
		8		3	9			
2	6	9	7	4	5	8		1
				1	7		9	
1						7	5	
7	9	5	8			3		4

418

		5	3		6			
4		6		2				8
3	7		1			6	2	
		1				3	9	
		2	9					
	5			6				
					9		4	
5								
	9	3	6	7		2		

419

	8			9			3	
1			2				8	
		4		8		7	2	1
8							4	
		1			3	5		
3				6				
						3	6	
4		6			1	8		
					5		1	7

420

			9	3			6	
	3				1	8	5	
	1			5				2
	8	3						
		5	1				7	6
1		2		6		5		9
								8
2		8	5	7	6		9	
	6	9	8			7		

421

5	8	9				3		1
2			5			8		4
1				8		9	7	
	3		4	5	2			
		5	8		1	4	3	7
	1							
		1	9	2	7			
					5			8
7				4		2	1	9

422

				6		5		
9	1	5		8		4	2	6
		7	5	4			9	
		2	7	3	4	8	6	
			6				7	
		6	2		8	1	4	
5	6		8		3			
		1	4			2		9
	4				9			

423

1				7		2		
				2	3			
		4	9	5	1	7		
					2		9	4
	1				9	8		7
	7	8				5		
				3		9		8
2		6				3	7	
		3			6	4		

424

4		7				5	2	
9				3			6	
	2		4			7		
	8	2		5	3		4	
	1		8		6		7	
		4	2					5
	7					6		
1		9	3				5	7
		8	6		7			1

425

	8	4					7	
1		9	6	7	8	4		
		3	4	2	5	9		
6	5		2	8			3	
3			5					9
2		8		3	4			5
		2			6			
				1	2		9	8
8			9		7	2		

426

		4	8					
				6		5		
		5		7		1	9	
			7			9		
	4		5		1	6	7	
6	7			2		4	5	
4				1			6	
3		9				7	4	
					9	3		5

427

2			9	3				
	6		4			7		9
		9			8			3
		2		9				
6	8	3					9	
5	9			2		6		
	3	4			5		7	2
8	7				2			
			3					6

428

3		5		7		2		
2				8				1
1				2	3			9
9	1	7		6			4	
			8	1		6		
	3					1	9	5
		3		5		9		
	5		6		8	3		7
6	9						1	

429

	1		4	2	9		5	
	3	2		6			1	
		5						
3			7	1		5	6	
5								
6			3			8	4	
	5		1			6	8	
2		4				9	7	
1				8			3	

430

1	2				3		5	
7	4			2	5			3
	6	3		9		1		4
						5	4	6
4			5			3		8
3	5	6	4			2		
	9				7			5
	3				6		1	7
		5			4	9	3	

431

		8			4	9	1	
1					9			3
				5	7			
5			9		2		3	
		1					2	
	4	6		7				
9					6	2		1
4	1						7	8
		2	7			3		4

432

		8	1		7			
2		7		6		8		
	6		2				5	7
		5						3
3			7			6	8	
9	8			2			7	
8	7	1		9		3		
		9	6					8
6			8					2

433

					4	1		7
				2				
7		8	9	3	6			
		6	3		5			
	5	3				7	6	4
9								
	9		7	4		8		
	3							2
1				9	2			

434

				1				8
		8			5		4	1
		5	6		4			
4		9	5			2		
			1					4
	7				2			9
8		1		5		4		6
		6	8	4			2	
	5		2	3				7

435

	9	3			8		5	
6				1	3			4
		7			2			8
	8				4	6		
		4	8		6		7	1
	2		1		9			
1		9			5			
			4		7	8		5
8						3		

436

6	5							4
				5		9		
9					1			8
			2	7		3	4	9
		5	9				8	
4							7	
2		4		9			3	
5					3			1
	6		4	1	7			2

437

			4	3	1		5	
4		9	8	2			3	6
					5			4
2	7			5				8
				6				1
	9		1	4		2		3
		8		1	6			7
	4	5	3	7				
3	6		2	8			1	

438

					1	6		
	2			4	6			
1			9				8	
	7		3		9			
9							7	3
6		5	4					8
2	8			9		5		7
					7		9	
			5	3				4

439

		7		1	8	6	4	
			6					8
		8			4			5
2		5		3		7	8	
8		1	2					
			5		1	2		
5		6			7	1	2	
7				4				6
	4	3						

440

		3			5			4
6					9			
4				7	1	3		
1						6	4	8
		9				5		
3			1	8		2	7	
2		1	6	9			8	5
9		6			2		3	7
		7				9	6	

441

2		8		9			4	
			4			9		3
		3	5			1	8	
	6				5		1	
5			1					2
				8			7	
	3				2	8		1
		6		5	1			
			8			2	9	6

442

		9		8	5		2	3
			1			4	9	7
	4			3		1	8	
	1	4				8		
8					1	9		4
3		7	8					
4			9		8			6
	3		6					9
9				1	3	7		8

443

		7		4	9		8	
4		8		3		6	7	
		1	7				2	
		6	8	9				2
2				1				8
1		9	5	2	7			
	1	3		5		2	4	
	4		3			8	9	
			4	7	1	3		

444

6	7				3			9
		4	9		7			
		3		8		4		7
8		9					1	
7				6	1			
5					2	8	7	4
4						9		
2	6	7			9			3
		5		2		7		

445

				1		7	2	
9				3		5		6
1	5	7			9		4	
		3	1	5	8		6	
2			3	9	4			
8	4			7			5	3
6				2				5
	3							7
	1		7		3			

446

	8		7			6		
2								1
1	6		5	3	4			2
				9		4		
8			2		6	3		5
	1	6		8			2	9
			4			1	6	
6	4			7			5	
7		1		2			4	3

447

	7				4		9	6
	2			6		1	8	7
1	9		2				3	
		7		1				
9			5		2			8
8	5		9					4
					1			
2		1	6	9		8		
		9			8	5	4	

448

			5	7	9			
			6		1	4		
6	7		8				9	
				5			6	4
	1			6		8		
	5	6		8		9		3
4	6			1	5			
2			4	9				5
1			7		6			9

449

			7				4	
2				9			8	
	4	9		6			5	
								6
	9		5	4		8		
	1	8			3			
	5		6		7		1	
	7			2		9		
		2			1			3

450

6					4			9
		5			3			
		7	2	6		3		5
5					6	2	7	1
7	1	6		4	2		8	
3	8		5				9	
4		9		2		1		
8				7	9		5	

451

2	4		3		9			
1								
7			4			5		2
				7			4	8
8	3	4		6	2		1	
		7			3		2	
	7	6		3	4		5	
4		8			7	9		

452

3	5	6	9	7			2	8
9	1		5			6	7	
	8		1			5		
1	7	9	4	3		8		2
		3			8			
		8					5	
		2		5			8	6
			8			9	4	1
		1				2	3	

453

1			9	8	2			7
						4		
	8				7	2	9	1
		1					5	
	4			1	5	7	2	3
	7		8				1	
		2			6		4	9
4		8	7	2	1		3	
	3							2

454

	6				3			2
	2	5		7			3	
8	9							7
			5			8		
3	5	6		1		9	7	
			4		7			5
	1		9		2			3
4	3							
						5		9

455

		5	8	9				
		4	6			5		
	1			4	7			9
2					5	8		
				3		1		
4	9						2	
			7		9		3	
7		3			2	9	6	8
	2			6		7	5	4

456

			9					
		2	7			1		6
3	1	7				2		
	2						1	5
	6		2		1		3	
5	3			6	9	7		
	9				3			
6			1					8
							6	

457

9			8			4		6
		1						
		2	4		1			9
								4
6	1	5	9	8			3	
4		3					8	
		8		4	7	2		
5					8			
	2			9	5	3		8

458

			6		1		5	2
	1						3	
6					5	9		
9				4				8
				6	2	1		
		6	3					
	3	2			9			6
		9				7	1	
7		1	5					

459

				3	9			5
				8	7	1		
9		5			6			
	1	8		6				
						4	8	6
4			3	2				
	8	3		1		7		
6							2	
	2				3			9

460

	7				1			8
		3	4					
6				8		3	7	9
	6	4	7					
1	8	2		6	9	7		
7					2		1	
			1					
	2	7	6		4		8	
9		8					5	

461

2	1			3				6
	6	7			5	9		
					1	2		3
7	4		9	2			1	5
								9
			4				3	
9						3	5	
5				6			2	
4		1	8	5				

462

					8	6		2
		2	6	7				4
		4		9			1	
4		3		2		5		
1				3	9	8		
9								3
2		8	7				4	9
		7			6			5

463

1	9				2	6	4	
	5			8	7			
		8	1		4		2	
		4	7	2				
								7
	8						3	
8		5			6			
	6	3		7		8		
2		1			5			3

464

	5						3	
6	2		1					4
		3	9		5			
			8		1			
1	9						5	2
3	6							
			5		2		4	8
4	8		6	3				5
					4			

465

3		8	7		4			5
				1				
	4	5	2	8	9		3	
		4			3			
	3	1					4	6
		2	6			7	8	
				5	7	3	1	
8						5		
	2		1		6	4	7	

466

			3	2				
	5				4		9	6
6		8		7				
	2	9					6	4
4			6		2			7
7	6	5				3		
2	8	7	9		3		4	
5	3		8			9		2
				4		8		

467

		4	8		6			
6		7				4		8
	8				4		5	
1					8			
		8		3		6	4	7
7		5	4	6		8		
		3		9		5		
8			3					9
9	6	2			7			4

468

2	1			7		4		
			4		1			3
3	9	2		6				4
	7			4				
1	6			9	7			8
	3		5			9		2
	2		9					
	4	9	7		6			5

469

4				3				
7			6		4			
	3			9		8	2	
	1	4		8	3	2		
	2		4					
	7	6						3
		7		2			8	
						5	7	1
	6	8			5	3	4	

470

		2	8		7	4		
	9	1	6					
				4		3		2
	7					2		8
8	2		7					
	6				3			
							6	
	4	6	9		5	8		
2			4			9	5	

471

	6			7	3		8	
							6	
	5		6		4		1	
2			3				4	
		3						
		5	4	6		8		3
	9						7	
	3		2	8				9
	1		9		5		3	2

472

		8	4				2	
	3		8			9		
4		9		3			1	8
1				7				
	9				2	8		
7			1				4	
	2	6	3			5		
	7				5			2
		3	7					6

473

				2			6	
6			9	5			3	
9					3			1
				8	4			2
	3	9						8
4			5					
1	5					2		
	9		8	3		6	1	7
8				6				

474

					7	3		1
4			1	6	9			
	1		8	3		4		5
3	2			7		1	4	8
1	6		3				7	9
		9		2			5	
	7		6	9			2	
8			2	1	5		3	
				8				

475

	7		5			4		
				7				2
	3			8	1		9	
		9			3	7		
			1	4				
2						8		1
	9		3	2				6
6	5		8		4	2		
1					9	5	4	3

476

		6		9	7			2
								1
7	4		8			6	5	
3					9	2		
			3				4	7
4			6	8				5
6	3		5					
8					1			
1		7		3	4	5	6	

477

8				5				
				8	3	6		2
2	3				7			
			3	2			5	4
		4	7	9			2	
		2						6
		6	4					5
5			2	3				
		3			5	7		9

478

9		6					1	
8	2						9	5
			9		6			
	5	2	7		1	8	3	9
	9		6	5		2	4	
					9			
		5	4			7	8	2
	4		8		5			
3	8							4

479

	5							
9								
4		8	3	9		5	6	
	3	1			9			
		5	2		1	9		
7					6			3
				7	4	3	8	6
6	8							
		4		5			9	7

480

3				4		8	7	6
	1	8	9					5
					8		1	4
	8	5		7		2	3	1
7	6		8			4	5	
		3					6	8
		4						3
			6	2				
	9					6	8	

481

6	7							
	2		8		7	5		
		5		9	3		7	
				7				3
2		8	1	6			5	
7	1	4	3		8			
4		1	9	3	5		2	7
								9
	8	7	2		4	6	3	

482

					8			1
2		8			5			6
7	6		4			3		
	9	3			2			4
5			1					
8		6	3					9
6	8			7	3	4	9	
		5	2	1	9			8
	3			8	4	5		

483

6		7	4					
			7	1	6		4	
3	4		2	9				5
	8	9		7				
		6		8		2	5	
2							9	
				3		5		7
	2	5			7	4		
	3						8	6

484

	5			7		4		
	7		5	3				1
		6			1	8		7
8		3	7					4
	6	1	4				3	
	9	4		8		2		5
		2				5		9
	1		6	4		3		
	4	7	9		2		8	

485

7			4	8			2	
2					7	6	3	
			6	3		8		1
			5		4	7		
		7		2	6	9		
9							4	8
		1	7			3	9	6
				1			5	
		3	2				8	

486

5								
			3		9			7
1					5	9		4
4		5	2			7	8	
3			5		1		4	
	9	6		3			1	2
	5			6			7	
8			1				9	
	3		9			8		5

487

	9	8			3			
	6			8			3	4
				1		7		
		6		7	5			
2					1		4	3
8				6		5		7
	2	9		5		1	7	
	7			3	8		2	9
1	8		9		7	3		5

488

		1	8	5			4	
4			1		2			
5	2		3				9	8
9		8			3		2	4
	1			2			7	6
7	5			8	4		3	
8		5		7	1	2	6	
	3	9			8			5

489

							8	
6		5			8	9		
					2			3
5			1		7	2		
		6		3			5	
8	3					6		7
4			9	5			2	
		3				8	6	
			4	8	3			

490

5		7	8		1		2	9
		2	4	9		5		7
	3			5	2	1	6	
								8
	7	8		1		6		
		3	6	2		7		5
	8	6						
3				4	9	8		6
	9		3		6	2		

491

				1	9			
4		8				5		1
2		1						
		7	4	6				
3			7	9			4	
8	4					9		6
7				5	1			4
6						2		
			8		7		9	

492

6		8			4	7		
9	1	4				2		8
			5	8		6		
5	4	9	6	3	7	1	8	
	8	1		4			7	
7				1	8			
4		6		5	3			
				6				3
	3						6	5

493

		2				9	6	
9	8	4			1	2	7	3
				2	9	4	8	
5				1	6		2	4
		3	5					6
	1		2		4			8
					2			
	9		3	8			4	
	2	6	1		5		3	7

494

	3			2	4	7	8	
2	9		1		8		3	5
	4				1		6	8
3	8		7				9	1
1					9			6
7		4		1		9		

495

	8	4	5	9		1	7	
	9	1			8	5	6	4
	7			4	1		8	
		9	8			2		
2	3		1	6		8	4	
		7		5		9		1
	5				2			
	4			8				
			3		5		9	8

496

3		8	2		4			
	5	4	7				9	
						5	2	4
4			6			7		
		7		4		2	8	
	2		1	8			4	5
6		3	4	1				
			5				7	1
	1	9		7	6	4	3	2

497

9		6			1	2		4
	2	8	9				6	
			6		8			
		7	5		3			1
	6							
2			1			6	4	3
	3		4					
5	4						3	9
					9			

498

				1		6		
7		3						5
	1				3			9
			9			2		7
8			3	7		1		4
		1		5	2			
1				2			9	
			1	9		3		6
6		9	4				7	

499

	7		3	9				
					1			9
		5		6	4	8	7	1
1					2			3
			8	1	3	4	5	2
8								7
	4				7	1		8
6	1					3		5
			1	3		7	6	

500

3	6					4		7
1			6					3
		9	7		3		2	
6		4		2				9
		3		7		6		1
					1		8	
5	7				2			8
9	4					7		
		1	5	9			6	4

501

8	2			7		5	1	
3	6							9
		7		9		3	4	
	4			8				
			5	6				
		5		2	3	1	9	
1				4	8		5	
		3		1	5		7	4
	5			3	7	2	6	

502

			3	9				7
	1		8					
3	2				5	9		
	7				3			
4				7				
	8	3				7		5
					7		4	9
8		7			4	5	2	
	3				2	6	7	

503

	7	8		5		9		
				3	6	5		
			1					4
	5	9	3	4	2		7	
		3	5		7	8		
		7		9	1		4	
	1		9	2		6	3	7
	8	6				2		9
9						4		1

504

	6							
4		8	1					9
3			8		2	7	5	
			6	4	9	1		2
8		1			3			6
							4	
	8	4		1			6	
1		5				9		
	2	7	3		8			

505

4	2			8			9	
		1	5	4		2		
	7	3	1		2			8
	9	4			1			2
	3	7	4		5	6	8	
	5						3	
						8		7
7		2			8	9		6
	6		2	7				

506

8		4	3					2
				4				
	3					7		6
	1				6	3	7	
3					8	6		1
						2		
4		7	5		3			
	2	9						
	6				9	8	2	

507

9			6				5	8
				9				1
4				1			7	
	6		3	4	1	5		
		9	7		6		1	
	5		8	2		1		
2	8		4					5
		7				8		2

508

		7	3		8			5
2	3			7				9
7			5	8	1			
	6			3		7	5	
			6		7		8	
5	4	3					1	
6	9				3			
		8		9			6	

509

	7	6		8			4	
			9				8	
						6		3
	4	2	8					
9		7		4		3	1	
		5			9	4		
1				9	7			
	5				2	9		6
							2	

510

	2		7	5	8		4	6
8	4	5	2	3	6	1		7
				1	4			5
		4	1	8				9
3	9		5	6			2	8
2	7	8		9				
			3			5	6	
		6		2				
7								

511

		8	6					
6		7		5			4	
							5	
		9		7	3	8		
	2			9	4		1	
4	8			6				
	1		9		6		3	
			1	8				
		2					8	5

512

5	8	9	4		7			
					8		9	
	7				1	4	2	
1					6		5	
7		5				2	1	3
		3	2	1				
		7		8	9			
	9		7	6				
		2					6	9

513

8				7				
	6	5				2		
1			9		6			7
	2						3	
4				9	3	6		2
			2	4	1			
	4							8
2	8		5				9	3
					9	4	2	

514

	7	6						
						2	3	
	8		9		7	4	1	
	9			2				
4	6				9		2	3
8					6			
	4			9		8	5	2
6				4	3	1		
			7		2			

515

		9		1				
		7				5	4	9
				4		7	8	
			4		6		5	2
	9			2	5	1		
	5							8
7	1	8					6	3
9		2			3		1	5
4				6				7

516

	6	4						1
7	9				3			
5	2	3	9		4		6	7
		2	5				1	3
		7		4				9
			6	9		7	8	4
	1			7			2	
				3				8
		8	1	5	9			

517

	7	3	2		1		8	
6			8				1	4
	9	1			6	3	2	
	3		1	8	9		4	6
	1							
5	4					9		1
	2	5						
					5		9	2
3		9	6	2		1	5	

518

8						4		9
		7	2			8	6	
5			9			1	2	7
6	7			2				
	2			5				
3		8	6			2	5	
1		6		9			8	2
		3	5	1		9	4	
2					8	7		

519

		3	5				6	
9					3		4	
			4		2			9
	5		8		9		7	6
				6			8	1
	8	6	2			4		
3		7		4				5
	4			7		9		
	6	1				7	3	4

520

	4	7						5
	3	8						
9				3	8	7		1
		2	8			1		6
4	8	9		6	2			3
			3				9	
	9			2	5	8		4
5				8		6		
				1	4		5	

521

3			8	1				9
		1	3					8
7		8		6		5		
	4					3	6	
	7	5				9		
1			4	2	9			
4	3	7	6	8			9	2
5			7	9				
			2	4	3			7

522

	3		5					
							8	9
1		5			8	7	3	4
	6		1	5			9	
	8		9	2	4	6	5	7
	2	9	7		6			
6					5			2
7	5		4				6	
	1	2		3				

523

	5	1	4		7			
3		7		9				5
			2	5		7	3	1
	6			8			4	3
			6					
	7	9					6	
					2		7	9
7		8			1		5	
9		2						6

524

7					1			
		2	7	8	4	6		
1	3						5	8
4	1						2	5
6								9
			2	9	5		4	
2				7	8	5	6	
		6				9	8	7
	7	3		5	6	4		

525

					6			
9	7		4	2	5	6	3	
		5	3			7		
6		3			4	8	5	
		1			7		6	
	4	2	5			9	1	3
3	1	7		4			9	8
		9						
8	2				9			

526

		3		2	1		7	5
8		5	9			6	2	3
						1	9	8
	5		7		8	2		4
2							5	
			6			7		
4		6		8	9	5		
1		9		3	5		6	
					6			9

527

				5		3	9	
			7					2
	1	6			9	5	7	
6	8	2	4		5	7		
		9				1		
			8				5	6
	9	7	5		6			
	5			3				
		3				8	2	5

528

5		4	3		1	9		
	1		7		9	5	4	2
7								
		9			7			
			6		5			9
		3		9	8		2	
		7			2	6		4
9		2		7			3	
8	6							

529

					8	1	5	
	6	1	3			8		
	3		4				6	
6		7		4	2			
	9							
3	4	8	1	9	5		2	6
4			2					1
						5	3	4
9		3			4		8	2

530

2				4	9	7	8	3
1	7			5	6		2	9
	9	4			2	5		
		7		9		1		
				6				4
	3	5		1			9	8
9				2	1			
	6						1	
5							3	

531

7			1					
	5		7		3		1	2
2	6			9	5			
	8		4				5	
	2			6			8	1
	9		2			3		
6							3	
8	1	9						
4	3			5	1	9		

532

				4	7	9	6	
3	7				2			5
							3	7
		3	8				2	
	6				9	4		
7	8		9	2				
6			7				9	8
5	4				8			2

533

				6			8	
1				2	7		4	6
4					5			
	4	1				8		2
5					2			4
7	9		4				5	
		4		3		5		
	7						2	
9			8			4		

534

2	4	7	1					
	9	1		5		7	8	2
			7					
					5			9
	5	9				6	2	
3		2	6					5
5		3		1			7	8
		4	5	7		2		
1	7		9					6

535

	6	5				2	4	
8		3	2			9	5	6
				6			1	7
6	7		9				2	4
	5	2			4			
3		1			6			
	2		6	9	3	4	8	1
	8		7		1			
		6			2	7		

536

				9				5
		6			4			3
	3			5	7		8	2
			9	8	1		2	
8						3		
7		1	4			5		8
	8	4	6					1
6			5	1	8		3	
5	1	3				8		6

537

		4	5					1
3			9	7				
8		9	4				2	
5		6			8	7	9	3
1		7	3	6				8
2		3			9		6	
				2	5		7	
					7			
7		8	6					9

538

		6	9		4			
	9			1		3		
				5			6	7
		8	4	2			7	9
1	7			3	8	6		
2	5				9		1	3
8			1			7		2
9					6			5
				9		1	8	

539

			3	1		9		
							5	
8	1		9	5	7	6		
2		7		8				9
5					9			
				2		4		
	4	5	6			2	9	
3	2		5					
		6		7			8	

540

1					6		7	
	9			4	3			2
8	4							
	6			3		1		
2				9		5		
					1		8	
	1					7		8
		8	7	1	4		6	5
7		9			8			

541

		4			5		2	6
		2	4	8	9	5		
			2					
4		6				3		
5	2	9		4	8	6	1	7
		3						4
			7					5
6		7			2	1		
			9			4		2

542

	5				8	4	2	
		6					5	
8	1	2		5				7
					3			
	3		7	1	2			
	8					7		2
			9		1			4
4					6	3		5
7		1	4		5	2	8	

543

6					3	9		
3	1	8			2			
9		2		5	4	3		
	4	6	2				1	3
1			4		7	5	9	
			3				2	4
2	6	1			9			5
					6			7
7	3		1			2		9

544

		6	4				9	8
4					2	6		
			3				4	
6			2			9	3	
5	3		6				2	7
		8						
			1	2				
1		9			3	5	8	
				6		4		

545

		7		8	5		4	
5			7		9	2	8	
8				2				
	9		6					7
		2	8	9	7		3	5
7							9	
4		3					7	8
	5	1		7		3	6	
			9	3	6		1	4

546

	9	5			7	1		
			5	9				
8	2		1		4	5		
9	1	8	3	4				
		4					1	3
					1			4
2			4	8		7		
			2					5
3				1				6

547

			4			3		
	3	6	1			4	9	
			3					
			2		8			3
	9	5				2		7
6	2				7			
	5							4
4	1	8	7				6	9
2		7			5			

548

7				6	2	4	1	8
	6	1			8			
			4		7	3		
6				3				
3		9	8		6		2	1
8	4					9		
1			9				5	2
9			1			8	4	
5	8					1		

549

6		5			9		4	
	2				4	7		
9				8		1		
	9	3				6		
	1			3	7			4
		6						7
						2	1	9
3				1		4		
	5			4	8		7	

550

5				3	2			7
4		9			6		3	1
3				8	4		2	9
6	7	8	3		9			2
		3		2			8	6
		5						
		4		9	8	2	7	
8						6		5
	3							

551

			5	1				8
			8				1	6
6	8							
1	7	6		5	8	4	2	
3		8				1		
	2	4		3				
		7	2		5			
2			6					5
8	5			7			9	

552

	3		6			4		
	6		4	2			7	
	4	2		7	1			
	5			8	2	7	4	6
8	7							1
		6	5	4			3	9
2	9		7	1		3		4
		7	8	3		5		
					4			

553

9				8	2			5
			4			7		
	1	3		7				
8	9		5	2		4	6	
		4	9			5		
	5				3			1
	3							
		2			9			
7		8	1			9		2

554

	5			2		6	1	
	2		6					
			5	3	9	4		
	8		1					
		7	9					3
5		9		4	8		2	7
		1				2	6	9
	9		7		6			
		6						

555

2		4	3	9			5	
			6	2			8	
					5		7	
5					4			
	9		2		3		4	5
	4				9	2	6	7
	2	1	5	3	8		9	
7		6		4			1	
9			1			5		4

556

7				2			6	
	6	2	1		5		8	9
		9		3		1		
		5						
		8	9					4
		6	7		3	8		
			4			3		
	1			8				5
	8					2		7

557

	2		3	6	8			9
	6	7			9	2	5	
1							6	2
			9			4		
7			2			8		
3			5		2			
2	5		6		7	9		
								8

558

9	3			5	7			8
	6	8		2				
7			3				5	9
6				1	4	8	3	
			9		2		4	
4			7	8				2
			4				9	
3		7		9		5	2	1
				3				4

559

9					7		6	8
	8		2	3		4	9	
6	3		8					
	5			7			4	9
				1	3	5		7
4		8	9		2	6		
				8			5	6
1				2				
		3					7	

560

		4			5			
3					7			
			4	2		1		6
		3		7				
4		2	8				7	
7						2	9	1
						9	4	
		9		1			6	3
	5	8			3		1	

561

		4	8	3				
5	8			9			3	4
		9					1	7
6	7			8	3	4		
			5		4			2
8			2	7	1		9	
9		3			5			
1			7			3	4	
4				1	8			5

562

9					6		1	
3			9		8			5
			2				9	4
	4						2	7
7					2	9	4	
		5	4			1		
2	3			6				9
8						4		
			7			3		2

563

	8		4		5			6
5	2	6	1	9				4
		1		7				3
			5	3		7	1	
8		2	7	1	4		6	
7	1	3	9					5
9			3	5	7			
		5					3	
		4	6					7

564

				4			2	
7		6			3			9
	3	2			9	6		
	8	4		7		2	3	
6		7			5	8		
		5					9	
		8	3			9		7
			8				6	
	7					4	8	

565

	6				4		3	2
					1	6	8	
	8					1	4	
	7		3			4		1
		5		6				
4		2				7		
7	2				6	9	1	4
	4		7	1			6	8
		8	9		3		7	

566

5	1	3				9		
		7					4	
4			5	6	8			1
3		6	1	7		5		
2		1	6	4			7	
6	3						8	7
		2	7		6	3		
	9						1	

567

	6						1	
			6		9		3	
7		4					8	
1	4	8		7			2	3
		5	1		3	7		8
3	2	7		5	8			
			8		2			
		9				8	6	
		3	5		4			

568

2	7		6	3			9	1
		5			4	7		
1	8				5			
8						4	5	2
			8					
7				5	6			
5								
9		2	5		7	8	3	
3					2		1	5

569

	4			6			2	7
6		8		7				
7	1			4				
2		4			3		1	
				9	4	2		6
5			1			3		
	9	7	4		2			5
				1			3	
					8			4

570

				3		2		
1						6		
		2		8	6	5		
				5			3	
		5		9	3			7
6						4	2	5
9	4	1	3	6				
				1	7			
	3		8		9	1	5	

571

				9	3		2	8
3	6	9	7		2	5		
2		8			4			
	8	5		4	6			
	1		2			8	6	5
		2						3
	9		1	2		3		
8								1
1				6	8		5	

572

							4	5
5	1					6		
8		9	5	6	2	7	1	3
	6		7			2	9	4
7		1			4		6	8
9			6	2	5			1
		7	2		3			
					6	8	3	
	3					1		

573

	6			5			1	
	8	3	1		6	9	4	
		9	3			5		
2		4	7		3	1		
			4				7	5
		1				2		4
9		2		3			5	
	1		2					3
			6		5			9

574

1						7	6	2
			3				8	9
8			7	2				4
					8		4	
		6				8		
		8			2	9	1	6
4	2			3	9			
9		7		1			2	5
	8	3				4		

575

		3				8	7	
5		6						3
			9		8		2	
	3		4				6	7
				7	2			
	4		8		6			
2		8		1	4		3	6
4	1	7						
3	6				9	2	1	4

576

	6					1		
	7			3	4		9	
					5		3	
			1				8	
		8	5		7			
		2		6		5		
2	4		3			8		
6		3			2		5	
5			7	8		2		

577

1	6	9		8		5		
2	4		9	1	5	7	6	
	5	8	2					1
	9			2	7			
	2	4	8			1		6
8	3			5				
		5		4		6	1	
	1					8		
					9	4		7

578

7	5			8				3
		1		5			2	
					1		6	
4		7	2		5			
				7				
	8		3			2	7	
1	4	6			9			8
		5					1	9
		8			4		5	

579

	1	3		7		6		
	2							5
		8			9	7		3
6	9			4	3		7	
			9					
	4			8		9		
	7	5	3		1			
	3			5	8		2	
1		4		6		3		9

580

		8		7		5		1
4		7	6	1		2		
	1		3	2	8			4
	5	3	8		2	1		
1		4	9			6	2	
						3		
5			7		1	4		6
8			5	3	6	7		
	6							5

581

	7	1		9		6		
			6		1			
	3			8	4		9	2
3		2		6	9	8		7
					2	9		1
1		9	5					3
9	5	8		1			4	6
								9
			9		3	2		8

582

			2	5	4			9
			3					
4		6		7	1	5	8	
		7	5		3			8
3						4		
		5			2	3	1	7
				9				4
	5	8		3				
	1				8	7		

583

			6			4		8
	4		7	9	8		6	
3	6					5		
2			1					
				6		3		5
		5		3		7		
		6					4	2
4	5							
8	9	7		4	2			

584

		6		4	8			7
								3
3					2			8
6								
	7	3		2	5	1		4
	1		7		9		8	
				8				
	2				3	6		
4	3				7			5

585

3	4			5			9	
		2	1		6			4
						5		
	2							7
9	6		7				4	
4			5	3				
	8				5		3	2
6			2					9
			9	7				

586

			9	3		4		
			7					8
	4	3					2	
			1			3		4
	3					1		
	1		4	6		5	7	
		7	5	8		2		
	9				6		4	
		1	3	4		6		9

587

9				3			6	2
		1	9		2			
4	2				6			
		8			4	9		
	9		7	6	1	2		
		2				4	7	5
	4			2	3		9	
		6	5		8	3	4	
8	3	9	6		7		2	

588

6		7	4				2	
	2		1			4	7	
		3	7		2			
	5		6	2	9			1
	6			1	4			9
9	1			7			3	6
8			2	6				
2	3			4	8		9	7
			9	3		8		

589

		8			7			
	4		6			2	5	
7	9	5		4	2			
						7	2	
1							6	5
	7	3		5	6		1	8
5						8	7	6
		9	4	7				
2				6	5		4	1

590

		5				2		
9	2	4	7		1			6
	8	1		4		9		5
		3	8			4		
7				6	4			9
2				1			3	
1	5		4	8		6		
			1			7	5	8
8					9	1	4	

591

		7	6		3		8	
				5		6		
	2	6		4	1			
	1		4	6	9		3	
		9						
6					5		2	
4	6		7					9
1	5		2		4	8		6
	7						4	3

592

				9				4
				8		9	2	6
	9	4	3	1				
7	8	6			1	2	5	
					2	7		1
3					8	4		
		8		2		3		
4	1	2		7			9	5
		7	1	6				2

593

		2			5		4	
7						1		5
1	3				2			
4		6		1				
		1	5				8	6
						4		9
	2		4	8			5	1
					6		7	
8				2			6	

594

3								
1		7	3		6	4		
6	2				5			1
				3	4			7
	1	3						9
	4		6	5				
9		6			3	7	1	4
		1		4	7	5		
4					1			8

595

7			1			6	4	
3	5	6			2	9		
					6			2
1			9				6	3
8				2	7		9	
6	4				3			8
9			3	7	4	2		6
2						1		9
						8	7	4

596

		7			9			3
		8			2			
	6			3		2	7	
7					5			
3			8	4	1	7	6	
	4	6						
	7			5			4	
	1				4		2	
6	2		3			9	5	

597

		9		5			2	
	6				1	4		5
4	3		7		6			
		8			5			
						2		9
		4	8					
				9				3
	4				7	8		2
2			4	3		5	6	1

598

2					1			
			2	6	7	5		
		7						2
3	9		7					
			5			3	4	
		8		1			5	
6			4					
	2	3		9				7
8	7	4					9	

599

3				8		4		
	8		3	5	7	9	6	
6		7				3		
			2	3		7		4
8			1		4	5		
1	2						9	
					6			
		5		1			3	
		8						7

600

8			6				3	7
			9		3		2	
		1		8	2			
7	2		4			6		
	3	5	1			7		
	1	9			7			
	4				9	5	6	
	5			4				3
2		3	5		6		1	4

601

	8				9	7		5
4	1	5				2	9	
	7			5		8		1
		9			3			4
		7					8	2
5			1	6				
		8	9				6	
			3			5		
6				2	5			

602

				1				6
		1	2	3				5
		3	7		6			
			6					4
		9		8	2			
7				9			3	
	3		8			6		2
1		6						
4		2			9	5		7

603

	4		2		9			
					3		6	4
		9	4					2
			7					8
2				8			7	
	6			2		5		3
	1		6	3			4	9
	2	4			8		3	
7			9			2	8	5

604

5		2			6		1	4
					2	7	6	5
6	7			3	1			
	2		3	8	9	1		6
		9						
8								2
		7		6			4	
	6		7	4	3			
	4	3	9	1		6	8	

605

			3		4	6		
3				5				1
6	9	4		1				
7							8	
1				7	2			
	3						1	4
9	8	3		2	1	5		7
4		7	9			3	2	
	5		7			1	4	

606

					7	8		
							3	
5	4			9	1			
2	9						4	
		6	2					
1		7		6		2		8
		4		1				2
		5				3		
			9	3	5		1	7

607

	3		6	5			2	1
5		9			8			
			4	1			3	8
	7	8				2		6
	9			2			4	
4		2	8					
9				8	2			7
	6	1						3
								2

608

						5	8	
		9	8	5				
	8			9		1		4
9					6		1	8
					5			
3	6				1			5
		5		4			9	6
	4	6						2
		8	7	6			5	

609

		5	3		2			7
	3			8		6	1	
	8	1		7				
8		2			5			
3	5			4	6		2	
			8			5		
7		3					5	
6				5		3	7	2
5			4	3				

610

	2		1	8				
		6					7	8
				6			3	2
4		5		2				6
3				4			9	
				1				4
						6		7
		8	4		6		5	
	9				5	2	4	

611

5	8		9			1	3	
4						7	2	8
	7			1			9	
		8	1			9	5	
		6	7		9	3	4	
2		7				6	8	
		4	5		7	2		9
9		1	2	3				5
			4	9				

612

			8			4	2	
		4	5	9				6
8	6	3						7
			2	8		7		4
1	5				9		6	
			6	1		8		
5	2	7			4		3	
3			9	7		6		5
9	4		3		8	1		

613

6		1	4					3
3	9		8			6	1	
	5	9						7
1				4	5			
	3	4					6	
9		8	1	7				
5	4	2	9				7	
			5		6		9	

614

8	2	7	5			6	9	
				6			2	
	6	4		2	1	5		3
	4		6					
5	8	1	4				6	9
						2		
4		5			9		3	
	7			4			1	
6					5	9	4	2

615

	8	9	5			2		7
5			6			4		3
3	4							
	7				2	6	3	
		5	8	7	3			2
			9	5	6	1	7	
	6			4		3	5	
4			2	8	1		9	6
					5			4

616

3	8				4		7	5
5		1	2		8	4	3	
7			3		9			
	5							
			7	8			4	3
		7			3	2	6	
	3				6			
	6		9		7		5	
1		8						2

617

				4	1		5	
	6	3						
1	5		6				3	
			1			3	6	
7	4							2
			9			7	8	
				3			9	8
		4	2		6			
		9			5	6		

618

						6		
6	3	5		9	8			
				3			4	
			7		1	2		6
	9	6						7
				6	9			
2	5							8
	4			1	6	3		5
		8	5		2		7	

619

9								3
	3	8		6	9		5	1
			1			9	4	
	5	9		2			3	
					6	5	2	9
		7				6		
			5		3			4
	6	4				3		
1								

620

			6					3
4				5	7		1	
2			8				4	
9	6			1	2	4		
1	7				5			
		2		6			5	
				2		9		8
					3	5		1
7		1				6		

621

7		5						8
	2			5				
3		1			6	7		
		4		7			8	9
				3				
9		8			5		7	1
		3	6	9	7		2	
		6			8	1		7
4			2	1			6	5

622

		7					9	
	1	3			5		2	
6		5			7		3	4
8				6		3		
				5			6	9
		1					4	
1	3		8		9	7		
		8	7	2				
					1		8	

623

			6		3			
4	3				8	7		9
							8	
	1			8	5			
3	4			2	6	9		
	8	9			1		6	
		8		3			4	
	5		4	6	9			1
	6	4	8	5	7	2		

624

				8				
3			5	9	2		7	
	2		3		7		6	
5			7	6	9	4		8
1	8				5			
7		6				9		
				3		6		
9	1	3		5	4			
				7	8		9	

625

		7						
		8			1			
		3			6		1	4
	7	4					9	
	9	1	3				2	
	5		4	8		1	6	
				3		6		
1			6				4	5
	4			1			8	

626

7							4	
6		2	3	4			7	1
5	1					2		3
					1			
	4	8		6			2	7
2	9	7		3				
			8			7		
		3		1				6
8	7		6					

627

		4	7			5		6
		2						
			8		9		3	2
							4	3
	6			5			9	7
		3		9	8			5
5					4		6	
	7	9	6	1				4
4				8				9

628

		3	6	5		8		
7			3	2				
		2		1			6	3
		4			6	5		
8		6			2	4	1	
		7	4	3	1			
			8	4	9			
3		8						1
	2				3	9	7	8

629

		9	3		2		6	1
	5		8			7		3
	7	6		1		8		
					5			6
		2	1					4
	6							2
1	2			5			9	
					8			7
7	8					2		

630

2		8		1				4
					3	6		9
					8			
	2			8				
	5			6	9			3
					4	2	1	
	4		6				5	
5					2	9	4	
1	3							2

631

2				7	8			9
				1		8	6	
	6							
					6		1	
6	5	1			3		2	7
		3	9					
		4	2			5		8
7				3		1	9	
				9				

632

		7	4	1		6		
8	9		6		2			
				8				3
4			9			7		
			5		3			9
	6							5
7	8					4		
5		2	8		7		1	6
9		6				5	8	7

633

6	1					3		
7					4		6	8
8			9			1		5
4		6	5		1			
	9	3	4	6		7		
2								6
9	6	1		8	5			4
	4	7					8	
	8		6	4			9	

634

		6	4		2		1	
5			3		7			
3	8		9					4
							4	
2		7	6		9	1	8	
		8		7	1	6		
		2		3	6			
	9		5					1
		5				3	2	7

635

			8	7	1			
8					2			5
	3	7	4		9	6		1
		2		9			3	
	1		2	4		5		8
		3	6			1		
5				3		8		
1	6		7					9
3						4		2

636

3		9			1			8
8		4	6		9			5
7	1		5					9
		3		9	2	5		
		5			6	1		2
	8	1			3			6
5		7				2		
	9	2	4					
	6	8		2	5			1

637

2	1		3	5		9		4
7	3			4	2	8	5	
						3		6
	4		5		3	6		
		3		2				
	7	2		8	6	5		3
6	5	4		3	7			9
1					9			
	9	7					6	

638

		8		1				
	2			8		5		3
1		3			6			
2				4	1			
			6			8	9	
6			9			1	3	
4		2			5			
9			1				2	
	3						7	

639

				8			7	
2	5	6			4		3	
7	9							
				2	3	7	8	
	2				6	1	5	9
		7		5	1		4	
				3			6	8
	7	5	2					
8		3						7

640

1						2		
	5	6			7	8		
		7	3	8	1		9	
4	2			9				
8			2			7		
5				3			4	
	1	2	9			4		6
			6		2		8	

641

	8		7					2
	9				6		8	
7							1	6
6			1		8			
			6				3	1
	7	3		4				
		9						
8	4				3	6	7	9
3					4			8

642

	1		5					
	6				4	7	5	2
5		7	9	6				
	5			3	6	1	8	
			8	9		2	4	
		8	2					
								7
	2	5	7				1	
					3		2	4

643

1		3		4				2
					8	1	5	4
	6		5		1	9		
		7				4	6	8
6	1							
2				6	9		7	1
			1				9	3
8	9		4			7	1	
3	7	1	8		6		4	

644

	6	7				1		
			2	4	3	7		6
				7			4	
	2		9			5		
6	8	9		3				
				1				8
	7	5			4	3		
				6				
9		6		5			2	1

645

3	1		9					
		2					9	8
		5		2	4	6		1
4							6	7
			1	9	6		4	
9			2	4	7			
	5	9		8		7		
8				7	2	3		
			4		9			

646

9		2	3				5	7
			2			3		1
			5		4	8		
1				4	5		3	6
		6						
		5			3	9	1	4
			9	2				5
	6			5		1		3
4			8	3	1	6	9	

647

3	8		5					7
		7		1	6	3	8	
	5							6
						4		9
4				3		6		
		2		5	4		7	
		5	4	7			9	8
7			6	9				4

648

		1	3	7			2	4
7	2	8						
					1			5
5	7			1				
	4			2			3	
						1		
			8			9		3
			4	3			6	
	3	5	1	6				

649

4				5				6
	5	2	8		4		9	1
8	3			9			5	
9								4
			4			8		
		3	7					
1		7				5		
	6		9				4	2
3					1		6	

650

7		2						1
	4		9	5		2		6
1	6	5						
6		3				5		
				3				9
			7					
		6		9				
9			2	1				
	7		3		5	9		8

651

3	1			2			6	
9		5		8		3		
7	6	8				4		
			9					
8			4		2	5		
		6					4	7
				5			9	
5			7	9	8			6
	8							

652

		1	8				2	4
			6				1	
7			4			6		
		6						
				2			9	
	1	8	5			2		6
6	9	7	2	8		5	4	
	4							
	3				5		6	1

653

	2			7	1	3		
1	4	8	3			2	6	7
	5			8	6			1
	1	5	6		2			
9					3			4
4	7						5	
	3	4		2	8			6
	9					1		
7						5		

654

						8		
2		5	7	4	9	1		3
	1	3		8			4	
		9		1				
		1	4	6		5		8
8	4	7	2	9		6		
	7							2
9								6
5	6	2	9	7	8			

655

	4	1						
			5		4		1	2
7		9			1	4	3	
					7			1
		4			2	3		
2	6							8
			4			5	7	
8			7					4
4	7	5				6		

656

		9		5	6	7		
	1	6		2			9	8
			6	4		8	3	9
1				3				
9			7	8				1
	3		8			9	2	
8			3	9			6	7
	9	5		6				

657

5					3	7	2	
		2					9	
4		6			9			
	8		7			6		9
9				1				
		4		9	5	8		1
7					8		3	
	9							
	4	3		2		1		5

658

4		2		6	9	3	5	
		3	2				6	
							9	4
		7			8			5
9	8		5					
1		5		4		9		
							1	3
3		9	6					
			7		2	6	8	

659

5	7							4
		4		7	8	1		3
		3	9	4		2		
				9				1
4	1							
	9	6		1			8	
				6	4		1	
7		9						5
	4					6		

660

3	2		9		5	1	6	4
								3
4							5	
	8			6	1			
			2	4				
		1		3		6		5
6	3	9			7	4		
	4			9	2		7	
		2					3	9

661

1	6	9		3				
				9		5	8	
2			7			3		9
			1		9	7		5
6		2			4		1	8
	1		6					
4	8		9				3	2
	2	5		1			9	

662

	6	7	8	5				
	5			9	1			4
	4			6	3		9	
	3	4						6
					6		2	
2			3					
		9				6		
		8	6	3	9	1		7
6						5	8	

663

3			2			7		
9			8				4	
8			3	7				
				5			8	7
2		9				6		5
		8	1	9				
			5					
6	8				1	2	9	3
				3			5	

664

		4	6		3	1	9	
7		8	5	1		3		
			8	4				
	4	2	3			6	7	
					4	2		9
		3	2					
						7	2	6
1								5
	2			5	7	4		3

665

		3				7	6	
			3	5			2	
	1			6		4	3	5
			1		4	2		
		6	9	2		1		8
9		1	8		6		4	
		2					8	
8					3			2
			2	9		3		

666

9			8			3		
5	8		1	3				
							6	
6	4			2		7	3	
1					9	5	4	
7	5			1		9	8	6
3						6	9	8
4			6			1	2	7
8		1	2	9				3

667

	7			4				
	3	5	1	2			4	7
	8	6	7		3		2	1
	4					1		
2			4		5			
8		7	3		2	4	6	
3	6			7	4		1	5
				3			8	
		8					9	

668

6	7				9			
						2		
		5		7		1		
3				5	8	4		
5			7	2	4			6
						8	7	
		2		4				
9	3					6		2
7				9				3

669

1							7	9
		2					8	
			6	4		3		
				7	6			
2			5					
7	6	3			4	5	2	
5		7		2	3	9		
					5			
					9	8		2

670

3								8
5	8	1		4	6	7		
6			1		2	3		
			7		3	4		
1				2				
	9	6		5	4	2		3
4		8		3	5	9		
9	1						3	
				6	1	5		

671

	9	3	4					7
		4			9	3		
		6	1	3		4		
9		1						
	2			8	6	5	1	
3	8	5	9			7		
				1			3	
		8			5		4	2
6		2	8	4				

672

2		6			3	8		
	5		8				7	
		4	5		9	2		6
	2			9		6		
7				5	6	9	2	
			2				4	5
	6	1	7		8			2
			9	2				
3	9						8	

673

		6	2		7	3		4
	3	1	5	8				2
							7	
6	7	3					2	5
2	1				5	4	8	
8					2	6		
			6	5		7		
	5	8	4		3		9	
								3

674

		9			3		7	
5	6	4	7	9				8
				3			4	7
1	8	3	4					
4			5	6				
6	9					3		
			3			7	8	
	7			8			5	

675

			6			4	2	3
4	9				7	6	5	
	6			4		9		
1				5				
5	8	4		7	6	1	9	
9			4		1		3	5
	4			6				9
			1			3	8	7
	7	1				2	6	

676

				2	1			6
						9	7	
6	7		9	8		5	4	1
				7		6		
5				6	2			7
	6	7	3	9	5		2	8
8		6		4	9			
		1	2				8	
	4			1	7		6	9

677

7	9	2	4	1		5		
8						3	9	4
	3	6			5			
3	6	1		7		8	5	
		8		2				3
			3			4		
		4			9	2	3	
5	2		6		7			
				3				

678

		7						1
4			7	1		3		
3	7		5		1	6	4	
		8		4		9	3	
			9	7		1		
				6		4		
	3	6	1			5		
7	9							

679

5	3	7		4				
2		1			9	4		
	9				7		5	
8		5	4				3	
								8
			9		2	6	1	
			1					4
9	7				5			1
						3	7	

680

	9				6	2		
3			2		9		5	
		7				9	6	
4	7					6	1	
	6			1	7			2
		2		8				
7	4		5		1			3
2				9			7	
	5						9	4

681

4			1	6	3	2		
	5				8		7	
8				5	9	3	1	
	3			9			2	
1	4			2	5		3	
2	7	9						
	6					5		2
5		2		7	6		9	3
	1				2	7	4	

682

		7					8	
		1		3	5			4
						2	5	
	6	4						9
1				2				8
3	8				6			5
			9	4				6
	4				3	5		7
	9		7					

683

		6		8				
	3	2	7				9	8
	8	1						2
	7					2		6
1					7	9	3	
	2	4	6			5	7	
		7			4			
			8	3	6	4		
8	4				2			9

684

7		9	6		4			1
		6			7		5	8
1	3					6	4	7
				1	8	3		2
		2	7	6	9	4		
	1		2		3			
4								3
					5		9	
	7		8				2	

685

	6	1		5		4		
	7	4		1				5
	5	3						
6		2	9	8			5	
		8	1		7			6
		7	6		5	2		
3	1			9	4	7		8
	2	6						
			7	6				3

686

3	1		6					4
				9	5	8		
7		8					5	
8	7			5				
	3			4	6			8
				3				9
9		1					8	5
	6		4	8		1		3
							4	

687

5	1							
	6	7			1	4	5	
2		9			7	8		
				7				6
			4		9			8
	2	4	8		6			
	5			1	8		2	
		6			5	7		
					3		1	

688

	4			5	3		2	9
1								5
2		9			4			3
8	9				7			6
		2	3	8				
	6		4	2		8		7
		8		4			7	2
9	7		2		8			1
		1	9					

689

9	4		8		7		5	
				6				
	7				9		3	4
		8	3	9			1	
			6					2
1		4	2					
3	9	2	7					8
	8			3			2	5
				8			9	

690

6		4	5	9		2		8
7					4	6		3
	5	8	2			7		
		1		3	5			
		6			2	5		1
5	2							
8	1	3	7	5	6			2
		5		8	9			7
	6							

691

	2	8			7		3	4
				2			6	5
5		7						1
6		1		7		5	2	
	8						7	
	7	5			9			6
			3			8		
2		4			1		5	
					2		1	

692

	2		7		3			
1		6		8	2			5
3						8		
	8		4			9	5	
	9		2	1			7	
				9	5			3
	5				1			
	3				4			8
		4	3	7		5		

693

3		2	5		1	6		
	5			8	4			9
1			6	9	2			
2			7	4			3	
8		5				4		
		4	2					7
			1			2		
5		7		2	9	3		
		1		3		5		

694

	3	8	7		2			5
5				9		1		
4			1		5	2		6
6	7					3		
	8			5	7	6		2
	1		3	4	6	5	8	
	2	1		3	9			
9							2	
	4		8				5	

695

1		7		8		6	4	5
			1		4			2
			7		5	1		
	5				6			
				7	1	2	9	
		1						
				3		8		
	2	9				5	6	
4	1			5	8			9

696

5			6	3				
	4			8	9		1	
			4				8	6
7			2		5	8		
4			8			6		5
1								9
	5	3			2		6	
		1	3	6				
	6			5	8	9		

697

1	2		5	6			9	8
	5						1	7
		4		1	8		3	
	1			7			8	
		7		3				
						3	7	4
		2			1		6	9
8					6		5	1
						7		

698

		3					1	6
			1	5				
	7							
8	3		2	9			4	
		9	8			6		
5				1			9	8
	1			8	6	2	3	
			7			9		
7	8			2				

699

9	8							
6	2	7						4
5		1	6		2	3	7	
			1			7		3
3		2	5					
7	5				4			2
1	6			5		4		
2	7			6	3	8		
8				7		9		6

700

6			9	5				
		2		7	4		5	
	4		8	3	6	7		9
9		3		4				7
		6	3		9			8
	2		7	6		9		5
			4		1	5		
2				9		4	6	
		4			7		9	3

701

		7				9		
	4				3			2
2	3		4	8	7			1
8		3		5			9	
9	5			6	1		2	7
7			3	4		8		
6			1					
3	7					1		
	2	1	5	7		6	3	

702

		8	9	5				6
6	3	9	4					
4								9
	8	2	3		5	6	9	
							5	
						7	3	
		1	2			4		
		6						
2	7				9		1	3

703

8	5	9		1	7	4		
				5			3	
							5	7
2				9				1
5	4				6			
						6	4	5
1	8		6	7	9	3	2	4
4	3				5		7	9
		7						6

704

2	1		4				9	
	5			1				
					9		8	
3	9	1		4	6		2	8
		8	7	9	3	4		1
							3	
					4			7
	4	6			7			9
9					5	2		

705

8		9		7	3		5	2
7				2			3	
		1		4	8		9	6
	3		7	9		6	2	1
			1					
	6			5	2			9
4				6				5
	1			8	7	2		
6		2	4		5			3

706

3						9	7	
8								4
				7	8	6	2	
				6				
			9			4		
	9	5	2			8	6	
7		1					8	
5	3				9	2		
	4	2	5					

707

						6		8
	9		5					3
		6	2		3			1
5		9		6		8		
1							9	
	3	8	4					
6			9			5	4	7
		4		3			8	
		5		7				

708

			6			3		
				2			1	
9		6				7		
8						1	6	
4	7				1		8	
			8				2	3
		1	4	8	3			
						8	4	
6		8	2	7				

709

6						5		4
2		7			5		1	6
		1			7	8		2
			6	9				
4	2			7				1
					1		2	
		4				2		3
		2			8	1		
	7				4			

710

2						5		
		6		4			7	
		1		8			6	
	6				1	9	4	5
					9		8	2
9	8	4					3	
	1							
			2			4		
4			7	1	3		5	9

711

9	3					8		1
1	7		3	8		2		
5			2	9	1	4	3	
3	9			7			2	
4		7		6				8
6		8	9		3			4
			7		2			
	6		4	1				2
	1				8			3

712

8						4		
4			6				7	8
	2				4		3	6
9		7		5			1	
		3				7		9
	5				1			4
3	7		9					
					8		9	3
						5		

713

5		6		3	7		4	
		8				1		6
		5			6		9	4
6		9		4		8	7	
1	4	7		2				
	9		5			4		2
				9			8	
	6	2				7		9

714

	3			1	4		2	
						8		
6	1	2		8				
7		5					6	8
9	8	3	5	6				
	6	4	9		8			
		9		5				4
	4		8		1			5
							8	

715

					3		6	2
3		4						
8		5		7	1	3		
	7					5		8
4	8			9	7	2		
2				6				3
		6	8	2	4	9	3	7
7	4	8	6	3	9	1		

716

					1		5	8
1				4			2	
	6				9			
5	3			9	8			
		8	6			3	9	4
	4			2				5
3			5			7		9
6	9		1		4		3	2
7		4					1	

717

	4	5	6				3	8
		3				6		2
	8	1		3				4
1			5				8	3
8							7	
4	5		8	1	3		2	
3		4	2	7			6	
		6						
			3		6		5	9

718

4		2		7	9	1	3	
		3		5			7	9
9				1		4		
			9		7	8		
7				6	2			4
6	4					3	2	
	9			3			1	
		7	4		6			
	2				5	7		3

719

	8			1	2			
4			5		8			9
						7		8
8		3	7	2				
5			1	3		8	9	
1	2			8			7	3
3	7				6			
2				4		5	8	6
	5	8						

720

			7		1	8		2
								6
2		8			3		7	1
	1	9		2		3	4	
3						5		
	7	2		4				
								3
8	2		6		5			
		3	1			7		

721

		6	1	7		2	3	
1		7				9		5
3		2	9				8	7
		4						
	1		3			4	9	
	3		7					8
				3				1
4	7			8	9	6		
	2					8	4	

722

3		2		8				
		6			1		3	
8		7			5			6
5		1				9	7	
9					2			
				9		4	5	2
	6		8			7		
		5	7	1				
	8	9		5		6		

723

		6		5		4		
				3				
1	7		8		4		9	
	5					6	8	1
6	4		2	1				
		1		7	6			
3	6		4	9	2	1	5	
	2			8	5			3
					3			9

724

			7			1		6
		5				9		
		9			2	5		
2	9		1			6		
		3	6	8		2		9
8							5	
1			4		3			
		2	5				6	
	4		2	1		3		

725

4	6			9		8		
		9			8	3	7	4
		7	3		5			
				8	3			9
	9	5			6	1		
			5	7		4		
	5		9			7		3
3		4			2			6
9		6	8	3	1			5

726

			2	5	3	4		
9	5	2			4			
	4			6				2
	8		1		9	6		
1								
	3		5			2	4	
3						1		
				7	6		9	
5						7	3	

727

2	1	3			8			
6	4		5		9			8
			1	3			2	6
		2		4		6	3	5
				5	6		8	
3	6		2					
7	3					4	5	
	9			7	5	2	6	
			4	1			7	9

728

2				4	9	6	1	7
								8
	7					2	9	
4	9	3		2			8	6
1		7	8	6		9		
			3			4		
	4		9			3	5	
	5		4		6		2	
9								4

729

					2		8	
		3					1	4
4	5	6		8			2	
2		8	9		1		6	7
	9	1					4	2
6	3		8	2		1	5	
		5	2		9	4	7	
					8	2	3	6
3					6			

730

3		2	9			5	8	
8			3	5			7	
9	4			8		1		2
		1	6		9			7
	9							8
5					8			
	5	9						
2	6		1	7		8	9	
							4	

731

9			7	4	6	3	5	
		3		8		7	9	
	4		3			6		8
		7		6				
8	6	2				4		7
			1			5	6	
1					3	2	4	
		6	5		4	8		
					7		3	

732

9	4			7				
6		7		9				2
	2				1			7
	7	9					3	
8	3		6			2	1	
	5		1					
		2		8		9		
	8				2			6
		5		1			2	4

733

	6	1	7	9		4		
8			1	2				6
7							8	
6	5	9				3		
3	1				9	5		7
4		7		5				1
		4	9	6			3	
1		6		8			4	9
				7	4	6	1	

734

		8			5			4
		1	6	2	4		9	
			1					
	4				9			7
	5							3
8			4		6		2	
9				6			7	
			9			4		6
1	2			4	3	5		

735

1	3		7			2		
9		7	2					
	2	8		9		3	6	
		9		6		8		
3				4	5			
7					8		9	
	9	5	4	1			2	
						5	4	
6						9		3

736

		8						3
	5			4		7		9
3	6	7			9	1	8	
	1	9					4	7
	4		1	8			9	6
		6				8		
			8					
	7	1		5				8
6						4		1

737

4	6				9	5	8	
						9		
5	7			3	8	6	2	
7	2						3	1
	3	8						
			8	2				
8	9				2	1	4	
6		3			1			9
		4	7		5			

738

7	4	5		9		6		1
3				2			5	4
	8	1		4		9	3	
					5	1	9	
	2			6		3		
		8		3				
					9	2		8
5		2	8	7				
8	9	4	6		2			

739

1		5	3		7			
6	9		2		4		1	
4			5	6		2		3
2	6				8	3	5	9
9	3					4		1
			9			8		
			7	1				
	5	2					6	
8		6			2	9	3	7

740

	6			8		9		
9			3	6	1	2		
1	8	2	9	7			4	
						7		8
		8	7	4			9	
7			5	3				
	9	5	8			4	3	
		4						7
		1		5	2			9

741

					7		3	
	5	3			2	9		7
	2							
2	3	6		1		7		8
				7		5	1	2
9				3			5	
			1	2	8		7	
8				4	9			

742

		6	1	9		5		
2	5	9		6	7			8
7	8		5	2				6
1				4			6	7
		2	6			8		
	3				2	1		
5	2			8				
				7		9		
		4	2	3				5

743

	8			9			6	4
		4	7		3			
			8		4			
6		1					8	
	3					5		7
			2	1				6
1			6					
4		8			1			2
7		5			8		4	1

744

3			7	4				
	4			1		9		
	1	9				8		3
2				9	5	3		8
			6		7			
	6			3			7	
		8			1	6		5
6				5	4		8	
	5					1	3	4

745

6			9	1			8	3
						1		
	1	2	5	8		7		
4	3		2		5	9		
	5				4	3		1
	2			6		4	5	
		5			7			
			6	3		2		5
		8		5			3	

746

2		9	5	3	6	4	1	8
5	4							
1	3		7	4			9	
		7	9	1	2			
9			3			8	6	1
3	5			8				
7				6	3		8	9
		5		7	1			
		3					2	

747

	9	7	8	2	4		5	1
				3		6	9	4
		3	6		5	7		2
	7		4	6				
8	3							7
						9	1	
		6			2			9
4								3
	2				8	1	7	

748

		8						
4					8	9		1
2				4				
		3		7				4
7		4	5		2			6
		6	4			8		2
8						4	1	
	1		2	8			6	5
6		5	1				3	8

749

4		3	7	1			8	9
6	8		2			1		7
1			8	9				
9				5		3	7	
	5	1		7				
					1			
			1	8			2	
5	1	2	6		3	7		
8		7	5					

750

	2	1						
				7		5		
		8	9	1	3		2	6
			4				1	
	1	4	7			3		
9	3	5	1	8			6	
			5					
	4				1	8	5	
	5		8	9				7

751

5			7		9	8	4	6
3			6		8			1
8	6	4				3	9	
	2				6			
	8			7		4		
	5	1					3	
			8	9			6	3
2	9			6	5		1	
					4			

752

		7	2	4				
2	4				1		3	
6							9	
8	7		3			1		
			4	1	8			
						6		
		3		2			5	
	6		1	7		3	8	4
								6

753

	6			4		2		
	5		8	2			1	
		2	6	1	9	3	5	
	9	7						
5	2				1			9
	3		7		6		2	
2	7			6		1	8	
9	1	8	2	5				4
				7			3	

754

6				2		3		
	1	2	3					
4	3		7	8	6			2
		8					5	
	6		4	3			2	
						6	8	
9	7	1		5				
2	8		1			7		
3							6	

755

	5			9		8		2
8							9	6
	1			8				3
	3				4			
				7		2		1
2			8					5
3			5		6			4
4		1			8			
	7				1		2	8

756

	2	5						
			4	2			8	
4			5		7			2
		2	8				4	
1	6	3		4			5	7
7	4							3
	5			1			7	8
	7		9				1	5
	1					2	6	9

757

1		2		9		8		
		8				1		
			1					9
5		3		2	4			
	4	7	9	3		6	2	
6							9	
3		4	5		8		1	2
				4		5	3	
			3				7	6

758

2	9	6		1		4	7	
	5		9					
3			7	6			9	
		3			7		4	6
	1		6			3		5
4						1		7
		2		7	1	6	5	9
9	7	5		2				4
			5				3	

759

	2					3		1
9	6	8		3	7		2	
				5		6		
6	8	2	9					
5	7		8	1	6		3	2
3					5			
1		9					7	
	5			8		4		
			7					

760

2				6	4	8	1	
		6		8		5	2	9
8	1		5			7		
					8	2		
4	8			9	1	6		
		1						
			2			1		
	5	9		4				
							5	

761

6	5							2
	2		5				1	9
	8	1	2			5		7
			8			3	6	
2			3					
	3							1
				7	8	9		
9		5				7	8	4
		7		5		1		

762

	9					7		
5		8	2	9				
1	3	7						9
3				7		4		8
8			5	6	3			
	6	9		4		3		
			7		8	2	9	
		1		2	5	6		3
		2	6	3		5		

763

3			9	4	1		5	
					2	9	1	
1	5		6		3	4	8	
	3		2		9			
		2		3			4	9
			4	1		2	3	5
		3						4
6			8		4		9	7
	8		3	9				

764

		4			3			
	6	9	4		1		8	3
		1		5				
	8	3			4			
			8				5	1
			2					
3					7	5		
	5						3	8
	4	8	3		5			6

765

9		3		7	4			
5	6	1				7	3	
		7				2		6
2					7	3		1
	7		4		9			
	5	4		6			7	
4				3		9		2
	1	9	8		5			

766

	4		5	3		9		1
1					4			
			1	9				5
9			7	5			8	6
	7	5	4	6				2
		6						
7			2			3		8
5		4		8				
	8	3	6	1	7	5		4

767

		5				4	8	
6		4	1	7			2	5
		8	4		5		1	7
	6			8				
							6	2
4	2	9	5		7			1
3		6	7			2	4	
					6			
8	4	1	3		2		9	

768

		2				3	5	4
	4			7	2			6
					6	2		
	3						2	
			6					8
	5				9	6	4	
	6	3	8				1	5
		7			3			
4			9				3	

769

3		6	5	9	2			
	7							2
	4					8		
5	2			4	9		8	3
	3		2			4		
	1		8		3			9
7			3		6	2	5	
		8		2	1		9	
	6				4		7	

770

			5			6		9
				4	7	8		
7	3	8					1	4
		9	4			1		
6	5		2			4		
4	1	2	3			7		
8		6					5	
1	2		7				6	
5				1		2		

771

			4			7		
		2			3		1	
7	9	1						
	2	8			4	1	5	9
5		3		6				
	7	4					3	
3	5						8	4
		6	2	4	9			5
					8			1

772

						7	4	9
1				5				
4				9				
			4		7			6
		5	6				7	2
		2	9			4	8	1
	9		8					
3		1		7	9	6		
2		7				1		

773

	6		3	4				
		2	1				4	3
	7		2		8			
	9	3	8		1		7	
	8							1
7								2
4	3		6				2	8
8		7	5					
6		5		8			3	

774

	8		5	6	2			1
		2						4
		7		4	3			
		1	4		5		6	
	3	5	6	1			2	9
7	6			2			1	5
	1	8		9				7
			1				9	3
				7	8	1	5	6

775

		8	4	5	1	6		
				9			5	
5		6			7	8		
6	2		9				4	
		3	2	1		9		6
4							8	
			6	3				7
		2		8		1		
	6		1				3	

776

				7	4	1	9	6
3		6		8	1	4	2	
		4						8
2	3	7	4					1
	5			9				
	6	1			7	8	4	
	8		7	1	9		3	
5	1	9						2
		3	8	2				

777

	4						6	
	9		6		8		5	2
		6				3		
		3					1	
	8		2			7		5
			9	8	3		2	
				4	9	2	7	
4	6			3	1			8
8			5					

778

				7		2	8	
9	8	6	1			7		
					5	4	9	
	9				1	6		
		7		5	8		4	
	2		6					
3					4		6	5
8				9				
2	5	9		1	6	8		

779

1	9		2				6	
				5	7			2
		7				8	3	
8				7		1	4	
4	1		3		2			
			4	1				
	8	1		3	4	6	9	
9					8			
	6	4	1				2	8

780

	7	4				1		
	1							
		2	1	5	8			7
2			4	6	9			
			8					
	6		5	3		8	1	
	4					2		
7			2	1	4		9	
9			6				8	

781

2	5							6
6			9	1	3	2	5	
7		9				4		1
		7	1					
		6		8	5			
					4	3		2
					1	6		
1		2		5	7		4	9
	7	5		4				

782

	1				3			
				5			3	9
8			7			2		
		6	1		4		9	5
	8							1
	4	2				6		
	3			8				
9			2		6			
4	2					9	8	6

783

		8		9			4	7
	4	6	5	7	1			3
				6			5	
	7						8	
8					9	5	7	
	6				5	4		1
			9		6			
3				5			6	
	9		2		8		1	

784

2						4		
		8			4	3		1
9				5	1			
	5				7			4
7	4	9		6	5			
1	8		2		3	9	5	
4		5	3				7	2
8	9			7	2	1		6
6			4			5		

785

4	5	1			3		8	
	6	9			4			
3							9	
6			4	2			7	
9		7	6		1		2	4
			3		9	6	1	
	7			6	5	9	3	
2	8				7	5		
5	9	6						8

786

			8			4	1	
		5				9	7	
		4	9			6		2
	2			7	9	8	6	
		9	2		8			7
7	5		1	6			2	
	4				5	2	9	6
	9		7					
5	8		6					1

787

5		1			4		7	
9	3							5
		4	5			9		
1		6			5	2		9
4		2						
		8		9	2			
	2		7		8		9	4
	4	3						8
		9	6		3	7		

788

	2	5				6		
3	1		4					
9		4		1		5		
4		1	5	8			7	
5							3	
					9		6	
8	5	2		9	1		4	
6		7				3		1
	4	3			7	8	9	2

789

		8		1	4	3		
	6		7		3	4	1	
	4	1						
	9	7						
8						6		7
			2		6			
5					7			3
	8			2				9
	1	6	3	5		8		4

790

3		7	6	9		4		5
	6	4				3		
								8
		8	9					
	7				4			1
		9			6			3
8	5			7		6		
	2						8	9
				1			7	

791

		1			8			7
2	6	8	4	9				
	5		2		3	8		
		6			2			4
			9		1		8	
		3	5	7			6	
				2			5	
	7	9		3				
8		2					7	

792

2			8	6			3	
	8				1	6	4	
	1			9		7		2
4			5	7		8		
	7			8			2	
1		8	2		6			7
	3							4
	2	1	4	3		5	6	
7	4			5				3

793

			8				7	
7		3	6	9				
	1				4			9
		9		6				
						5		
1	4			2				8
5	2		9		3		4	
	9	1					2	3
					1	7	9	5

794

	7			1		3		
6				4	3			7
		8	6	7		4		9
9				2		5	8	3
				3		9		
8	4			9				2
1					4		3	
	3		9			1		
							9	8

795

	7				9		8	
		9	2			7		5
	2			4		3		
		7	5				2	8
	8		4	2		6		
	5				7			
	9	1						4
		2		7	4		6	
	4		9	8		5	3	

796

	2			1		9		
	6			2		5	3	
9							1	7
		8			1		9	
				4			6	
		6		9		7	2	5
1					2		7	
			3		4			
	3					8		2

797

	6		8	4	1		2	7
			7	3				
		1						
		2	6		3		9	5
7	8		2				6	1
5					8			
9			5		2			6
	1			7	9			8

798

8	2		7	3		1		
			1		8		5	
		1	9		2	8		7
9				5	1	3	4	
	3	8	4	9		5		
	1			2			7	8
	8	9					6	
1		4	5	7		2		
3					6			

799

	9				1			
6		7			9		3	
2	1			7		9		5
				8	2		9	7
4				9			2	
		2			5		6	3
							7	
5	8	9		6	7		1	
	2			1				

800

6	3	8		2		7		
			6		5			8
	5	1						
		2		6	9		5	
5						3		
7	8		4	5		6	2	
8		5		1	6			
	2		5		4			
1			3		7		8	2

801

		2	9		3		6	
5	6							9
			6	2	7		5	3
		5				4		6
			4					
		4	3	6		7	1	5
					9		3	
4	5	7					8	
9	3			7				1

802

	7				6	5		
	2		1	5				7
		3		7	2	8		
	5						4	3
					3	9	6	8
3			9			1		5
2					9	6	7	
1		4	7					

803

	2		7		3		9	4
					1			2
9					8	7		
3	6	1	8			5		9
4							2	
		8		7	5	1		
	5				7		1	3
7	4	3		1	9	2		5
				3	2		6	7

804

	9			7				5
5			2					
			1		5	7		8
3	5	9	4	2			6	
4				8		1		
	8	1				2		
		4	8	6			7	1
	6		3		7	9		
		7		9			8	6

805

5	7	8			9			4
	1	6			7			
	3	2		4			5	
	4			1		3		
					8		4	2
		3		6				
	2	9		8	6	5	3	
		4						7
	6			2				9

806

	4	7						
	9			2			3	
1			3		8		7	
	3	1				6	9	
			1	6	5		8	3
			4	9		5		
				8	4		2	
9			2			7	6	5
6	2				9			

807

9			5			3		8
				7	8	2		
8	4		6				7	
7	3							9
4	5				7		8	6
6					9			
			1	6	5			
		4					3	
	7			8				2

808

	5	1		3			7	
6	4		7	5				
3						6		
		8	3	6	5	7	4	
	6	4	1		7			2
				4	9			
	1	2	6	7	4	9	5	
		6					1	8
		3		1	2			7

809

2		1		8				
	6	8		5		7		
	5						2	
4		2	5				9	
		3	2				8	4
		5			7	6		
1	3	6						
				3				8
					4			3

810

	4		2	3				
		8	5			3		2
		7						
3								
			6		8	9		
7						1		8
	7		9					3
		3	8	2		5		
		1	3		4	8	9	

811

1						6		
		5					1	
	3		1	2			8	5
			2		5	9		1
9			7			5		
	5		9	6	3		7	
						2		3
		2	5	8		1		
	1					4		

812

6		8	3					
7	1		5					
	5	3		7			9	8
8			2					1
5		1				6	8	
4		2	8	1		3		9
9	7	6			4			
				5			1	6
			7				3	

813

		1					5	
8	2	5						
		6	9	5	1		7	
	9				2			6
		4	6		3		1	
			5		4	2		
7	5		1				2	
	4							
3	1				6	5		9

814

			6		2			8
8	2			1	7			9
			3			2	4	6
7	3			5				
4					3		2	1
					6	9		7
		3	1	2	4		6	
			5				7	
5						4	9	

815

	7				1	3	6	8
	1					9		2
				9	4		5	7
			5					
	5		6	4				1
	6	8	9		2			4
	4	6	1		9		3	
						2		6
1	3		7	2				9

816

		6						
		4					3	7
	8		6	5				
8		1	4	9				5
	6			3		9		2
						8		
1	7	2	3			5		4
3	4	5	9		1		8	
6			7		5		1	

817

						6		4
1	7			3		2		9
	2	8			9	5	3	
		7	1			4		
				2	4	8		
	9							
				6	2			5
		3	4		5		2	
	4			9				

818

		3	9	8		6		2
	1			2				
				7				
5			2	9			8	
4						1		
	3	2	5			9	7	4
			7					
1		7			2		6	
	9			4	1		5	

819

			6	3			5	
1		4						
				5	8		2	
	3				2			1
	2	7	8					
		8	5	4	3	7		
			4					
9						4	7	
	4			9	1		6	

820

7			8					4
8								1
	6				1			8
						9		7
			5					
	7	2		9			1	
2			1	5			4	
	1	9	2		6	8	7	
	5	6	3			1	2	

821

			9		6		5	2
7					5	1	6	
1							9	
6			3				8	
9	8							
		3	8					9
							3	
4	3			7				6
		5		3			1	4

822

				4				
	6	8	1	2	3		5	
	1		5	9				7
	2				4		9	5
			3	1	2	8	7	
	7				8		4	
	9		4					2
				3		9		8
1		6	2	7	9			

823

						3	4	8
		8		9	4			5
4			7			2		
	9	7	1					2
1	2		3	4			8	
6				2	9	1	5	7
					1	8		9
5						6		3
2		9	6	7		5		

824

7					9	4	2	
			3	6			7	
		6	4	7	2		8	
		5				9		
4		2			7	1		5
9		3	1					
	6			2	1			
3			8		5			2
5					6	8		

825

	5	7	3	4				
1			6			8		5
		2						3
	1		4				2	6
		8		5	9			4
		9			6			8
		3	8		1	4		
	7					3		
	9				4	1		

826

		8			4			2
2			9	8		1		5
			7	1	2		8	
7	3				6	9		
	2				8	6		3
		6		2	9			
8			2	6		5	4	
				3			6	
6	4	7		9	5	2		

827

		2		3		9		6
4		3		6				
1			9		8		3	
	2	5		9	4	1		7
	7	4						8
	1	8			7		9	4
		7				6	4	
2			7			8	1	
	6		3					

828

	1				5	4		
2				1	8		7	
4		3	6		7	8		5
5	8	9		6				
1	7	4	9					
	3	2			4	9	8	
					2			7
3		5		4	9	1		
	2		8	3				

829

4				2		1		
				5	1			
5		9			3	8	7	
		5	8				6	
	4					3	9	5
			3	9				
7		8	2		6			
1						5		
9							3	

830

4		7			6	8		
			4				7	
			8		9			3
	6	9	2	1				
7	4		9			6		
	3			6	7	4	9	1
6	9					7	3	2
				3	2			
	2		7		8		6	4

831

6		4			9	2	8	
	7	2		1			9	
		3						6
			6		4			9
		6		8	3	7		1
	5							
4			1				3	
						6		
2				3			7	4

832

9	5	7	2					
					6		5	
2	6		7		1		3	
1	9		8	6				
	2		1					
5						1	4	
4					3	7		6
				7				
	7				8	9	2	

833

	3			8	2			
	8						9	
			4			3	8	5
			7		5	9		
	4			1				7
6	7						1	
	6			3				
	5	8						9
		3	1	5		2	6	

834

			1			3		6
		9					8	
		7			9	4		
		5		9	4			
		3		2	1		6	
6							4	
4			8				3	
	7	6	9				2	
	1			3		7		

835

7				9				3
		9	4					2
3				8	2			
		6						
5	7				8		3	6
	3				5	8		1
2		7		3			6	
	1		6				5	
6	9				4			8

836

						5	3	7
		5	8	3				
	9	4				2		
	8			9			4	3
9		2		4	3			
7						9	1	
4			7		9		8	2
1	3	9		8		7		6

837

5		2		3	1	7		
	9	8				1		
		7	4		5			
			3		9			2
		9		8			6	4
	8				4			
8	7			6				
9	6			5			3	8
					8	6		7

838

							6	
		9	1	6	2			5
		2		3	5			
5		7			3			
		1	2				4	
		6				7		3
	5	8						4
6			7		4			2
2			5			6		9

839

			9		3	1	5	7
	1	3	7	5				4
			6	1	4			3
				4				2
	2			6	5	3		9
		6		2	7		8	5
5				9				
3	8		5					6
			2			5		1

840

8		9						
1	6			4	8			7
	3		7		5		6	
					2			6
		1		5	3	4		2
	2					8		5
		7	5				2	
								4
3	8			1	7	6		9

841

4	8				3	7		
			4			5		
2		7						9
1	7	6		5	9			4
			8					
					7			5
	2				5	4		7
				4			6	2
	1				2	9		

842

		6				7		1
7			6	9			8	
8		1			3			
		5		7		4		8
	7	8				5	3	
				2		9		
	3							7
	8			5				
5			8		2	6		

843

	9			2		1		
	3	1	6		7	8		
				3				
2	1	7	3					5
			1				3	
	5	3					4	
	4		7					9
5						6		
				9	2	4	1	

844

1	7					2	5	
4					3	1		
5	2		1				8	4
		7	4		2			8
		4			9		2	
	5				7			
		5						
	9					8	3	7
			9	6				1

845

		4						
6			1			5		2
	2	1	8	3				
	1	8		2			4	5
			5		3		7	8
					8			9
4			3		5	9		
	5	3			6	7		
	7		2					3

846

		4	8		3			2
	9	2			4	3		7
5			1					
	2	8	4				6	1
1	6	9						
4					9			
		6	2				5	
	3			8				
						2		

847

			4					
		6		5		9	8	1
9		5		6		2		
					4		2	
1					9		5	
	6		5		1			9
		2		1		5		8
8	3			4				2
			7					4

848

		8				2	7	
7			4					5
		9		7				
9					2			
		5			8		2	
2		6			5		4	8
8			5	2	3	9	1	7
1			9			8	3	
								2

849

	4	5		2	9			7
							9	
7	9		8	6	5			
1					2	8		3
2				7	1	9	5	
		7	6		3		2	
4			9	1				5
		9				6		
3		6	2	5		4	8	

850

	7	6						9
				8				4
3	9		4			1		2
		4		9	1			
	5			4			2	1
	1		5					
				7	9	6		
			1	5				8
8	3			2			9	5

851

	2		4	3		6		
5							8	1
6			8		5			
		2		9	4	7		
	4		3			1	5	
8		5			9	4	7	
						8		
				8	6		1	

852

9	5	1						
7	6	3			2			1
	8		5					7
				5	8			4
				1			7	
2	7	8	4					
3	2	5		8				
		9	3			7	8	
								6

853

		3	4		5			
1			7					
						1	5	2
3			8	4	7			
			6		3		8	
		4		9		2	3	6
	3	9	1	6			2	
	8				4		1	3
5	2							

854

7						3	4	
3	1			5				
	6	5		8	7			
	3	7			4	5		2
	5				2			
8						1	3	
	7		9			6		3
2					5		9	
			1					

855

6					1	2	4	3
	3			9		5		8
		8			3			
		7			8			2
	6	5		2				
		1	6	7	4		5	
2	8				7			
5		3	4	6		9		
		6		1			2	

856

1								
		8		3				2
	5		1	6	8			7
9	3	4	2		5	7	6	
6								
	1	2						
8					6	4		
	7	6	8	4		9		
					9			6

857

	2			6			5	1
	9	3	5	7				
1		7	2	8				
							7	9
7		6				4		
5		9		4	7			
		2			8	5		
	6	4			2		9	3
	7							4

858

			4			5		
1	5		6			3	8	
4		8						
3		9	8	2		7		5
5		2		7	6		4	
6					5	8		2
2			3	4				
			2			1	3	9
7	3							

859

	4	2		1		8		
			6					
	1	3		7		6		
9		7		8	4			5
	8	4				2		
2						7		
					5	1		8
								2
	7	1	4			9		

860

9				7	4			
		1			8	2	4	
	4	2	3		5		9	
		4				5		1
1		8		2		7		
					7	8		
2	1	7	9		6			
8					2			
						9	5	

861

9			5			4		
	4	7			1		3	
2	1	6				5		
				7		1		8
		1	6		4		2	9
8		2		1				
	6			5	9	8		
			1	3				
1						3	9	

862

7					4	5	2	
		8	9		2			
					6	8	3	7
			4		8			1
							8	
	4	2			9		6	
	1	6		9	7			
	8			5		9		
9							5	

863

	7	8	2		9		1	
5		9						4
					3			8
	8						4	1
			9				2	
9	3	4			8		5	7
7			4	3	5	1		2
			6	9		4		
		5	8	1		3		

864

3		6		8	5		7	1
	8		3		7		4	
	9	5	1					
		4			8	2	5	
	1						6	
		2		5	6		3	
1					3	8	9	6
8		9		7			2	3
4					9		1	7

865

	3			7		8		2
7		2	9					
5	9	4		1		3		
		1	3		9	6		
	5		1			7		9
						1	5	3
	1			3		2	8	
6			7	2		9		
8	2		4				7	

866

9			2			8		4
	2		8		4			
	8			9			2	1
1						2		
	6		9	4	2			8
		2		6	3	9	4	5
4	3		5	2		6		
		8	4	3	7	1		
	5			8			9	

867

	7							2
1				5		3	6	
	6	2	9	3		1	4	
4	5	7	3				1	6
		9					5	
				7		2		
		1			4	6	2	
8	9		7				3	5
			6		3		7	

868

4		5		1	6	8		
8								
6		3						2
2	6	7			9		8	5
	8		1	2			3	
	3							
			3			2		9
3	2		5		8	7	1	
1	5		7	4			6	

869

			5	1		7		8
				7	2		9	
	7	1		4		3		
		2			1		8	
	6			8	4			
	9	8						6
2						4		
4		7			5			
		6	4				7	5

870

		8		1		2	5	
6		3	4					9
7		2	8		3			
	9				6	7		
8				7		3	6	
	7		3					5
5	3				1	4		8
				3	4		9	
		1		8			3	

871

7								9
	3				2	6		4
1		4	6				2	3
			8	3	7	1		5
5		9					8	6
			5		9	2		
3						4		1
6	8	1		4		9		
			3					

872

2		6	8	5				3
				3	7	4		
			9				8	
		3			8		2	
8						3		
		9		7				
	9			6	2			
	8		7	9		1	6	4
1	6				3			5

873

		2	3			8	1	7
		6	8					9
8	3	1						
9			2	7			6	
			9		6	2		5
	6				8	9	4	
		3	6					
	8				9		5	
7		9		5	3			4

874

9				1		4		
		4		8		1		6
6		1	2	5			9	8
7				4			2	
	6	2	9	7				4
	9			2			8	
8	4		1		7			
		7	8			9		
1	2	9			5	8		

875

3				4			6	
	6	4	5	7	9			8
			6		3		9	
5	3	1	4		8			
	9					5		3
	2				5		8	9
9		3			2			
1								4
			1			9	7	

876

2		3			5	4		
5					6	9	1	2
		1	4					
			1	6	3	7		
6					7			
		7	9	5	8	6	4	
	4	5			1		9	
	8		5		9	1		
	1	6	8			2	7	

877

			4					8
	5					3	9	
3		1		9			5	
	2			4		9	8	
		7						
4	1		9				2	6
	8	4			1			
	7					8		1
			6	8		7		

878

								4
1		9					7	8
				1	9	3	6	2
9		3		5	2		8	
6		8	7		4	1	5	
5			3		6		4	
2					8			
7		5		3	1	4		
4			9		5			1

879

9					7			4
	5		2			8	9	7
		2		9		3		6
6			9			4	8	
		4		1			5	
	1				8			
8			4	2	3	1	6	5
	4	6				9		2
3								8

880

4	8	3		9				
	1		2		8			3
	2						1	
				8	7	5		4
				2				
	5	8			4		9	1
2	4		5	1			7	
	7	9	8			1		
8	3				9			5

881

9		1		8		3		
			4	2				
				5				8
7	9			6			1	4
4		3				7		
	1	6			4		9	
1			7			4	2	
	8	2						7
		4	2	9		8	3	1

882

		5		4			2	
	7		3		6			5
	4	2					9	
		6		9		2		7
					7			
	1		4				8	
				1			3	
	6	4		3		9		2
	3							8

883

		7			5			8
		1	9	7				
3					1	7		2
1	4					2		
9			5	2			3	1
	1			3	9		2	
2	8		1					3
		4		5		1	8	

884

	6		9	5				8
8		4			7			6
					6	3		
				6		4		
1							2	
9	4	5		7				
6	1	9	8	2		5	7	3
	7				5	9	1	
4		3			1		8	

885

		3		4		5		
		4	8	3				
7	1	6	5					4
	6							3
						7	5	
5	4	9	3	1	7		6	
	8	2	1	5				7
			6			1	8	9
	3		4		8			

886

	9	7		4				8
4		2		8		3	7	
1	8		6					
	3							
		1			8			
		8		1		2	6	
	4		1	6	9	5	2	7
	7	9	4			8		6
			8		2	9	4	3

887

	5				8	4		
	8	9	4	2			7	3
4		2				6		
1	2	3		8	7		6	
9		5	6					1
	6		9				3	
7					1			2
			2	9			4	7
	9			3		5		

888

3	1			7			2	8
8		7			9			
9			3			4	1	7
							4	3
4	3		8	5	6	2	7	
6		1				8		
5		2		6	1		3	
				8	3			2
		3	7					

889

		8	9	2				7
	7		6					3
				7		5	1	
						4		5
		3	7	5	1			9
		9					8	
8							3	
	3			8			5	4
		7			9			

890

	7							
5	2					3	8	9
			6	9	2		4	7
								1
9	3					4		
1				4	5			
	9		4			1		8
		2	8	7	1			
	8				6	2		

891

	6	3	2	5			8	
1			8			2		
		8				5	1	3
6	2							
	8					7	9	
	9	1	3	7	8			
				8	4	1		9
9		5						
					5	3	4	2

892

				1				
		6	5		4		9	
	4	1		7		3		
		9			5	2		8
				8				9
		8				6		
	5		9					6
8	9		6		2			4
		3	1		8			

893

					4	5		3
2	3	9		5	6			
	7	5			3			
		2			8		9	
6	4		9	7		2	8	
9							4	
7	2			6		8		
			1				6	
3	6			8	7			

894

3		1			2			
	2				5			3
	5		7	3		9		
	3			7	6	4	9	8
			4	2	9			5
7					3	6		
	1			9	7	3	4	
6						8		9
		9				2		

895

	8			2	3			
	2	6	9	1	8	7	4	
			7			8		
	4		1			9		
	3			4				
7		2		6			8	
1	6	9				5		2
	5							
	7			9	5		1	

896

	3			1			6	
	5	8	3			7		
			4		2			
		5		3	8	1		4
3				7	4	5	9	
							3	
8		7	1		3		4	5
	1					9	7	
5	4	3				6		

897

		5					2	8
			7		2			6
		1		5		7		3
		9		8			1	2
	6					3	7	
7	1		3	6				
4				7	1	2		
9		7	5		3			
		6		4	8		3	

898

4				3	9		7	
		8	5	2	4			
9	2		8				6	5
7	4							3
	6		4	5	3	7	1	
							9	4
	9			6		3		7
2	8		3		5			1
3				4			5	

899

6			8	7	1	9	2	
				3	6	1		
7	8				5		3	
	6				2	7	8	
		2	6				1	
5	9					2		3
						3	5	
2	1		3					
				6	4			

900

		2		4	9		6	8
		5						9
			5			3	2	
	1	7		3	2		4	
2	4		6					1
		9				2		7
1	7		2	9	3		5	
3	5	4				8		
9			8			7		

901

		2					6	4
	4	7		2		8		
					7		1	
						5	2	9
	5	9		8	1			
				7			4	
7			4		3			
	6	3	7	5	2	4		
			8				9	

902

	2		7					
					3	2		
3		4			8		1	9
				4			8	3
1			8			9		
4	8		9			6	7	
	3	5	1	9			6	
	7				4		3	2
		6		7			9	1

903

	8		4					
		1	9		3			
		3		5		2	9	
	5				6			
9				3		8	6	
	2		8			7		9
	9		5	2	4		1	
1					7			
								2

904

9	5		4	6	2		1	8
2			3					6
		6					4	
7				9				
4				7	3	1	9	
5			6		4			
		3	9		6	7		
1		4			8	2		
			2		1	4		

905

8		1			2			
	9		5					
	4	5	7	3	9	6	8	
	6		9	4	5		2	
9	5			1	3			4
							9	3
	2	9	3		4	8		
							4	6
4				9	7			5

906

	1		4	7		6		
			8					1
	3					5		
		9			4	1	6	2
6		8	7		1			
1								9
7	9			4	5		2	
		1	9			3	7	
4	8		2	3	7	9		5

907

7	1	9					8	
2	8	6			5			
		5		6	1		7	
		3		9				8
	9						3	1
	2	8	1	3	6			
	5		6		3			
4							6	
						7	2	

908

1								8
					1		7	
5			7	6	9		4	
2		8				7	9	
	6	9		7		3		
			2				8	5
8						6		
		4	8	5				
3	1	7			2			9

909

2	9		6	3				7
	7		2		5			4
	3			7		2		8
	8				2	6		
1	2	5		6		3	8	9
			9			1		
8			7		1		9	
7	1					8		6
3		2					5	

910

1							5	
	5				6		3	4
	6		3	5		2		1
6		2	9		5		4	8
8	4			1			9	
	9	1				3	7	
4	2		7			8		
				4				
3	1	6		9				7

911

						5		
6			2					
	4	9		6	3			8
4		6		2	5		3	
7	5							2
3						4	5	
2		3		5	1		8	
		1	4					
				8			1	

912

	3		1	4		8		6
		8						
		9				1		
6	9					7		8
	2	1		8		9		
			6	9		3		
		6	9					1
7		3	4		2	6	5	
	1			7	6	2		

913

	8	9				1		6
6	4			9	1			3
			4		5		7	
4	7	6	3		2			
2		8			9			4
				4	6			8
	6	1				3	8	
			6	2	3	9		
9	2		7	1	8			

914

						3		
		1	7		6	8	9	
7					3	6		2
5			2		4		3	1
		3	9			2	5	7
		7	3					8
	8			9		7	2	
	4			3	7			
1			6		2			

915

5	9					2	8	1
7			9	8		6		5
8		1	2	5	3			7
2	5							
4				3		9		8
1				7	9			
			1		6	8	7	
	1	7						6
6			3	4				9

916

	6	9	8			1	4	5
	8				4	9	7	2
				5	9			
					8		3	
		8		4				9
	7			1			8	
		4	5			3		7
7	2							1
				7			5	

917

						9		1
8			9		5			
	4			7				
7				3				2
4				2	1		6	
	5		8				1	9
1	2				6		8	
		5		8		1		
	8					6		5

918

	6			5	1	8	3	
	1	7		3		5		6
3		1					6	
6			7					
	8	5		2			4	9
1	4			9				
	7	2				9		
			2			1		

919

	4					9		
2				7			6	1
				1	9			8
	1		8		6		2	
	2					8	9	
8	6			2	4	1	3	5
3	9	6			2			4
					3		8	2
		2		4			5	

920

		1				7		
3			4		6			
	5			3		6	2	
9		6	5					
			1	4		8	5	
5		8	3	6		2		
4	6		9					
			2				6	
2	8			7			4	

921

		6					4	
5		1	4	7			6	9
		3		2	5		8	
				4		6		
			9				7	5
2	3				6			8
							5	4
9	4			3	1			
			2			8		3

922

4			8	6			1	7
1	8		3			4		9
			5	1			4	
6		1	7	2	8		9	
						2		
7			4	8				
9	6	4				1		
		2	1		6	7	3	4

923

	6		1				4	3
			3	2	7	8		
	8		6		9		1	2
8	7				5			
9		4				3	2	7
					4			
6		7	5		2	1		
	3	5		9				
	2	8				9	5	6

924

4				9		7		
					3	1		9
		9	6	4				
5		8	3	2		9		
	3	2	4	7	9	5		8
		4		1			6	
1			2					
9	6	5	1			8		
		3	9	8	7	6		

925

9			7		8			5
2							6	
		8		3	6	9		
	4			6			3	
3	2	9		1	7	5		
					9	2		
			8					2
				7	2	3		
	7	2	1	9			5	

926

9				6	3			8
7		5	2	4			6	1
1	6			5				3
4			5				2	
	5							
	9				4	1	8	5
5			4		2	3		
	1	9				4		
2		6	3	9		8		

927

	5	2			1		8	
4			6			1	9	5
1			3	8		6		
5				7	6			
		3		1		7		6
7	2	6	9		8			1
2		4			3	8		
		7		6			1	4
		5					7	

928

					4		9	
		4				2		5
		5			1	8		3
4	1		7		8		5	
	3							
5		7	2	4			3	
		3				7		
2		8			5			
			4					9

929

	4	2	7	8				
8		1				7	4	
			3					
							2	
9			4			1		8
		7			8	6		
				6	1		7	4
	5				7			
6	7		5	3	2		9	

930

8			1			7	2	
2		7	3	8	5		1	
3			7		2		8	
			5	2	3	9		1
5	7	3			9			4
1							5	
	2	5						
	8			4				7
	3		6	5			9	2

931

		2					5	7
3		8			6	2	4	1
	7	6	5					
6		4	1	2				
7	2	1		9		4		
					3	7	1	2
2		3		1	4			5
	1	7						8
		9					2	

932

2				6		7		
6	8		2			1	4	
			9	1			2	5
		1		7	3	2		6
7		6				9		3
	5			9	2			
1		8		2		3	9	
5							1	
		4	1		9		6	

933

	9	4	3	8			1	
						5		
	8	6				7		
		7	6	2	3		9	
	2			9	1			
		9	4		5	1		
	7	3				9	5	
				3	2			
6						3	8	

934

								9
2		4		1		7		
7				6	4		2	1
				7				8
	5		4	3	8	1	7	6
1	7		2		6	3		4
	9		8		3		1	7
3			6	5				2
8	2		1					

935

5	4		1		7			
8				9	6			
		9					3	7
9		5	3	7	1		2	4
3	1				2			6
2					9			
					5		6	
6	5	2	7		4		1	
	9	8		1		7	5	

936

		8			2	3		
		4	7				2	
	5		8	9		7		
	2	3		1			8	6
7		9			8			4
		5						
3		1				9		
		7			9			2
	9	6			1			3

937

7						2	8	
	3	5	2					
1			9		3			
4	5				6			
	2		7				6	5
	8	1		9			3	
	6	9		7				
				1			4	2
	1				5	6		

938

4	6		9	1		7	8	3
7				3			4	
	3	9	7		8			5
	1				9	2		
5			1	2				
			6		4	9		1
		1			2	4	3	7
	4		5	9				2

939

	5	3				1	7	
	1			6		5		9
				1			3	6
1	7			3	9		5	
2		8	7					3
					4			2
				7	8			
		2	3			6	8	1
4					6	3		

940

	8			6	5			2
3		6				5		7
	5	2						
			5			9		
2								8
		8		7			2	5
	2				4	1	9	
9			2	5				4
	4		1			2		3

941

1			3					
8		9					3	
	6	2			9			4
2			4					6
	3	6		5	2			
9					6	5	2	
					3		6	2
6		7				1		3
	1		6			9	8	

942

			6				2	3
		6	5			1		
	4				7			
2						3	7	1
5		3		9				
	7	8		2	4	5		
	3		9	7				
			1	6	2			9
	1		4	3	8	6	5	2

943

					6	2		9
	2			8				
4			2			6	1	
			1				4	
	8		7	6			2	3
9		1			4			6
					7			
	4	3				7		
		6	8	4		5		

944

7				5	9			
	5	1		6			8	
8	3	9	1	4	2			5
			5		1	8		6
		3	7			4		
1		8	6			9	5	
3	9			1	5	6	2	
						3		
		4		8				

945

9	7						4	
	4			3	8	9	6	
	2	8	5	4				
7			9	6	2			5
			3	1	5			4
	5	6						
	6			9				7
4								
			4	5	7		3	

946

		6		7		3		
3		2				1	9	
		9		8			2	
	2						5	4
	9					7		
1			3	6		9		
7				2				
	6				1	2	7	
			4	9				3

947

				5		6	2	
				4	9		3	7
7		8		2				
								6
		9			1			
		6	4		8		9	
	8			1				
3			2			9	4	
9	4	7		3				

948

6	5	8		3			1	4
4				1	8		7	9
		1	4	6	2		3	
		6		4	9	3		
8		5			6	4	2	1
	8		6			7	9	
	6		1	9		8		3
				8			6	

949

4			8	9			2	
		6						5
					7			
6		7	1			2	8	9
	2							
					9	5		7
3		4	7		8			2
		8		4		3		
2	7			6	3		9	

950

2	8		4					6
	9					1		
				6				7
		8		4	7	3		
7				3	6		1	2
	2	4	5	9		6	7	
	3		7		4		2	9
		2			8		6	3
9					3			1

951

8	2		9		7			
	5				6	3		
		1	4	5	2		7	
3		6	1	2			9	
			3	9	8		1	4
1					4		5	
	6		2			7		1
7			5	6	1			
							3	6

952

7		6	3	1			5	2
2		3		4				
8		4	7					
								6
6	8							5
		5		6	7	1		4
			9	7	3			
5						3		
		2	4					1

953

		5	1	2	4			8
3					6	1		
				5			6	2
	8	6				9		
	4			7	5			1
7								
9	6				7			
			8	3		2		6
							1	4

954

			9	6		3	1	
6	1				7			
				4			2	
		4				9	3	
		2	7		3			4
		1		9		2		
		6		7		1		3
1		9			5		4	6
7			1			8		2

955

	3		2		6			1
		5			7		2	
6	2				8		7	
	1		8		3	9		
				9				
	5						3	
7		2						5
				4		2	8	
	4	8	3				1	7

956

4								7
8	3			1	6	2		
7				9		6		5
			6	3				8
		6			4			
5		3		7			6	2
3		1	5		7		4	
	4			6	1	7		3
6				4				9

957

			3	7		6		
	1			2				
	7		6					3
		9	1		2		6	7
5								1
			4	3				5
		2				8		4
1	5					9		
6		4	7		3		5	

958

1					6	9		7
6			5		1	3	8	
	5		8					1
			9				4	
4	7	9	3		8	5	1	
				6			3	
7			4		2	1		
			1	5		6		
2	1	8		9	3		7	

959

3			1				9	
			9		6			
9	6	1				5	2	7
		5	2	1			6	3
6				4				2
	1	2		6				8
		6	3					
	9						3	6
2	7	3	6	5				9

960

				7		8		5
		1	5					
	7		8		2	1		9
6		3		5			9	
	1		7	9			3	
	8			3	6			1
		9		2	4	3		
		8						
		2		8	5		1	

961

			7	5	2			
	3							
		4		8	3	6	9	5
	4	3						
				7		1		
		7	5				2	3
	5					7		
7			6					
3	6	1			7		4	2

962

2		4		8			1	
	7			3			2	
	1	3	7					
	8						7	
6	9			4		2		
				5				
	5	8					4	
			8	9		7		
7			1				5	6

963

7			6		1		3	
8				2				
			7		8	5	1	
			8			7		
9	6		1		7			4
4		3			2			5
			4				5	3
		9	5	7	6			2
5			2			9		1

964

	5	6	8					3
				3				
3	8						9	4
	7	2		8	4	1		6
8			5	1		3		
5		3						9
6		8						7
			2		8	6		
	2						4	8

965

7						9	4	
5			9		4	2		
4				8				
3		7		1				2
	2		3			4	6	
	6							7
		9	1				8	5
	3				9			
			6	3	5			

966

9			4			7		
1	8					2		5
			6	8	5	4		
		1						
			5			1		3
7					4			
6			3	5		8		4
			2				1	
	3			4	1		2	6

967

	6		1				8	
		2			6		9	
	3	8				7	4	
				3			1	
	2							
		3		2			6	
		4			8	5		
			7	9			3	
5	1				3	6	7	8

968

7	9		2	8	4			6
8		1				7		
6					7			
2			4		3			
			6	5	1	8	4	
1			7	2				9
			1	4	2	6		8
	2		8			4	9	
		8			9		7	5

969

6	3					1		9
					8			6
				3		8	7	
	4		6	7		5		
9	8				4			2
	1			2	7	4	6	
		2				9		
4			8				2	

970

	8				3			
2		6		8	1		9	
		9		7			8	
				3		6		
			5		7			1
3		5		2				9
	2	1		9				7
4						9		8
	9				4	3	5	

971

3					2	8		1
	5				9			
2	4						3	7
					7			
	2	5						6
6				8	5		2	9
	3			9	4	5		
		7	5					
5				1		4		

972

					9			1
	2		8			7		
6							4	
9	1		4				3	
				6				
		3	9	1		4		5
	9		1		8			
		1	3	4			9	
8		6	7	9				3

973

5	6	9			2			
			4		5	9		1
7	8	6				3	5	
	5					1		
9	1			5	3			
8	2	3			4			7
4			8	2			9	
				7			8	2

974

9				5				7
			8		7			4
	4	8					9	
8	9	1	7	6			5	
	7		9	2		1		
3	2			1	4		8	
	5			8				6
							3	
	6		1		9	5	7	8

975

	4			3				
		3	7			6	4	1
	7	9		2		5		8
4	9				5	1	6	
	1	5	4			8		2
		6	9		8		5	4
				4	7	3	1	5
3		4					7	6
		7						

976

	2	5	4	9	7	6		
7			6			2		
	1				5	9	7	
			7					6
4	3	6					2	9
9			2					
	6		9	4			3	
	4	3		8		5		
	8			7	3		6	

977

7				9		8		3
2		3					9	1
	9		7		3	5		2
		7	2	4	8		1	
6					9	2	8	
	4			6			7	5
1					6	4		7
				3		1	2	
		4						

978

	1				2			9
7		4	3					
5	3		1	6			2	
	4	7				9		
	8	2			7	1	6	
		3	8	1	9			
		5			1	3	8	
2	7						9	6
	9		6					1

979

8	4	3			2		7	5
	1			9		3		6
		7						
							9	
2					1			
	7		4				5	8
		4		7	5		6	3
3							8	
			2	3				4

980

4		8	5			9		
5	1	2				8	3	
	6	7	8					1
		3		7	2			
2			1				7	
	7	1			3	2		8
7	4	6	3	8	5			
			4					5
	8				7	6	4	3

981

	9					8	1	
7				2			5	
				4			3	7
8			5				7	
		1		7				
2	3		8			9		
				5			6	
	7	6	2			5		4
			4		6	7		

982

	5	3	4		9	6		
2		6		7	8			
1	4	7				9		
3	8	9	7			2	5	6
			8	3				7
		1	6				3	
4	7	8			2		6	
			9	1		7	2	8

983

3	1	4		8	7		2	
		7	2	9			1	
	9	6	3			4	7	8
	6					1		
						3	9	7
		2	9	3	1		6	
	7			4	2	9	3	
	3	8				2		5
4			1					

984

2				8		5	7	
6						2		1
					9			
	9			7	5		1	
5		7	8	2	4		9	
							8	6
		5		9		4		
	2	8	1	6			3	

985

		2	8		4		3	
5			9			4		
				3	1	9		7
	8							
	4		1	5		2	7	
3			7					
9	5		2			7		3
	2		6	7		1	5	4

986

		1	2			8		
	7				8			2
	3	8		6			9	7
1							6	
	5					7		
		4	8		7	9		
3					5		2	
							5	3
8	6		1					9

987

	3	9			6			
							4	
		6		1			3	7
9	2					4		5
5		3	4			6	7	2
				7		8	9	
	7						2	
	4	2		6		1		
	9		2		8			4

988

	2		7					8
7			1	8		2	6	4
		6	4	2		5	7	9
				9				5
		1	5	4		3		
5		8			1	9	2	6
	7				4		5	1
8		4		1				
		5				6	4	

989

		9	8					7
	2	6		1			3	8
	3			2				
9	8			5		6		2
			2	9	8			
	4	2	6	7		8		5
				3			5	
7	9	3	1		5		8	
		4	7		2		1	

990

7		8	5		2			
		2					4	
6	9						5	2
				8	3		2	9
1		9			7			3
							7	
					4		9	
		4	3			2		6
3	6	7			9			4

991

						8		7
	5	7	9					
4				2			3	5
	9							3
6	3	4	2		8			
	2			9		1	8	
8	4	9	1		2		5	
		3					2	1
2			5	6	3		9	

992

	9	3						
		8			1	2		
	1	4	8		2	3	5	
	2			8	3		1	
3	4	1	9			5	8	
6	8	5						
8		2		6		4	3	9
		9			8		6	
4				3		1		

993

		5					1	
	3			1	4	9		
6		9		7		2		4
		2	7					
9			8				3	2
	4		2			1		
		1	4	2				5
								8
	2		5	3			9	

994

					2	7		
7			8	9		2	3	
4				1				9
				5	8		9	2
		5				4		
		4	9					
9	6			4				7
1	3		6					
5	4				9	8		1

995

2	5		1					
		6					7	
8	7			6		1	9	
			5			4		
	2	5		8	6		3	1
			9	4				7
9	3				7			5
5	4		6	9			1	3
6	1	2	3					

996

		2	5	4	1		3	
	8			7	6			1
			3	8		5		
					2		1	6
5	4							
	2	1		3				
4			7		3	1		2
	5				8			
6			9	2		8		

997

		3		1	5		7	
7								
1	8		7		2			4
	5	1	2			4	9	7
6				7				5
		7						
						6		3
		6			4	9	2	
4			9		3	7		8

998

4			9				5	
3				4	7			9
5		2		3	6			
				9		5		1
	4				8		9	
	3		2	7			8	
		1		5	3			
		4	7	6		9		5
	5			2			6	4

999

						5		
	3			1			7	6
7		6	4					1
	2	8	7		3		4	
4					5	6		
3	9			2			6	
8	4				6		9	
	6		8		7	3		

1000

1							4	
	3		2		4	9	6	
2	4	1		7	9		8	6
6	5							3
	8	7		5			2	9
	6	3	9		8		5	7
9	7		1			2		4

1

7	2	9	1	5	8	3	4	6
1	6	8	9	4	3	2	7	5
5	3	4	6	2	7	1	8	9
6	7	2	4	1	9	8	5	3
9	8	1	3	7	5	4	6	2
3	4	5	8	6	2	7	9	1
4	9	6	2	8	1	5	3	7
2	5	3	7	9	4	6	1	8
8	1	7	5	3	6	9	2	4

2

3	2	6	5	1	9	8	7	4
9	7	8	6	2	4	5	3	1
5	4	1	8	7	3	6	9	2
6	9	4	7	5	1	3	2	8
7	1	2	3	8	6	9	4	5
8	5	3	9	4	2	7	1	6
1	6	7	4	9	8	2	5	3
2	3	5	1	6	7	4	8	9
4	8	9	2	3	5	1	6	7

3

8	9	2	4	6	3	5	7	1
1	7	5	9	2	8	4	3	6
4	6	3	5	1	7	8	2	9
6	2	1	8	7	5	9	4	3
7	3	8	1	4	9	6	5	2
9	5	4	2	3	6	1	8	7
2	8	7	6	5	1	3	9	4
3	1	9	7	8	4	2	6	5
5	4	6	3	9	2	7	1	8

4

1	7	4	8	3	2	6	5	9
8	6	3	5	9	7	2	4	1
5	2	9	1	4	6	7	8	3
2	4	8	6	1	3	5	9	7
7	9	6	2	5	4	1	3	8
3	1	5	7	8	9	4	2	6
9	8	2	4	6	1	3	7	5
4	5	1	3	7	8	9	6	2
6	3	7	9	2	5	8	1	4

5

7	5	2	3	6	4	9	8	1
3	4	6	1	9	8	2	7	5
1	9	8	7	5	2	6	4	3
9	2	5	8	4	3	1	6	7
6	7	4	2	1	9	5	3	8
8	3	1	5	7	6	4	2	9
2	6	3	9	8	5	7	1	4
5	8	7	4	2	1	3	9	6
4	1	9	6	3	7	8	5	2

6

3	6	9	2	5	8	1	7	4
8	7	4	9	1	6	3	5	2
1	5	2	4	7	3	8	9	6
7	2	3	8	6	5	4	1	9
5	8	6	1	4	9	2	3	7
9	4	1	7	3	2	6	8	5
2	1	5	6	8	7	9	4	3
6	3	8	5	9	4	7	2	1
4	9	7	3	2	1	5	6	8

7

6	3	7	9	8	4	2	1	5
1	2	5	3	7	6	9	4	8
8	9	4	5	1	2	7	3	6
7	5	2	1	6	8	3	9	4
9	6	8	2	4	3	5	7	1
4	1	3	7	9	5	6	8	2
3	8	1	6	2	7	4	5	9
5	4	6	8	3	9	1	2	7
2	7	9	4	5	1	8	6	3

8

1	3	7	5	8	2	4	6	9
9	5	8	3	6	4	2	1	7
6	4	2	9	1	7	8	5	3
4	1	5	6	9	8	7	3	2
8	7	9	2	5	3	6	4	1
2	6	3	4	7	1	9	8	5
3	9	6	8	2	5	1	7	4
7	2	4	1	3	6	5	9	8
5	8	1	7	4	9	3	2	6

9

6	8	1	3	7	2	4	9	5
5	4	7	8	1	9	3	6	2
3	9	2	4	5	6	7	8	1
2	7	9	1	3	8	6	5	4
1	5	8	6	4	7	2	3	9
4	3	6	2	9	5	1	7	8
8	1	3	5	6	4	9	2	7
9	2	4	7	8	3	5	1	6
7	6	5	9	2	1	8	4	3

10

8	5	1	4	6	7	9	3	2
3	2	7	8	5	9	1	4	6
4	6	9	3	1	2	8	5	7
6	9	5	1	2	4	7	8	3
2	1	3	6	7	8	4	9	5
7	4	8	9	3	5	2	6	1
5	8	6	2	9	1	3	7	4
1	7	4	5	8	3	6	2	9
9	3	2	7	4	6	5	1	8

11

2	3	8	1	7	6	9	4	5
1	4	5	9	2	8	3	6	7
7	6	9	3	4	5	8	1	2
9	7	3	5	6	4	1	2	8
8	1	4	2	3	9	5	7	6
5	2	6	8	1	7	4	3	9
6	9	7	4	5	1	2	8	3
4	8	2	7	9	3	6	5	1
3	5	1	6	8	2	7	9	4

12

2	8	4	5	1	6	9	7	3
5	7	9	8	2	3	6	4	1
3	1	6	9	7	4	8	5	2
4	9	8	3	5	7	2	1	6
7	5	2	6	8	1	3	9	4
1	6	3	4	9	2	7	8	5
9	2	5	1	6	8	4	3	7
8	3	7	2	4	5	1	6	9
6	4	1	7	3	9	5	2	8

13

1	2	8	6	5	9	4	3	7
9	4	5	8	7	3	2	1	6
6	3	7	4	1	2	8	5	9
2	7	3	5	9	8	6	4	1
5	1	9	2	6	4	7	8	3
4	8	6	7	3	1	5	9	2
3	5	2	1	4	6	9	7	8
8	9	4	3	2	7	1	6	5
7	6	1	9	8	5	3	2	4

14

8	9	7	4	2	1	3	5	6
3	1	4	7	5	6	8	9	2
5	6	2	8	3	9	7	1	4
1	2	3	5	6	7	4	8	9
6	8	9	2	1	4	5	7	3
4	7	5	3	9	8	6	2	1
7	5	1	6	4	2	9	3	8
9	4	8	1	7	3	2	6	5
2	3	6	9	8	5	1	4	7

15

7	1	4	6	2	3	5	9	8
5	2	6	9	7	8	3	1	4
3	9	8	1	4	5	6	7	2
4	7	2	3	8	9	1	5	6
1	8	9	2	5	6	7	4	3
6	5	3	7	1	4	8	2	9
8	3	1	5	9	2	4	6	7
9	4	5	8	6	7	2	3	1
2	6	7	4	3	1	9	8	5

16

3	2	7	9	8	6	1	4	5
6	4	9	1	3	5	2	7	8
5	8	1	7	2	4	6	3	9
4	6	2	8	5	3	9	1	7
7	5	3	2	1	9	8	6	4
9	1	8	4	6	7	5	2	3
2	3	4	5	9	1	7	8	6
1	9	6	3	7	8	4	5	2
8	7	5	6	4	2	3	9	1

17

4	9	8	3	7	6	5	1	2
7	1	5	4	8	2	3	9	6
6	2	3	5	1	9	4	8	7
3	6	9	7	4	5	8	2	1
5	8	4	2	6	1	7	3	9
1	7	2	9	3	8	6	5	4
9	3	7	1	5	4	2	6	8
8	4	1	6	2	3	9	7	5
2	5	6	8	9	7	1	4	3

18

7	2	3	4	9	1	6	8	5
8	6	5	3	2	7	4	9	1
4	1	9	6	8	5	3	2	7
1	4	8	5	3	9	2	7	6
3	9	2	7	6	8	1	5	4
6	5	7	1	4	2	8	3	9
9	8	4	2	7	6	5	1	3
2	3	1	9	5	4	7	6	8
5	7	6	8	1	3	9	4	2

19

5	3	7	9	6	2	4	8	1
1	9	8	7	3	4	2	6	5
4	6	2	8	1	5	7	9	3
3	5	6	4	7	9	8	1	2
7	1	9	2	8	3	5	4	6
8	2	4	6	5	1	3	7	9
2	8	1	5	4	6	9	3	7
6	7	5	3	9	8	1	2	4
9	4	3	1	2	7	6	5	8

20

2	1	9	5	4	3	6	7	8
3	8	4	6	7	1	5	9	2
6	7	5	8	2	9	3	1	4
1	3	2	7	9	5	4	8	6
8	4	6	1	3	2	9	5	7
9	5	7	4	8	6	2	3	1
4	2	1	3	5	7	8	6	9
5	6	8	9	1	4	7	2	3
7	9	3	2	6	8	1	4	5

21

3	2	4	8	9	5	7	6	1
7	6	9	1	4	2	5	8	3
8	5	1	6	3	7	9	2	4
2	1	7	4	5	8	3	9	6
5	9	3	2	7	6	1	4	8
6	4	8	3	1	9	2	5	7
4	7	2	5	8	1	6	3	9
1	3	5	9	6	4	8	7	2
9	8	6	7	2	3	4	1	5

22

5	7	2	6	9	4	3	1	8
3	8	4	1	7	5	6	2	9
6	9	1	8	3	2	5	7	4
4	5	9	3	2	8	7	6	1
1	6	7	5	4	9	2	8	3
8	2	3	7	1	6	4	9	5
9	1	5	2	6	3	8	4	7
7	3	6	4	8	1	9	5	2
2	4	8	9	5	7	1	3	6

23

5	1	3	2	7	8	9	4	6
4	9	6	1	3	5	7	2	8
2	8	7	9	4	6	1	3	5
7	5	1	3	2	9	8	6	4
6	3	8	4	5	1	2	9	7
9	4	2	6	8	7	5	1	3
3	2	5	7	9	4	6	8	1
8	6	9	5	1	3	4	7	2
1	7	4	8	6	2	3	5	9

24

9	4	8	7	1	6	2	5	3
5	2	1	8	3	9	4	7	6
7	3	6	4	2	5	8	9	1
3	5	2	9	6	7	1	8	4
8	1	9	3	4	2	7	6	5
4	6	7	5	8	1	3	2	9
2	9	4	1	5	8	6	3	7
1	8	5	6	7	3	9	4	2
6	7	3	2	9	4	5	1	8

25

2	4	1	9	5	3	7	8	6
9	3	5	8	6	7	2	1	4
7	8	6	2	1	4	3	5	9
8	1	3	4	2	5	6	9	7
6	5	2	7	9	1	4	3	8
4	9	7	3	8	6	1	2	5
3	2	9	6	7	8	5	4	1
1	6	4	5	3	9	8	7	2
5	7	8	1	4	2	9	6	3

26

9	8	7	5	4	6	3	2	1
2	4	1	3	8	9	5	6	7
6	5	3	7	2	1	8	9	4
7	3	9	1	6	2	4	8	5
1	6	8	4	5	3	9	7	2
5	2	4	9	7	8	1	3	6
3	9	2	6	1	4	7	5	8
8	1	5	2	9	7	6	4	3
4	7	6	8	3	5	2	1	9

27

9	2	6	8	7	1	3	4	5
4	8	3	5	2	9	1	7	6
1	5	7	6	4	3	8	2	9
3	7	2	9	1	8	6	5	4
6	9	4	3	5	2	7	1	8
8	1	5	7	6	4	9	3	2
7	4	1	2	9	6	5	8	3
5	6	8	4	3	7	2	9	1
2	3	9	1	8	5	4	6	7

28

3	2	4	1	8	5	6	7	9
5	6	1	7	9	4	8	3	2
7	8	9	2	6	3	4	5	1
4	9	5	8	1	2	7	6	3
2	1	8	3	7	6	5	9	4
6	7	3	4	5	9	1	2	8
9	4	7	5	2	8	3	1	6
8	5	2	6	3	1	9	4	7
1	3	6	9	4	7	2	8	5

29

6	2	1	5	7	4	3	8	9
9	3	5	1	8	2	7	6	4
7	8	4	6	9	3	1	5	2
5	9	2	7	3	1	6	4	8
4	6	3	8	2	5	9	1	7
8	1	7	9	4	6	5	2	3
2	5	9	4	6	7	8	3	1
1	4	8	3	5	9	2	7	6
3	7	6	2	1	8	4	9	5

30

3	6	5	9	1	7	8	2	4
4	7	1	6	8	2	3	5	9
8	2	9	4	3	5	1	6	7
2	1	4	5	6	8	7	9	3
7	9	8	3	2	1	6	4	5
6	5	3	7	9	4	2	8	1
5	4	6	2	7	3	9	1	8
1	3	2	8	5	9	4	7	6
9	8	7	1	4	6	5	3	2

31

9	5	3	6	7	2	1	4	8
1	2	4	8	3	9	7	6	5
6	7	8	5	1	4	3	2	9
7	3	9	4	2	6	8	5	1
4	8	1	9	5	3	6	7	2
5	6	2	7	8	1	4	9	3
2	4	6	1	9	8	5	3	7
3	1	7	2	6	5	9	8	4
8	9	5	3	4	7	2	1	6

32

7	3	5	4	8	2	1	9	6
8	2	6	9	1	7	3	5	4
9	1	4	3	5	6	8	7	2
5	4	7	8	2	3	6	1	9
2	6	9	1	7	5	4	3	8
3	8	1	6	4	9	5	2	7
1	7	2	5	6	8	9	4	3
4	9	8	2	3	1	7	6	5
6	5	3	7	9	4	2	8	1

33

8	3	2	4	5	6	9	1	7
5	6	9	7	1	8	2	3	4
4	7	1	3	2	9	6	5	8
6	1	8	5	9	4	7	2	3
2	4	3	8	7	1	5	6	9
9	5	7	6	3	2	4	8	1
1	2	4	9	8	5	3	7	6
3	9	5	1	6	7	8	4	2
7	8	6	2	4	3	1	9	5

34

7	6	1	8	5	9	2	4	3
9	3	8	4	2	7	5	1	6
4	2	5	6	1	3	8	9	7
2	1	7	9	4	6	3	5	8
3	8	9	5	7	1	4	6	2
6	5	4	3	8	2	1	7	9
1	7	3	2	9	4	6	8	5
5	9	6	1	3	8	7	2	4
8	4	2	7	6	5	9	3	1

35

2	8	3	5	6	7	1	9	4
7	4	1	9	2	8	6	5	3
6	5	9	3	1	4	2	7	8
3	2	8	7	4	9	5	6	1
1	6	7	2	5	3	8	4	9
5	9	4	6	8	1	3	2	7
8	7	6	1	9	2	4	3	5
9	1	2	4	3	5	7	8	6
4	3	5	8	7	6	9	1	2

36

7	9	8	6	5	1	4	3	2
2	6	3	9	8	4	1	5	7
5	1	4	3	2	7	6	9	8
8	2	5	1	6	9	3	7	4
6	7	9	4	3	2	8	1	5
4	3	1	5	7	8	2	6	9
1	4	7	8	9	3	5	2	6
3	5	2	7	4	6	9	8	1
9	8	6	2	1	5	7	4	3

37

9	2	1	6	5	7	4	3	8
3	8	6	4	2	1	9	7	5
5	7	4	9	8	3	6	1	2
4	3	5	2	1	6	8	9	7
2	1	7	8	9	5	3	4	6
8	6	9	3	7	4	2	5	1
1	9	3	5	6	8	7	2	4
7	4	8	1	3	2	5	6	9
6	5	2	7	4	9	1	8	3

38

7	8	5	6	3	4	9	2	1
4	2	6	9	7	1	8	3	5
1	3	9	5	2	8	4	7	6
3	1	4	2	8	7	5	6	9
9	6	8	3	1	5	2	4	7
2	5	7	4	6	9	3	1	8
6	4	1	8	9	3	7	5	2
5	9	2	7	4	6	1	8	3
8	7	3	1	5	2	6	9	4

39

7	9	5	4	6	3	1	2	8
4	6	8	7	1	2	3	5	9
3	1	2	5	8	9	4	6	7
6	8	1	9	3	7	5	4	2
5	3	9	8	2	4	7	1	6
2	4	7	1	5	6	8	9	3
9	5	6	3	7	1	2	8	4
1	2	3	6	4	8	9	7	5
8	7	4	2	9	5	6	3	1

40

4	3	5	9	6	8	1	7	2
2	7	9	1	3	4	5	6	8
1	8	6	5	2	7	3	4	9
9	6	3	7	5	2	8	1	4
8	4	2	3	1	6	9	5	7
5	1	7	8	4	9	2	3	6
3	9	4	2	7	1	6	8	5
7	2	1	6	8	5	4	9	3
6	5	8	4	9	3	7	2	1

41

7	5	2	6	4	3	9	1	8
6	3	4	9	8	1	5	7	2
9	8	1	7	5	2	4	3	6
3	1	7	4	2	6	8	9	5
8	2	5	3	1	9	7	6	4
4	6	9	8	7	5	3	2	1
2	4	3	5	6	7	1	8	9
5	7	6	1	9	8	2	4	3
1	9	8	2	3	4	6	5	7

42

2	7	9	5	6	3	4	8	1
5	3	1	4	8	2	7	6	9
4	6	8	7	9	1	3	2	5
8	1	5	2	7	6	9	4	3
6	9	3	1	4	8	5	7	2
7	2	4	3	5	9	8	1	6
1	5	7	9	2	4	6	3	8
9	8	2	6	3	7	1	5	4
3	4	6	8	1	5	2	9	7

43

5	1	3	9	7	8	2	6	4
2	8	4	5	1	6	9	3	7
6	7	9	4	3	2	1	5	8
8	6	1	3	2	5	7	4	9
7	9	5	1	6	4	8	2	3
3	4	2	7	8	9	5	1	6
9	3	8	2	4	1	6	7	5
1	5	7	6	9	3	4	8	2
4	2	6	8	5	7	3	9	1

44

2	9	1	3	6	8	5	4	7
6	4	3	9	7	5	2	1	8
8	5	7	4	2	1	3	6	9
9	8	2	1	3	4	6	7	5
1	3	5	6	9	7	4	8	2
7	6	4	8	5	2	9	3	1
4	7	9	5	8	6	1	2	3
3	1	8	2	4	9	7	5	6
5	2	6	7	1	3	8	9	4

45

7	3	8	9	6	4	1	5	2
6	9	1	5	2	8	4	3	7
5	4	2	7	3	1	8	9	6
1	2	3	8	7	6	9	4	5
4	5	6	1	9	3	2	7	8
8	7	9	4	5	2	6	1	3
3	6	5	2	4	9	7	8	1
2	1	4	3	8	7	5	6	9
9	8	7	6	1	5	3	2	4

46

7	8	6	3	4	2	9	1	5
1	3	9	5	6	8	2	4	7
2	5	4	7	1	9	8	6	3
9	4	7	8	2	3	1	5	6
3	6	1	9	5	4	7	8	2
8	2	5	1	7	6	3	9	4
6	9	8	2	3	5	4	7	1
4	7	3	6	8	1	5	2	9
5	1	2	4	9	7	6	3	8

47

6	7	1	2	5	3	8	4	9
8	5	9	4	6	1	7	3	2
2	3	4	7	8	9	6	1	5
7	4	6	9	3	5	2	8	1
5	1	8	6	2	4	9	7	3
3	9	2	1	7	8	4	5	6
1	6	3	8	4	2	5	9	7
9	8	7	5	1	6	3	2	4
4	2	5	3	9	7	1	6	8

48

2	3	8	7	1	6	4	5	9
7	5	9	3	4	8	2	1	6
1	4	6	5	9	2	8	7	3
3	6	2	4	8	1	5	9	7
5	9	7	2	6	3	1	8	4
4	8	1	9	7	5	3	6	2
8	2	4	6	5	7	9	3	1
9	7	5	1	3	4	6	2	8
6	1	3	8	2	9	7	4	5

49

6	4	9	1	7	8	3	2	5
1	5	2	6	3	9	8	4	7
7	8	3	4	5	2	6	9	1
3	7	8	9	2	1	5	6	4
4	1	6	3	8	5	9	7	2
2	9	5	7	4	6	1	8	3
8	6	7	5	1	4	2	3	9
9	3	1	2	6	7	4	5	8
5	2	4	8	9	3	7	1	6

50

8	1	6	2	7	4	5	9	3
7	4	3	8	5	9	2	1	6
2	9	5	1	6	3	8	7	4
6	3	9	7	4	2	1	8	5
4	7	8	5	3	1	9	6	2
5	2	1	6	9	8	4	3	7
1	6	4	9	2	7	3	5	8
3	8	7	4	1	5	6	2	9
9	5	2	3	8	6	7	4	1

51

5	3	8	7	9	1	6	4	2
4	1	7	2	3	6	8	5	9
6	2	9	5	4	8	7	3	1
7	5	1	6	8	4	2	9	3
2	6	3	9	1	5	4	8	7
9	8	4	3	7	2	5	1	6
1	7	2	8	5	9	3	6	4
3	9	5	4	6	7	1	2	8
8	4	6	1	2	3	9	7	5

52

6	9	2	4	7	1	5	8	3
4	1	8	5	3	2	7	6	9
5	3	7	6	9	8	2	1	4
7	2	6	8	1	3	4	9	5
8	4	9	2	5	6	1	3	7
3	5	1	7	4	9	6	2	8
9	6	5	1	8	7	3	4	2
2	8	4	3	6	5	9	7	1
1	7	3	9	2	4	8	5	6

53

5	7	1	8	9	3	4	6	2
3	6	2	5	4	1	9	8	7
8	9	4	7	6	2	5	1	3
2	4	8	9	1	7	3	5	6
1	3	9	2	5	6	7	4	8
6	5	7	4	3	8	2	9	1
7	1	5	3	8	9	6	2	4
9	2	6	1	7	4	8	3	5
4	8	3	6	2	5	1	7	9

54

9	7	1	2	5	4	8	6	3
4	3	8	1	9	6	2	7	5
2	6	5	8	3	7	4	1	9
7	2	3	4	1	8	5	9	6
1	8	6	9	7	5	3	4	2
5	4	9	6	2	3	1	8	7
6	1	2	3	8	9	7	5	4
8	9	7	5	4	2	6	3	1
3	5	4	7	6	1	9	2	8

55

2	6	8	3	5	4	1	9	7
3	5	9	1	7	6	8	2	4
1	4	7	8	2	9	3	6	5
5	2	6	9	4	8	7	3	1
8	9	1	7	3	5	2	4	6
7	3	4	6	1	2	9	5	8
6	7	5	2	8	3	4	1	9
4	8	2	5	9	1	6	7	3
9	1	3	4	6	7	5	8	2

56

6	5	7	4	1	8	2	3	9
4	3	2	9	6	5	1	7	8
8	1	9	3	7	2	4	5	6
7	6	8	2	4	9	3	1	5
5	9	3	7	8	1	6	2	4
2	4	1	6	5	3	8	9	7
3	8	6	1	9	7	5	4	2
9	2	5	8	3	4	7	6	1
1	7	4	5	2	6	9	8	3

57

2	3	6	5	9	7	8	4	1
1	4	5	8	3	2	7	9	6
9	7	8	6	1	4	3	2	5
3	6	1	2	7	5	9	8	4
5	8	4	9	6	3	2	1	7
7	2	9	4	8	1	5	6	3
6	5	7	1	2	9	4	3	8
8	9	3	7	4	6	1	5	2
4	1	2	3	5	8	6	7	9

58

2	6	1	7	3	5	9	8	4
7	8	3	2	9	4	5	1	6
9	5	4	8	1	6	2	7	3
8	9	6	5	4	3	7	2	1
4	3	5	1	2	7	6	9	8
1	7	2	9	6	8	3	4	5
5	4	9	6	8	2	1	3	7
3	2	7	4	5	1	8	6	9
6	1	8	3	7	9	4	5	2

59

1	4	9	6	3	2	5	8	7
6	2	5	4	8	7	1	3	9
3	7	8	5	1	9	2	6	4
8	1	4	3	2	6	7	9	5
2	9	6	7	5	1	3	4	8
5	3	7	9	4	8	6	2	1
9	5	1	2	6	4	8	7	3
4	6	3	8	7	5	9	1	2
7	8	2	1	9	3	4	5	6

60

4	9	3	2	1	7	5	6	8
2	7	1	5	6	8	4	3	9
5	6	8	4	9	3	1	7	2
8	1	4	7	2	9	6	5	3
6	3	9	8	5	1	2	4	7
7	2	5	3	4	6	9	8	1
9	4	7	6	8	2	3	1	5
3	5	2	1	7	4	8	9	6
1	8	6	9	3	5	7	2	4

61

1	6	8	4	3	9	7	5	2
3	7	2	5	8	1	4	9	6
9	4	5	7	6	2	3	1	8
2	3	4	8	1	5	9	6	7
7	9	1	3	4	6	2	8	5
5	8	6	9	2	7	1	4	3
8	2	9	1	5	3	6	7	4
4	1	3	6	7	8	5	2	9
6	5	7	2	9	4	8	3	1

62

3	9	8	1	5	7	2	4	6
1	7	5	4	6	2	8	9	3
6	2	4	9	3	8	5	7	1
7	3	6	5	8	9	4	1	2
8	4	2	7	1	6	9	3	5
9	5	1	3	2	4	7	6	8
5	6	7	8	4	1	3	2	9
2	8	9	6	7	3	1	5	4
4	1	3	2	9	5	6	8	7

63

9	3	6	4	5	1	8	7	2
8	2	7	6	3	9	5	1	4
1	4	5	8	7	2	6	3	9
2	5	9	1	8	6	3	4	7
3	1	8	7	9	4	2	6	5
6	7	4	5	2	3	9	8	1
5	6	3	2	4	7	1	9	8
4	9	2	3	1	8	7	5	6
7	8	1	9	6	5	4	2	3

64

7	4	1	2	6	8	9	5	3
6	9	2	4	3	5	1	7	8
3	5	8	9	1	7	4	6	2
1	2	4	8	9	6	7	3	5
5	6	9	7	4	3	8	2	1
8	7	3	5	2	1	6	9	4
2	8	7	1	5	9	3	4	6
4	1	6	3	7	2	5	8	9
9	3	5	6	8	4	2	1	7

65

2	3	7	4	9	8	5	1	6
9	4	5	2	1	6	7	3	8
1	6	8	5	7	3	2	9	4
8	9	1	3	2	7	4	6	5
6	7	3	9	4	5	8	2	1
4	5	2	6	8	1	3	7	9
5	1	9	8	3	2	6	4	7
7	2	6	1	5	4	9	8	3
3	8	4	7	6	9	1	5	2

66

7	6	8	1	2	5	4	9	3
9	3	4	7	8	6	5	1	2
2	1	5	9	3	4	6	7	8
1	5	7	3	4	8	9	2	6
6	4	9	2	5	1	8	3	7
8	2	3	6	7	9	1	5	4
3	8	1	5	6	2	7	4	9
4	9	2	8	1	7	3	6	5
5	7	6	4	9	3	2	8	1

67

3	5	9	2	4	6	1	8	7
6	4	7	1	8	3	2	5	9
2	1	8	5	9	7	4	6	3
5	9	6	7	1	2	3	4	8
8	2	4	6	3	9	5	7	1
7	3	1	8	5	4	9	2	6
1	7	3	4	2	8	6	9	5
9	8	2	3	6	5	7	1	4
4	6	5	9	7	1	8	3	2

68

8	3	5	4	2	9	6	7	1
6	7	1	8	5	3	2	4	9
9	2	4	6	7	1	8	5	3
4	1	2	9	6	5	3	8	7
7	5	6	3	1	8	9	2	4
3	9	8	7	4	2	1	6	5
2	8	7	1	3	4	5	9	6
5	4	3	2	9	6	7	1	8
1	6	9	5	8	7	4	3	2

69

4	2	6	3	8	1	7	5	9
8	7	9	4	5	6	3	1	2
5	1	3	7	2	9	8	6	4
7	4	5	1	6	2	9	8	3
3	6	8	5	9	7	4	2	1
1	9	2	8	3	4	6	7	5
6	5	1	9	7	3	2	4	8
9	8	7	2	4	5	1	3	6
2	3	4	6	1	8	5	9	7

70

2	9	3	1	7	4	5	8	6
4	1	8	6	3	5	9	7	2
7	6	5	9	8	2	1	3	4
3	5	2	8	9	6	4	1	7
6	8	7	4	2	1	3	9	5
1	4	9	7	5	3	6	2	8
8	2	4	3	6	9	7	5	1
5	3	1	2	4	7	8	6	9
9	7	6	5	1	8	2	4	3

71

3	6	8	7	2	1	5	9	4
7	5	4	6	3	9	8	1	2
1	2	9	5	4	8	6	3	7
4	9	3	8	6	7	1	2	5
6	7	2	1	5	3	4	8	9
5	8	1	4	9	2	7	6	3
8	3	6	2	7	5	9	4	1
2	1	7	9	8	4	3	5	6
9	4	5	3	1	6	2	7	8

72

4	5	8	1	2	6	3	7	9
7	3	6	9	5	4	1	8	2
1	2	9	8	7	3	4	6	5
5	6	7	2	3	9	8	4	1
3	8	1	6	4	5	2	9	7
9	4	2	7	8	1	5	3	6
6	1	3	5	9	8	7	2	4
8	7	5	4	6	2	9	1	3
2	9	4	3	1	7	6	5	8

73

1	7	8	3	9	5	4	2	6
4	6	9	8	2	1	3	7	5
3	5	2	4	7	6	8	1	9
2	1	5	7	6	4	9	8	3
9	4	3	2	1	8	6	5	7
6	8	7	5	3	9	1	4	2
5	3	6	1	4	7	2	9	8
8	2	1	9	5	3	7	6	4
7	9	4	6	8	2	5	3	1

74

3	7	5	9	8	4	1	6	2
8	6	9	3	1	2	5	7	4
1	2	4	6	5	7	9	8	3
9	1	3	7	2	8	6	4	5
5	8	2	4	6	1	3	9	7
7	4	6	5	9	3	2	1	8
6	5	7	2	4	9	8	3	1
2	3	1	8	7	6	4	5	9
4	9	8	1	3	5	7	2	6

75

4	1	6	7	8	5	9	3	2
7	5	3	4	2	9	8	6	1
9	8	2	6	3	1	5	7	4
1	2	4	9	5	7	6	8	3
8	3	7	2	4	6	1	9	5
5	6	9	8	1	3	4	2	7
6	4	1	3	9	2	7	5	8
2	7	8	5	6	4	3	1	9
3	9	5	1	7	8	2	4	6

76

3	5	6	8	7	4	1	9	2
2	7	9	1	6	5	8	3	4
1	8	4	3	2	9	7	5	6
9	6	2	7	4	8	3	1	5
5	4	1	9	3	2	6	8	7
7	3	8	5	1	6	4	2	9
4	9	3	6	5	1	2	7	8
8	2	7	4	9	3	5	6	1
6	1	5	2	8	7	9	4	3

77

7	9	6	3	1	4	8	5	2
3	1	4	8	2	5	9	6	7
8	2	5	7	9	6	3	4	1
9	5	1	2	6	8	4	7	3
4	3	8	5	7	9	1	2	6
6	7	2	4	3	1	5	8	9
2	8	3	9	4	7	6	1	5
5	6	9	1	8	2	7	3	4
1	4	7	6	5	3	2	9	8

78

7	6	8	5	9	3	4	2	1
2	4	9	1	7	6	5	3	8
5	3	1	8	2	4	9	7	6
1	9	6	3	4	2	7	8	5
8	7	4	6	5	9	3	1	2
3	2	5	7	1	8	6	9	4
6	8	2	9	3	5	1	4	7
9	5	7	4	8	1	2	6	3
4	1	3	2	6	7	8	5	9

79

8	2	1	9	6	7	4	3	5
4	5	6	1	2	3	7	8	9
9	3	7	5	4	8	2	1	6
5	4	8	7	3	9	6	2	1
3	1	9	2	8	6	5	4	7
6	7	2	4	5	1	3	9	8
7	8	4	6	9	2	1	5	3
1	9	5	3	7	4	8	6	2
2	6	3	8	1	5	9	7	4

80

4	9	1	8	6	5	7	2	3
6	8	7	4	3	2	9	5	1
3	2	5	7	9	1	8	4	6
9	7	6	5	4	8	3	1	2
8	4	3	1	2	9	6	7	5
5	1	2	6	7	3	4	9	8
1	5	4	3	8	7	2	6	9
7	3	9	2	5	6	1	8	4
2	6	8	9	1	4	5	3	7

81

6	4	5	3	1	7	8	2	9
3	2	9	5	8	4	7	1	6
1	7	8	9	6	2	5	3	4
7	5	6	1	2	9	4	8	3
4	9	2	8	7	3	1	6	5
8	3	1	6	4	5	2	9	7
9	8	7	2	5	6	3	4	1
2	6	4	7	3	1	9	5	8
5	1	3	4	9	8	6	7	2

82

4	7	2	1	9	3	8	5	6
3	6	8	7	4	5	1	9	2
5	9	1	6	2	8	4	3	7
2	5	6	3	8	7	9	4	1
9	1	4	5	6	2	3	7	8
7	8	3	9	1	4	2	6	5
6	4	5	8	3	1	7	2	9
1	3	9	2	7	6	5	8	4
8	2	7	4	5	9	6	1	3

83

7	3	4	6	1	9	2	8	5
5	2	8	7	4	3	1	9	6
6	9	1	2	5	8	7	3	4
1	6	3	9	8	2	4	5	7
9	5	7	4	6	1	8	2	3
4	8	2	5	3	7	6	1	9
3	7	5	8	2	6	9	4	1
8	4	6	1	9	5	3	7	2
2	1	9	3	7	4	5	6	8

84

1	5	2	9	3	4	8	6	7
3	9	4	6	8	7	5	1	2
7	8	6	1	5	2	9	3	4
2	1	9	7	4	5	6	8	3
4	7	3	8	6	1	2	5	9
8	6	5	3	2	9	4	7	1
6	4	1	5	9	3	7	2	8
9	3	8	2	7	6	1	4	5
5	2	7	4	1	8	3	9	6

85

2	9	1	7	5	6	4	3	8
5	8	6	3	9	4	7	1	2
3	4	7	8	1	2	5	6	9
4	3	9	6	2	5	1	8	7
8	1	2	9	7	3	6	5	4
6	7	5	1	4	8	2	9	3
9	2	8	4	6	1	3	7	5
7	6	4	5	3	9	8	2	1
1	5	3	2	8	7	9	4	6

86

6	8	9	5	4	7	3	2	1
3	5	1	9	2	6	4	7	8
4	7	2	8	3	1	6	5	9
9	3	6	7	1	4	2	8	5
5	1	8	6	9	2	7	3	4
7	2	4	3	5	8	1	9	6
2	6	3	1	8	5	9	4	7
1	9	5	4	7	3	8	6	2
8	4	7	2	6	9	5	1	3

87

2	9	6	4	3	8	7	1	5
1	3	7	2	6	5	4	9	8
8	5	4	9	7	1	3	6	2
7	8	1	3	5	2	6	4	9
5	2	9	6	1	4	8	3	7
6	4	3	7	8	9	5	2	1
9	7	8	1	4	3	2	5	6
3	1	5	8	2	6	9	7	4
4	6	2	5	9	7	1	8	3

88

7	6	3	9	1	4	8	5	2
1	5	2	8	6	3	7	4	9
9	8	4	5	7	2	6	3	1
2	7	1	3	4	9	5	6	8
8	4	6	7	5	1	2	9	3
5	3	9	2	8	6	1	7	4
3	1	7	4	2	5	9	8	6
6	9	8	1	3	7	4	2	5
4	2	5	6	9	8	3	1	7

89

2	9	3	5	4	1	7	6	8
1	8	7	3	6	2	4	5	9
6	5	4	8	7	9	2	1	3
8	2	9	6	1	7	5	3	4
4	3	1	9	8	5	6	7	2
5	7	6	4	2	3	9	8	1
9	1	8	7	5	4	3	2	6
3	6	5	2	9	8	1	4	7
7	4	2	1	3	6	8	9	5

90

1	6	7	4	8	3	2	9	5
8	4	3	9	2	5	6	1	7
9	2	5	1	6	7	4	8	3
3	7	1	8	9	2	5	4	6
6	5	4	7	3	1	9	2	8
2	8	9	5	4	6	3	7	1
4	3	8	6	1	9	7	5	2
7	9	2	3	5	8	1	6	4
5	1	6	2	7	4	8	3	9

91

5	1	3	4	2	7	6	8	9
6	8	7	1	5	9	2	4	3
9	2	4	6	8	3	1	5	7
2	9	6	7	1	4	5	3	8
4	5	1	3	9	8	7	6	2
7	3	8	5	6	2	9	1	4
3	7	5	2	4	1	8	9	6
1	4	9	8	7	6	3	2	5
8	6	2	9	3	5	4	7	1

92

1	2	9	7	6	8	4	3	5
5	4	7	1	2	3	8	6	9
6	3	8	5	9	4	1	7	2
4	9	6	2	8	5	3	1	7
7	8	5	9	3	1	2	4	6
2	1	3	6	4	7	9	5	8
8	5	2	3	1	6	7	9	4
3	6	4	8	7	9	5	2	1
9	7	1	4	5	2	6	8	3

93

6	9	7	2	4	1	5	8	3
2	1	3	8	5	7	6	9	4
5	8	4	3	9	6	2	1	7
3	6	5	9	1	4	7	2	8
1	7	8	5	3	2	4	6	9
9	4	2	6	7	8	3	5	1
7	5	6	1	8	3	9	4	2
8	3	9	4	2	5	1	7	6
4	2	1	7	6	9	8	3	5

94

6	2	4	1	9	8	3	5	7
8	3	7	6	5	4	1	2	9
5	9	1	7	2	3	6	8	4
4	5	2	9	7	6	8	3	1
9	8	6	2	3	1	7	4	5
1	7	3	4	8	5	2	9	6
2	4	5	3	6	7	9	1	8
3	6	8	5	1	9	4	7	2
7	1	9	8	4	2	5	6	3

95

7	9	5	8	4	6	3	1	2
4	6	8	3	2	1	9	7	5
3	1	2	9	7	5	8	6	4
5	2	7	6	3	8	1	4	9
6	3	4	1	9	2	5	8	7
1	8	9	7	5	4	2	3	6
9	5	3	4	1	7	6	2	8
2	7	6	5	8	3	4	9	1
8	4	1	2	6	9	7	5	3

96

8	3	4	9	1	5	7	6	2
6	1	2	4	8	7	9	3	5
5	7	9	6	3	2	1	8	4
7	4	5	8	2	9	3	1	6
3	9	8	1	4	6	5	2	7
1	2	6	7	5	3	8	4	9
4	5	7	3	6	1	2	9	8
9	8	1	2	7	4	6	5	3
2	6	3	5	9	8	4	7	1

97

6	4	3	9	2	8	7	1	5
7	5	8	3	4	1	2	9	6
2	1	9	7	5	6	3	8	4
4	8	5	2	9	3	1	6	7
3	9	6	1	8	7	4	5	2
1	7	2	4	6	5	9	3	8
5	2	1	8	7	9	6	4	3
8	3	7	6	1	4	5	2	9
9	6	4	5	3	2	8	7	1

98

6	5	7	3	9	4	8	1	2
8	4	3	1	2	6	7	5	9
9	1	2	7	5	8	3	4	6
5	2	4	6	3	7	9	8	1
3	6	1	8	4	9	2	7	5
7	9	8	5	1	2	6	3	4
2	8	5	4	6	3	1	9	7
4	7	9	2	8	1	5	6	3
1	3	6	9	7	5	4	2	8

99

4	8	2	3	7	5	9	6	1
9	7	3	4	6	1	2	8	5
6	5	1	9	2	8	7	3	4
7	3	8	2	9	4	5	1	6
5	6	9	1	8	7	3	4	2
1	2	4	5	3	6	8	9	7
8	1	6	7	5	9	4	2	3
3	4	5	8	1	2	6	7	9
2	9	7	6	4	3	1	5	8

100

6	5	3	9	1	8	2	7	4
2	8	7	3	5	4	6	9	1
9	1	4	6	2	7	8	5	3
5	6	1	7	4	3	9	8	2
4	3	9	2	8	5	1	6	7
7	2	8	1	9	6	3	4	5
3	9	5	8	7	1	4	2	6
8	4	6	5	3	2	7	1	9
1	7	2	4	6	9	5	3	8

101

8	9	3	5	2	7	1	6	4
7	4	5	6	1	8	3	2	9
6	1	2	9	3	4	8	7	5
2	5	8	4	7	6	9	3	1
3	7	9	1	8	5	6	4	2
4	6	1	2	9	3	7	5	8
5	3	6	8	4	9	2	1	7
1	8	7	3	5	2	4	9	6
9	2	4	7	6	1	5	8	3

102

9	2	4	7	5	3	1	8	6
6	8	7	1	2	9	5	3	4
1	3	5	4	6	8	7	9	2
2	7	8	3	9	6	4	5	1
5	6	1	8	4	2	3	7	9
4	9	3	5	1	7	6	2	8
8	5	9	6	7	1	2	4	3
7	1	2	9	3	4	8	6	5
3	4	6	2	8	5	9	1	7

103

2	5	3	4	1	7	6	8	9
9	7	4	2	6	8	1	5	3
6	1	8	5	9	3	7	2	4
7	9	6	8	3	4	2	1	5
8	4	2	1	7	5	3	9	6
1	3	5	6	2	9	8	4	7
5	6	7	9	8	2	4	3	1
3	2	9	7	4	1	5	6	8
4	8	1	3	5	6	9	7	2

104

9	4	8	2	1	7	5	6	3
1	2	6	9	3	5	8	4	7
5	3	7	6	8	4	1	9	2
6	1	9	7	2	8	4	3	5
8	5	4	3	6	9	2	7	1
3	7	2	5	4	1	6	8	9
4	9	3	8	5	2	7	1	6
7	8	5	1	9	6	3	2	4
2	6	1	4	7	3	9	5	8

105

8	1	7	5	6	4	9	2	3
9	3	2	7	1	8	4	6	5
5	4	6	9	3	2	1	8	7
3	2	1	8	7	9	5	4	6
6	9	5	4	2	1	3	7	8
7	8	4	6	5	3	2	9	1
2	7	3	1	4	6	8	5	9
1	6	9	2	8	5	7	3	4
4	5	8	3	9	7	6	1	2

106

7	8	4	9	3	5	2	1	6
6	9	3	2	1	7	4	5	8
1	5	2	8	6	4	9	3	7
9	4	6	3	5	8	7	2	1
3	2	5	6	7	1	8	4	9
8	7	1	4	2	9	3	6	5
5	3	8	7	4	6	1	9	2
2	1	9	5	8	3	6	7	4
4	6	7	1	9	2	5	8	3

107

3	4	8	1	5	6	7	2	9
7	2	9	4	3	8	6	5	1
6	1	5	7	2	9	4	3	8
4	5	2	6	8	3	9	1	7
8	6	3	9	7	1	5	4	2
9	7	1	5	4	2	8	6	3
2	9	6	8	1	5	3	7	4
5	3	7	2	9	4	1	8	6
1	8	4	3	6	7	2	9	5

108

2	5	3	4	9	6	7	1	8
1	8	6	7	2	3	4	5	9
7	9	4	5	1	8	2	6	3
8	6	1	2	3	9	5	4	7
3	4	7	8	5	1	9	2	6
5	2	9	6	7	4	8	3	1
4	3	8	9	6	5	1	7	2
9	1	2	3	4	7	6	8	5
6	7	5	1	8	2	3	9	4

109

6	3	7	5	2	9	4	1	8
9	8	1	7	3	4	6	5	2
4	5	2	1	8	6	7	3	9
8	7	4	3	6	2	1	9	5
2	6	3	9	1	5	8	4	7
5	1	9	4	7	8	2	6	3
3	2	5	8	4	1	9	7	6
7	4	8	6	9	3	5	2	1
1	9	6	2	5	7	3	8	4

110

1	6	8	9	5	3	4	2	7
4	3	9	2	8	7	5	1	6
5	7	2	1	4	6	9	8	3
3	4	6	8	9	2	7	5	1
8	2	1	6	7	5	3	4	9
9	5	7	3	1	4	2	6	8
6	9	5	7	2	8	1	3	4
7	8	4	5	3	1	6	9	2
2	1	3	4	6	9	8	7	5

111

9	3	5	2	1	8	4	7	6
7	1	8	6	4	5	9	3	2
6	4	2	9	3	7	1	8	5
4	8	3	7	5	1	6	2	9
2	5	7	8	9	6	3	1	4
1	9	6	3	2	4	8	5	7
8	2	1	5	6	9	7	4	3
5	7	9	4	8	3	2	6	1
3	6	4	1	7	2	5	9	8

112

5	7	8	4	9	2	3	6	1
3	1	2	6	7	8	9	4	5
6	4	9	5	3	1	7	2	8
1	2	5	8	6	9	4	7	3
4	8	7	1	2	3	6	5	9
9	6	3	7	4	5	8	1	2
7	5	1	9	8	6	2	3	4
8	3	6	2	1	4	5	9	7
2	9	4	3	5	7	1	8	6

113

6	4	2	3	9	1	5	8	7
8	9	3	2	5	7	4	6	1
1	7	5	6	8	4	9	3	2
9	1	7	5	4	6	8	2	3
2	8	6	9	1	3	7	5	4
3	5	4	8	7	2	1	9	6
7	2	8	1	6	5	3	4	9
5	6	1	4	3	9	2	7	8
4	3	9	7	2	8	6	1	5

114

8	5	9	4	6	1	2	7	3
7	4	6	3	2	9	1	5	8
3	1	2	8	5	7	6	4	9
5	2	8	7	9	3	4	1	6
9	3	4	2	1	6	7	8	5
1	6	7	5	8	4	3	9	2
2	9	3	1	4	5	8	6	7
6	7	1	9	3	8	5	2	4
4	8	5	6	7	2	9	3	1

115

5	4	9	8	3	6	7	1	2
3	2	7	9	5	1	6	8	4
1	8	6	7	2	4	5	3	9
4	1	8	2	6	3	9	5	7
7	9	5	1	4	8	2	6	3
2	6	3	5	7	9	8	4	1
6	7	1	4	9	5	3	2	8
8	5	2	3	1	7	4	9	6
9	3	4	6	8	2	1	7	5

116

4	5	9	8	6	7	2	3	1
3	1	8	2	9	5	6	7	4
2	6	7	4	3	1	9	8	5
5	9	4	7	1	3	8	2	6
8	7	2	5	4	6	1	9	3
1	3	6	9	8	2	5	4	7
7	2	3	1	5	8	4	6	9
6	4	1	3	2	9	7	5	8
9	8	5	6	7	4	3	1	2

117

4	2	1	6	8	5	9	7	3
8	3	5	2	9	7	4	1	6
7	6	9	3	4	1	2	8	5
2	4	3	7	5	8	1	6	9
9	5	8	1	6	2	3	4	7
6	1	7	9	3	4	5	2	8
5	9	4	8	1	6	7	3	2
3	8	2	4	7	9	6	5	1
1	7	6	5	2	3	8	9	4

118

6	2	1	3	9	7	8	5	4
9	4	3	8	1	5	6	2	7
7	5	8	6	4	2	1	9	3
3	9	6	7	5	1	2	4	8
4	7	2	9	8	3	5	1	6
8	1	5	4	2	6	3	7	9
1	6	9	2	7	8	4	3	5
2	8	7	5	3	4	9	6	1
5	3	4	1	6	9	7	8	2

119

6	5	3	2	8	4	9	1	7
2	7	8	6	9	1	3	5	4
1	4	9	3	5	7	6	8	2
4	3	1	5	7	6	2	9	8
7	8	2	9	1	3	4	6	5
5	9	6	4	2	8	1	7	3
9	1	4	7	3	5	8	2	6
3	2	7	8	6	9	5	4	1
8	6	5	1	4	2	7	3	9

120

1	4	3	8	6	9	7	5	2
7	6	5	2	3	4	1	8	9
2	9	8	1	7	5	3	4	6
8	3	1	5	9	6	2	7	4
5	2	4	7	1	3	9	6	8
9	7	6	4	2	8	5	1	3
4	1	7	3	8	2	6	9	5
3	8	9	6	5	7	4	2	1
6	5	2	9	4	1	8	3	7

121

3	8	5	7	6	1	4	9	2
4	1	7	5	2	9	6	8	3
9	6	2	4	8	3	5	7	1
5	3	6	8	4	7	2	1	9
7	9	4	1	3	2	8	5	6
1	2	8	9	5	6	3	4	7
8	7	3	2	1	4	9	6	5
2	4	1	6	9	5	7	3	8
6	5	9	3	7	8	1	2	4

122

8	9	1	4	3	6	7	5	2
4	6	2	7	5	8	9	3	1
3	5	7	9	1	2	4	8	6
7	1	8	5	2	9	6	4	3
2	4	5	8	6	3	1	9	7
9	3	6	1	4	7	8	2	5
5	2	9	6	8	1	3	7	4
1	7	3	2	9	4	5	6	8
6	8	4	3	7	5	2	1	9

123

9	1	2	3	7	6	4	5	8
5	6	7	1	8	4	3	9	2
8	4	3	5	9	2	6	7	1
2	7	1	6	4	3	9	8	5
4	9	6	8	5	7	2	1	3
3	8	5	2	1	9	7	4	6
7	3	8	9	6	1	5	2	4
1	2	9	4	3	5	8	6	7
6	5	4	7	2	8	1	3	9

124

3	9	4	6	1	8	5	2	7
1	2	5	4	7	3	9	6	8
8	7	6	5	2	9	3	4	1
4	3	9	1	5	2	7	8	6
2	8	7	9	4	6	1	5	3
5	6	1	8	3	7	2	9	4
6	5	2	3	8	1	4	7	9
9	4	3	7	6	5	8	1	2
7	1	8	2	9	4	6	3	5

125

5	6	7	1	3	8	2	9	4
1	9	4	2	6	5	7	3	8
2	3	8	9	4	7	5	6	1
4	1	2	8	7	3	6	5	9
6	5	9	4	1	2	8	7	3
8	7	3	6	5	9	4	1	2
7	2	1	5	9	4	3	8	6
9	4	5	3	8	6	1	2	7
3	8	6	7	2	1	9	4	5

126

2	4	3	6	1	7	9	8	5
9	6	5	8	2	3	7	1	4
8	7	1	9	4	5	6	2	3
6	8	2	3	5	9	1	4	7
7	1	4	2	8	6	5	3	9
5	3	9	1	7	4	2	6	8
1	5	6	7	3	8	4	9	2
3	2	7	4	9	1	8	5	6
4	9	8	5	6	2	3	7	1

127

5	9	6	2	7	1	3	4	8
4	1	8	9	5	3	7	2	6
7	3	2	4	8	6	9	5	1
3	7	5	1	2	9	8	6	4
8	2	9	6	4	5	1	3	7
1	6	4	8	3	7	2	9	5
9	8	7	5	6	2	4	1	3
2	5	3	7	1	4	6	8	9
6	4	1	3	9	8	5	7	2

128

7	4	2	5	1	6	9	8	3
9	8	5	2	7	3	1	4	6
6	1	3	9	8	4	5	2	7
4	6	1	3	5	9	2	7	8
5	3	9	7	2	8	6	1	4
2	7	8	4	6	1	3	9	5
1	5	4	8	3	2	7	6	9
3	9	6	1	4	7	8	5	2
8	2	7	6	9	5	4	3	1

129

3	7	6	1	5	9	8	2	4
9	2	1	4	6	8	7	5	3
8	5	4	7	2	3	6	9	1
6	3	2	8	9	4	1	7	5
1	9	7	2	3	5	4	6	8
4	8	5	6	7	1	9	3	2
7	4	3	9	1	2	5	8	6
5	1	9	3	8	6	2	4	7
2	6	8	5	4	7	3	1	9

130

9	5	4	1	6	2	7	8	3
7	2	3	5	8	4	1	9	6
1	8	6	7	9	3	5	4	2
4	7	1	2	3	8	6	5	9
6	9	5	4	7	1	3	2	8
2	3	8	9	5	6	4	1	7
3	1	7	8	4	9	2	6	5
5	4	9	6	2	7	8	3	1
8	6	2	3	1	5	9	7	4

131

7	4	2	5	1	6	9	8	3
9	8	5	2	7	3	1	4	6
6	1	3	9	8	4	5	2	7
4	6	1	3	5	9	2	7	8
5	3	9	7	2	8	6	1	4
2	7	8	4	6	1	3	9	5
1	5	4	8	3	2	7	6	9
3	9	6	1	4	7	8	5	2
8	2	7	6	9	5	4	3	1

132

9	1	3	8	6	7	2	5	4
2	7	6	9	4	5	1	8	3
8	5	4	3	2	1	7	9	6
1	6	7	4	5	9	3	2	8
5	3	9	2	8	6	4	1	7
4	8	2	1	7	3	9	6	5
3	4	5	6	9	2	8	7	1
7	9	1	5	3	8	6	4	2
6	2	8	7	1	4	5	3	9

133

4	6	2	3	1	7	9	5	8
8	1	9	5	2	4	7	6	3
7	5	3	6	8	9	2	1	4
3	2	6	9	4	1	8	7	5
5	8	1	7	6	2	4	3	9
9	4	7	8	3	5	1	2	6
6	7	8	2	9	3	5	4	1
2	9	4	1	5	6	3	8	7
1	3	5	4	7	8	6	9	2

134

1	8	5	3	4	2	9	7	6
2	4	7	5	6	9	8	3	1
9	3	6	7	8	1	4	5	2
5	7	2	8	3	4	6	1	9
4	1	3	9	2	6	5	8	7
6	9	8	1	5	7	2	4	3
7	2	1	4	9	5	3	6	8
3	6	4	2	1	8	7	9	5
8	5	9	6	7	3	1	2	4

135

7	5	3	9	8	2	1	4	6
2	8	6	5	4	1	7	3	9
1	9	4	7	3	6	5	8	2
5	1	2	4	9	8	3	6	7
6	3	8	1	5	7	2	9	4
9	4	7	6	2	3	8	5	1
3	6	5	2	1	4	9	7	8
4	2	9	8	7	5	6	1	3
8	7	1	3	6	9	4	2	5

136

2	7	3	4	5	1	6	8	9
8	5	4	6	9	3	7	1	2
1	6	9	8	7	2	3	4	5
7	9	5	2	1	4	8	6	3
4	3	1	9	8	6	2	5	7
6	2	8	5	3	7	4	9	1
5	1	2	7	4	8	9	3	6
3	8	6	1	2	9	5	7	4
9	4	7	3	6	5	1	2	8

137

4	2	9	7	8	6	1	5	3
6	7	5	3	1	4	9	2	8
1	3	8	9	2	5	7	4	6
9	4	7	5	6	3	8	1	2
8	1	3	2	4	7	6	9	5
2	5	6	1	9	8	4	3	7
7	8	2	4	3	9	5	6	1
5	9	1	6	7	2	3	8	4
3	6	4	8	5	1	2	7	9

138

1	2	4	6	3	5	8	7	9
8	7	6	9	1	2	3	5	4
5	9	3	4	8	7	1	6	2
9	3	8	7	5	6	4	2	1
2	6	7	1	4	3	5	9	8
4	1	5	2	9	8	7	3	6
7	4	9	3	2	1	6	8	5
3	8	1	5	6	9	2	4	7
6	5	2	8	7	4	9	1	3

139

6	5	9	7	1	4	8	2	3
8	3	2	9	5	6	1	7	4
1	4	7	8	3	2	6	9	5
7	9	6	4	2	3	5	1	8
2	1	5	6	8	9	3	4	7
4	8	3	5	7	1	9	6	2
9	6	8	2	4	5	7	3	1
3	7	4	1	6	8	2	5	9
5	2	1	3	9	7	4	8	6

140

9	8	5	1	2	7	3	4	6
7	1	4	8	3	6	2	5	9
3	2	6	4	5	9	7	1	8
1	9	2	7	8	5	4	6	3
5	7	3	6	4	1	8	9	2
4	6	8	2	9	3	5	7	1
6	5	1	3	7	8	9	2	4
8	4	7	9	1	2	6	3	5
2	3	9	5	6	4	1	8	7

141

1	3	9	7	5	2	8	6	4
6	8	5	9	1	4	7	2	3
2	7	4	8	6	3	9	1	5
7	5	1	4	9	8	2	3	6
9	6	8	3	2	5	1	4	7
3	4	2	1	7	6	5	8	9
8	9	7	6	4	1	3	5	2
5	1	6	2	3	7	4	9	8
4	2	3	5	8	9	6	7	1

142

9	5	2	8	6	4	3	1	7
1	4	7	3	9	5	6	2	8
8	6	3	2	1	7	4	5	9
5	2	9	1	4	6	8	7	3
3	7	8	5	2	9	1	6	4
4	1	6	7	8	3	2	9	5
6	8	4	9	5	2	7	3	1
2	3	5	4	7	1	9	8	6
7	9	1	6	3	8	5	4	2

143

7	4	3	1	8	9	2	6	5
9	1	8	2	5	6	4	3	7
6	2	5	4	3	7	9	1	8
5	8	2	3	9	4	1	7	6
3	9	7	6	1	5	8	2	4
4	6	1	7	2	8	5	9	3
1	7	6	5	4	2	3	8	9
2	5	9	8	7	3	6	4	1
8	3	4	9	6	1	7	5	2

144

1	7	3	8	5	6	4	2	9
5	4	2	3	7	9	1	6	8
8	9	6	1	4	2	7	3	5
6	5	9	4	2	1	8	7	3
2	1	7	5	8	3	9	4	6
3	8	4	6	9	7	5	1	2
9	6	8	7	3	4	2	5	1
7	3	5	2	1	8	6	9	4
4	2	1	9	6	5	3	8	7

145

5	9	3	2	6	8	4	1	7
6	2	1	9	7	4	8	3	5
8	4	7	3	5	1	2	6	9
3	8	4	5	1	7	9	2	6
2	6	9	8	4	3	5	7	1
1	7	5	6	2	9	3	8	4
4	3	6	1	8	5	7	9	2
9	5	2	7	3	6	1	4	8
7	1	8	4	9	2	6	5	3

146

4	9	7	8	1	2	3	5	6
5	3	8	4	6	7	9	1	2
6	1	2	3	9	5	4	8	7
2	6	9	5	7	8	1	3	4
3	8	5	1	2	4	6	7	9
7	4	1	9	3	6	5	2	8
1	5	6	7	8	9	2	4	3
8	2	4	6	5	3	7	9	1
9	7	3	2	4	1	8	6	5

147

6	5	9	4	3	2	8	1	7
4	7	2	8	1	5	6	3	9
8	1	3	6	9	7	5	4	2
2	4	5	9	7	8	3	6	1
3	6	7	5	2	1	4	9	8
9	8	1	3	6	4	7	2	5
7	3	6	1	8	9	2	5	4
5	9	8	2	4	3	1	7	6
1	2	4	7	5	6	9	8	3

148

4	2	8	9	6	7	1	3	5
5	1	6	8	4	3	7	9	2
9	7	3	1	5	2	6	8	4
3	4	7	2	9	6	8	5	1
6	5	2	7	8	1	3	4	9
8	9	1	4	3	5	2	7	6
7	6	9	5	2	8	4	1	3
2	8	5	3	1	4	9	6	7
1	3	4	6	7	9	5	2	8

149

2	6	8	3	9	1	4	7	5
4	9	5	2	6	7	3	8	1
3	7	1	8	5	4	6	2	9
1	5	4	9	8	3	2	6	7
8	3	9	6	7	2	1	5	4
7	2	6	4	1	5	8	9	3
5	8	3	1	2	9	7	4	6
6	4	7	5	3	8	9	1	2
9	1	2	7	4	6	5	3	8

150

7	1	9	8	3	5	4	6	2
3	6	4	1	7	2	9	8	5
8	2	5	9	6	4	7	1	3
6	5	2	4	8	1	3	7	9
1	7	8	3	2	9	6	5	4
9	4	3	7	5	6	8	2	1
4	8	6	2	1	3	5	9	7
5	3	1	6	9	7	2	4	8
2	9	7	5	4	8	1	3	6

151

3	9	7	4	6	2	1	5	8
4	2	8	1	5	3	6	9	7
1	6	5	9	8	7	4	2	3
2	3	9	6	7	5	8	1	4
8	5	4	3	9	1	7	6	2
6	7	1	2	4	8	9	3	5
9	8	3	5	1	4	2	7	6
5	4	6	7	2	9	3	8	1
7	1	2	8	3	6	5	4	9

152

6	1	9	4	8	3	7	5	2
7	5	8	6	2	1	9	4	3
4	3	2	9	7	5	6	8	1
2	8	3	1	9	6	4	7	5
5	6	1	7	4	2	3	9	8
9	4	7	3	5	8	1	2	6
8	7	6	2	3	4	5	1	9
1	9	5	8	6	7	2	3	4
3	2	4	5	1	9	8	6	7

153

4	1	6	3	5	9	8	2	7
2	8	3	7	4	6	1	5	9
9	7	5	1	2	8	4	6	3
6	5	9	2	7	1	3	4	8
1	2	7	4	8	3	6	9	5
8	3	4	6	9	5	2	7	1
5	4	1	8	6	7	9	3	2
3	9	2	5	1	4	7	8	6
7	6	8	9	3	2	5	1	4

154

9	6	2	5	4	7	1	3	8
3	8	5	9	1	2	6	4	7
4	1	7	3	8	6	5	9	2
5	4	1	7	2	8	3	6	9
8	2	6	4	9	3	7	1	5
7	9	3	1	6	5	2	8	4
1	5	8	6	7	4	9	2	3
6	7	4	2	3	9	8	5	1
2	3	9	8	5	1	4	7	6

155

9	8	5	6	4	7	3	1	2
3	7	4	2	1	9	6	5	8
2	6	1	8	5	3	4	9	7
5	1	8	3	6	4	7	2	9
4	9	2	7	8	1	5	3	6
7	3	6	9	2	5	8	4	1
1	2	3	4	7	6	9	8	5
6	5	9	1	3	8	2	7	4
8	4	7	5	9	2	1	6	3

156

7	9	8	2	6	4	3	1	5
1	4	2	8	3	5	9	6	7
6	5	3	1	9	7	8	2	4
8	2	6	4	7	9	1	5	3
9	7	5	3	2	1	6	4	8
3	1	4	5	8	6	7	9	2
4	8	1	9	5	3	2	7	6
5	3	7	6	1	2	4	8	9
2	6	9	7	4	8	5	3	1

157

8	7	3	9	2	4	5	1	6
6	5	4	8	1	7	3	2	9
9	1	2	6	3	5	8	7	4
1	6	5	7	4	2	9	8	3
2	8	9	1	6	3	7	4	5
3	4	7	5	8	9	2	6	1
5	3	8	4	7	6	1	9	2
4	9	1	2	5	8	6	3	7
7	2	6	3	9	1	4	5	8

158

1	8	5	6	9	2	3	7	4
6	9	7	3	8	4	2	5	1
3	4	2	1	7	5	6	9	8
5	1	4	8	2	3	7	6	9
8	3	6	7	4	9	1	2	5
2	7	9	5	1	6	8	4	3
7	2	3	4	5	8	9	1	6
4	6	1	9	3	7	5	8	2
9	5	8	2	6	1	4	3	7

159

1	5	7	3	9	2	4	8	6
2	9	4	8	6	7	3	5	1
6	3	8	4	5	1	7	2	9
9	1	2	6	7	5	8	3	4
7	4	5	9	8	3	1	6	2
3	8	6	1	2	4	9	7	5
8	2	3	5	4	9	6	1	7
5	6	9	7	1	8	2	4	3
4	7	1	2	3	6	5	9	8

160

8	2	4	1	9	3	6	7	5
9	3	1	5	7	6	8	4	2
5	6	7	8	4	2	9	3	1
4	9	2	6	1	7	3	5	8
3	7	6	9	8	5	1	2	4
1	8	5	3	2	4	7	6	9
2	1	3	4	6	8	5	9	7
7	5	9	2	3	1	4	8	6
6	4	8	7	5	9	2	1	3

161

9	2	3	8	4	7	1	5	6
4	1	8	6	5	2	3	7	9
7	6	5	9	3	1	4	2	8
2	8	4	7	6	3	5	9	1
3	5	7	1	9	4	8	6	2
1	9	6	2	8	5	7	4	3
5	3	1	4	2	9	6	8	7
6	7	2	5	1	8	9	3	4
8	4	9	3	7	6	2	1	5

162

7	3	8	1	6	9	5	4	2
1	2	6	7	5	4	9	3	8
9	4	5	3	2	8	1	7	6
6	8	3	5	4	7	2	1	9
4	7	9	8	1	2	6	5	3
5	1	2	6	9	3	4	8	7
3	6	4	2	7	5	8	9	1
2	9	7	4	8	1	3	6	5
8	5	1	9	3	6	7	2	4

163

2	8	9	6	5	4	3	7	1
7	6	1	8	9	3	4	2	5
3	4	5	7	1	2	6	8	9
5	9	8	4	6	7	2	1	3
4	2	6	3	8	1	9	5	7
1	3	7	9	2	5	8	4	6
9	1	4	2	7	6	5	3	8
6	7	2	5	3	8	1	9	4
8	5	3	1	4	9	7	6	2

164

4	9	6	3	1	7	2	8	5
5	1	2	8	9	6	3	4	7
8	3	7	4	2	5	9	1	6
6	5	9	2	7	4	8	3	1
2	7	4	1	3	8	6	5	9
1	8	3	6	5	9	4	7	2
3	6	5	7	8	2	1	9	4
9	2	8	5	4	1	7	6	3
7	4	1	9	6	3	5	2	8

165

5	1	2	4	6	3	8	7	9
4	9	6	8	2	7	3	1	5
8	7	3	9	1	5	4	6	2
2	5	1	6	9	8	7	4	3
6	8	9	7	3	4	5	2	1
7	3	4	2	5	1	6	9	8
1	6	7	5	8	9	2	3	4
3	4	8	1	7	2	9	5	6
9	2	5	3	4	6	1	8	7

166

5	6	8	2	9	3	7	4	1
2	4	9	7	1	8	5	6	3
3	7	1	5	6	4	2	8	9
7	1	5	3	8	6	9	2	4
4	8	6	9	2	1	3	5	7
9	3	2	4	5	7	6	1	8
1	9	7	6	4	2	8	3	5
8	2	3	1	7	5	4	9	6
6	5	4	8	3	9	1	7	2

167

3	6	7	4	9	8	2	5	1
8	4	1	7	5	2	3	6	9
9	2	5	1	3	6	4	8	7
7	1	3	2	8	4	6	9	5
2	9	8	6	1	5	7	4	3
4	5	6	9	7	3	1	2	8
6	8	9	3	2	1	5	7	4
5	3	4	8	6	7	9	1	2
1	7	2	5	4	9	8	3	6

168

5	1	3	4	9	6	2	8	7
7	2	6	3	5	8	4	9	1
9	8	4	2	7	1	3	6	5
4	9	5	1	3	2	6	7	8
3	6	1	8	4	7	5	2	9
2	7	8	9	6	5	1	4	3
8	3	7	5	2	4	9	1	6
6	4	9	7	1	3	8	5	2
1	5	2	6	8	9	7	3	4

169

5	6	7	8	2	4	3	1	9
3	2	1	9	6	5	4	8	7
4	8	9	7	3	1	6	5	2
9	5	6	1	4	2	8	7	3
7	3	2	5	8	9	1	4	6
1	4	8	6	7	3	2	9	5
2	1	4	3	5	7	9	6	8
6	7	3	4	9	8	5	2	1
8	9	5	2	1	6	7	3	4

170

4	8	6	2	5	1	7	3	9
1	2	3	7	9	6	8	4	5
7	9	5	4	8	3	1	2	6
5	3	1	8	6	9	4	7	2
6	7	2	3	4	5	9	8	1
8	4	9	1	2	7	6	5	3
3	1	8	9	7	2	5	6	4
2	6	7	5	1	4	3	9	8
9	5	4	6	3	8	2	1	7

171

6	1	5	2	4	7	3	9	8
2	8	3	9	6	5	7	1	4
9	7	4	8	1	3	6	5	2
3	6	1	4	5	8	2	7	9
5	9	8	1	7	2	4	6	3
4	2	7	6	3	9	1	8	5
8	5	6	7	2	4	9	3	1
7	3	2	5	9	1	8	4	6
1	4	9	3	8	6	5	2	7

172

7	3	2	5	9	1	6	8	4
4	9	1	7	6	8	3	5	2
5	8	6	4	3	2	9	7	1
8	5	3	2	4	9	7	1	6
6	2	9	1	7	3	5	4	8
1	4	7	8	5	6	2	3	9
9	1	5	3	2	4	8	6	7
2	7	4	6	8	5	1	9	3
3	6	8	9	1	7	4	2	5

173

2	6	4	9	8	5	7	3	1
3	1	5	2	4	7	8	6	9
7	8	9	3	1	6	2	4	5
8	2	1	6	9	4	3	5	7
5	4	6	7	3	8	9	1	2
9	7	3	5	2	1	6	8	4
6	3	2	1	5	9	4	7	8
4	5	7	8	6	2	1	9	3
1	9	8	4	7	3	5	2	6

174

8	2	9	1	7	5	6	3	4
4	1	5	3	6	8	9	2	7
6	7	3	4	2	9	1	8	5
2	8	6	7	5	4	3	9	1
1	5	7	2	9	3	4	6	8
9	3	4	8	1	6	7	5	2
7	9	8	6	4	2	5	1	3
5	4	2	9	3	1	8	7	6
3	6	1	5	8	7	2	4	9

175

7	6	8	3	9	2	5	4	1
3	5	1	7	6	4	2	8	9
9	4	2	5	1	8	6	3	7
4	1	7	2	3	5	9	6	8
6	3	5	9	8	1	7	2	4
2	8	9	6	4	7	3	1	5
5	9	4	8	2	6	1	7	3
1	7	6	4	5	3	8	9	2
8	2	3	1	7	9	4	5	6

176

5	8	1	3	7	9	2	4	6
7	2	6	1	4	8	9	3	5
9	3	4	2	5	6	7	1	8
8	4	5	6	9	1	3	7	2
6	9	2	4	3	7	8	5	1
1	7	3	8	2	5	4	6	9
3	5	8	9	1	4	6	2	7
4	1	9	7	6	2	5	8	3
2	6	7	5	8	3	1	9	4

177

3	7	8	2	6	4	1	9	5
2	9	4	5	1	3	6	7	8
6	5	1	9	8	7	4	3	2
7	6	3	8	4	2	5	1	9
9	4	5	1	3	6	2	8	7
8	1	2	7	9	5	3	4	6
1	3	7	6	5	8	9	2	4
5	8	9	4	2	1	7	6	3
4	2	6	3	7	9	8	5	1

178

8	9	4	2	6	5	7	3	1
2	3	7	1	9	8	4	5	6
6	1	5	4	3	7	9	2	8
7	4	8	5	2	3	1	6	9
9	5	6	8	7	1	2	4	3
3	2	1	6	4	9	5	8	7
1	6	3	9	5	4	8	7	2
5	8	2	7	1	6	3	9	4
4	7	9	3	8	2	6	1	5

179

8	4	9	6	3	1	5	7	2
6	2	5	4	8	7	3	1	9
7	1	3	5	2	9	4	6	8
1	3	6	2	7	4	9	8	5
9	7	4	8	1	5	6	2	3
2	5	8	9	6	3	7	4	1
4	8	1	3	9	6	2	5	7
5	9	2	7	4	8	1	3	6
3	6	7	1	5	2	8	9	4

180

9	2	3	8	7	6	1	4	5
1	4	5	3	2	9	7	6	8
8	7	6	4	5	1	2	3	9
6	8	2	5	1	4	3	9	7
7	3	9	2	6	8	5	1	4
4	5	1	7	9	3	8	2	6
2	9	8	6	3	7	4	5	1
5	6	7	1	4	2	9	8	3
3	1	4	9	8	5	6	7	2

181

7	6	2	4	1	9	3	8	5
5	4	3	8	7	2	6	1	9
1	9	8	6	5	3	2	4	7
2	8	6	9	3	7	4	5	1
4	1	5	2	6	8	7	9	3
3	7	9	5	4	1	8	6	2
8	3	4	7	9	5	1	2	6
6	5	1	3	2	4	9	7	8
9	2	7	1	8	6	5	3	4

182

3	1	6	5	8	7	9	2	4
8	2	4	9	3	6	5	7	1
7	9	5	4	2	1	8	6	3
5	7	9	2	1	4	6	3	8
6	8	1	3	7	5	4	9	2
2	4	3	8	6	9	1	5	7
9	6	2	1	4	3	7	8	5
1	5	8	7	9	2	3	4	6
4	3	7	6	5	8	2	1	9

183

1	5	2	9	4	8	3	6	7
7	8	6	2	1	3	4	5	9
9	3	4	6	7	5	1	8	2
3	9	7	4	8	6	2	1	5
8	2	5	1	9	7	6	4	3
4	6	1	5	3	2	9	7	8
6	7	9	8	2	1	5	3	4
5	4	8	3	6	9	7	2	1
2	1	3	7	5	4	8	9	6

184

3	4	7	5	1	8	2	9	6
9	2	5	6	3	7	1	8	4
6	1	8	2	4	9	3	5	7
7	9	6	1	8	5	4	2	3
1	8	4	3	2	6	9	7	5
2	5	3	7	9	4	6	1	8
8	6	1	9	5	3	7	4	2
4	7	2	8	6	1	5	3	9
5	3	9	4	7	2	8	6	1

185

5	3	6	7	2	1	4	9	8
2	7	1	9	4	8	6	3	5
4	8	9	6	5	3	2	7	1
1	2	8	4	3	9	5	6	7
9	5	7	2	1	6	3	8	4
6	4	3	5	8	7	1	2	9
8	6	4	1	7	2	9	5	3
7	1	2	3	9	5	8	4	6
3	9	5	8	6	4	7	1	2

186

6	8	7	1	2	5	4	9	3
3	5	1	4	9	7	8	2	6
4	9	2	6	8	3	1	7	5
1	3	8	2	6	9	5	4	7
7	4	5	3	1	8	2	6	9
2	6	9	5	7	4	3	1	8
5	2	3	7	4	6	9	8	1
8	7	4	9	3	1	6	5	2
9	1	6	8	5	2	7	3	4

187

1	2	9	5	6	7	8	4	3
7	6	8	4	9	3	5	2	1
3	5	4	1	2	8	6	7	9
6	9	3	2	5	4	1	8	7
8	4	1	9	7	6	3	5	2
2	7	5	3	8	1	4	9	6
5	3	6	7	4	2	9	1	8
4	8	2	6	1	9	7	3	5
9	1	7	8	3	5	2	6	4

188

1	9	2	4	3	5	7	6	8
5	8	7	6	2	1	4	9	3
4	6	3	9	8	7	2	5	1
6	7	1	2	5	4	8	3	9
8	3	9	1	7	6	5	4	2
2	5	4	8	9	3	1	7	6
9	2	5	7	6	8	3	1	4
7	4	8	3	1	9	6	2	5
3	1	6	5	4	2	9	8	7

189

7	9	1	4	2	5	3	8	6
6	8	2	1	7	3	5	9	4
5	4	3	6	9	8	2	7	1
1	7	8	9	3	2	6	4	5
4	3	5	7	1	6	9	2	8
9	2	6	5	8	4	1	3	7
8	5	9	2	4	1	7	6	3
3	6	7	8	5	9	4	1	2
2	1	4	3	6	7	8	5	9

190

9	3	2	1	6	4	5	8	7
5	6	4	2	8	7	9	1	3
8	7	1	5	9	3	4	6	2
4	9	8	7	1	6	2	3	5
1	5	6	3	4	2	7	9	8
3	2	7	8	5	9	1	4	6
6	1	5	9	2	8	3	7	4
7	4	9	6	3	5	8	2	1
2	8	3	4	7	1	6	5	9

191

3	5	7	2	8	6	9	1	4
2	1	8	5	9	4	6	3	7
6	4	9	1	3	7	5	8	2
8	3	6	7	5	2	1	4	9
1	9	5	4	6	8	2	7	3
7	2	4	9	1	3	8	6	5
9	7	2	8	4	1	3	5	6
4	8	3	6	2	5	7	9	1
5	6	1	3	7	9	4	2	8

192

1	3	9	7	8	4	2	5	6
7	2	6	3	5	1	8	9	4
5	4	8	9	2	6	3	7	1
9	1	3	4	6	5	7	2	8
2	5	7	8	1	9	4	6	3
6	8	4	2	7	3	5	1	9
8	9	5	1	4	2	6	3	7
3	7	2	6	9	8	1	4	5
4	6	1	5	3	7	9	8	2

193

6	2	7	5	8	1	3	9	4
1	9	3	2	6	4	8	5	7
5	8	4	3	9	7	2	6	1
2	3	6	7	5	8	1	4	9
8	1	9	4	2	6	7	3	5
4	7	5	1	3	9	6	8	2
7	6	1	9	4	3	5	2	8
3	4	2	8	7	5	9	1	6
9	5	8	6	1	2	4	7	3

194

6	5	3	1	9	8	4	7	2
9	8	2	6	7	4	5	1	3
1	7	4	2	5	3	9	8	6
2	6	5	7	1	9	8	3	4
8	9	1	3	4	5	6	2	7
4	3	7	8	6	2	1	5	9
3	2	9	4	8	1	7	6	5
7	4	8	5	3	6	2	9	1
5	1	6	9	2	7	3	4	8

195

9	1	7	6	3	4	8	2	5
3	2	4	9	5	8	6	7	1
8	6	5	2	7	1	9	4	3
2	7	6	1	4	9	3	5	8
4	5	8	3	6	7	1	9	2
1	9	3	8	2	5	4	6	7
6	3	9	5	1	2	7	8	4
5	4	1	7	8	6	2	3	9
7	8	2	4	9	3	5	1	6

196

3	9	6	5	1	2	4	8	7
1	2	7	4	8	6	9	5	3
4	8	5	3	9	7	6	1	2
8	7	9	6	3	5	2	4	1
6	4	1	7	2	9	8	3	5
5	3	2	1	4	8	7	9	6
2	6	8	9	5	3	1	7	4
9	5	4	2	7	1	3	6	8
7	1	3	8	6	4	5	2	9

197

6	1	5	2	4	3	9	8	7
7	4	8	6	9	1	3	5	2
3	9	2	5	7	8	6	4	1
8	7	3	1	2	6	4	9	5
1	5	6	4	8	9	2	7	3
9	2	4	3	5	7	8	1	6
4	6	7	8	1	2	5	3	9
2	8	1	9	3	5	7	6	4
5	3	9	7	6	4	1	2	8

198

7	4	5	9	6	1	2	8	3
6	8	9	7	2	3	4	1	5
1	3	2	8	5	4	6	9	7
2	7	4	3	1	5	9	6	8
8	9	6	2	4	7	3	5	1
3	5	1	6	9	8	7	4	2
4	2	3	1	8	6	5	7	9
9	6	8	5	7	2	1	3	4
5	1	7	4	3	9	8	2	6

199

6	7	1	9	4	3	2	5	8
8	4	5	6	7	2	3	9	1
9	2	3	5	8	1	6	4	7
3	9	8	1	6	5	4	7	2
4	6	7	2	3	8	9	1	5
5	1	2	7	9	4	8	3	6
2	3	9	8	1	7	5	6	4
1	5	4	3	2	6	7	8	9
7	8	6	4	5	9	1	2	3

200

2	7	3	4	5	9	8	1	6
5	4	6	8	2	1	3	9	7
8	1	9	7	3	6	5	4	2
4	5	1	3	9	7	2	6	8
6	8	2	5	1	4	7	3	9
9	3	7	2	6	8	4	5	1
1	2	4	6	7	3	9	8	5
3	6	5	9	8	2	1	7	4
7	9	8	1	4	5	6	2	3

201

9	6	1	4	5	7	8	3	2
8	4	3	9	6	2	7	1	5
5	7	2	8	3	1	9	6	4
7	9	6	2	8	4	3	5	1
3	2	5	1	7	6	4	8	9
4	1	8	5	9	3	2	7	6
6	5	9	3	4	8	1	2	7
2	3	4	7	1	5	6	9	8
1	8	7	6	2	9	5	4	3

202

3	7	4	1	2	6	5	9	8
8	1	5	9	3	4	7	6	2
9	6	2	8	7	5	4	3	1
4	9	6	2	5	8	1	7	3
7	5	8	3	1	9	6	2	4
1	2	3	4	6	7	8	5	9
6	8	1	7	9	3	2	4	5
2	3	7	5	4	1	9	8	6
5	4	9	6	8	2	3	1	7

203

5	6	1	3	7	2	8	4	9
9	2	3	5	8	4	6	7	1
8	7	4	9	6	1	3	5	2
2	1	7	4	3	6	5	9	8
3	4	8	1	5	9	7	2	6
6	5	9	7	2	8	4	1	3
1	9	6	8	4	7	2	3	5
7	3	2	6	9	5	1	8	4
4	8	5	2	1	3	9	6	7

204

2	1	3	7	9	4	5	8	6
6	7	4	3	5	8	2	9	1
8	9	5	6	2	1	7	3	4
9	2	7	5	1	6	3	4	8
5	8	1	4	3	7	6	2	9
3	4	6	2	8	9	1	5	7
7	5	9	1	4	3	8	6	2
4	6	2	8	7	5	9	1	3
1	3	8	9	6	2	4	7	5

205

6	2	8	9	3	7	4	1	5
9	3	5	1	4	2	8	7	6
1	7	4	6	8	5	3	2	9
7	4	9	2	6	3	5	8	1
8	5	3	7	1	4	6	9	2
2	6	1	5	9	8	7	3	4
3	8	6	4	2	9	1	5	7
4	9	7	8	5	1	2	6	3
5	1	2	3	7	6	9	4	8

206

6	3	9	4	2	5	8	1	7
8	7	1	9	6	3	2	4	5
4	5	2	8	7	1	9	3	6
9	1	8	5	3	6	7	2	4
3	2	4	7	1	9	6	5	8
7	6	5	2	4	8	1	9	3
1	9	7	3	8	4	5	6	2
2	4	6	1	5	7	3	8	9
5	8	3	6	9	2	4	7	1

207

3	6	5	8	2	7	4	9	1
7	9	1	4	3	5	8	2	6
2	8	4	6	9	1	3	7	5
9	1	7	3	5	6	2	8	4
5	4	6	2	7	8	1	3	9
8	2	3	9	1	4	6	5	7
6	7	9	1	8	3	5	4	2
4	5	8	7	6	2	9	1	3
1	3	2	5	4	9	7	6	8

208

4	1	6	5	2	3	9	7	8
9	2	7	4	1	8	6	5	3
3	5	8	7	6	9	1	2	4
5	4	3	8	9	2	7	6	1
1	7	2	3	5	6	4	8	9
6	8	9	1	4	7	2	3	5
7	6	1	9	8	5	3	4	2
8	3	4	2	7	1	5	9	6
2	9	5	6	3	4	8	1	7

209

5	8	9	2	4	1	7	3	6
3	2	7	5	9	6	8	1	4
1	4	6	3	8	7	2	5	9
9	5	3	1	7	8	6	4	2
2	7	4	9	6	5	1	8	3
8	6	1	4	2	3	5	9	7
6	3	2	8	1	4	9	7	5
4	9	8	7	5	2	3	6	1
7	1	5	6	3	9	4	2	8

210

1	3	4	5	7	2	9	8	6
9	5	8	1	4	6	7	3	2
7	2	6	9	8	3	5	1	4
8	7	2	3	1	5	6	4	9
5	4	1	6	9	7	3	2	8
6	9	3	4	2	8	1	7	5
4	6	7	8	3	9	2	5	1
2	1	5	7	6	4	8	9	3
3	8	9	2	5	1	4	6	7

211

2	7	1	4	6	8	5	9	3
6	5	3	9	1	7	2	8	4
8	4	9	2	5	3	1	6	7
5	3	2	6	8	4	7	1	9
7	8	4	1	3	9	6	2	5
9	1	6	5	7	2	4	3	8
1	9	8	7	2	5	3	4	6
3	2	7	8	4	6	9	5	1
4	6	5	3	9	1	8	7	2

212

6	1	8	4	3	2	7	5	9
4	3	2	9	5	7	6	1	8
7	5	9	6	1	8	4	3	2
8	2	6	1	7	9	3	4	5
1	9	7	3	4	5	2	8	6
3	4	5	2	8	6	1	9	7
2	8	3	7	9	1	5	6	4
9	7	1	5	6	4	8	2	3
5	6	4	8	2	3	9	7	1

213

8	6	9	1	7	5	4	2	3
4	5	1	6	3	2	7	9	8
3	7	2	4	9	8	6	1	5
6	3	5	7	4	1	2	8	9
1	8	4	2	5	9	3	7	6
9	2	7	8	6	3	5	4	1
7	1	8	3	2	6	9	5	4
2	9	3	5	8	4	1	6	7
5	4	6	9	1	7	8	3	2

214

4	7	3	1	8	9	5	2	6
5	6	8	4	7	2	1	9	3
1	9	2	5	6	3	4	7	8
7	2	1	6	9	4	3	8	5
9	8	4	3	1	5	7	6	2
6	3	5	7	2	8	9	1	4
2	5	9	8	4	1	6	3	7
3	1	7	2	5	6	8	4	9
8	4	6	9	3	7	2	5	1

215

5	1	6	3	2	4	7	9	8
3	7	2	9	8	1	4	5	6
4	9	8	6	7	5	2	3	1
8	4	1	2	5	7	3	6	9
7	3	9	1	4	6	8	2	5
2	6	5	8	3	9	1	4	7
1	2	4	5	6	8	9	7	3
9	5	3	7	1	2	6	8	4
6	8	7	4	9	3	5	1	2

216

2	4	1	3	5	9	8	6	7
6	5	3	7	8	4	2	9	1
9	7	8	2	1	6	4	3	5
5	3	4	1	2	8	9	7	6
8	9	6	4	7	3	5	1	2
1	2	7	9	6	5	3	4	8
4	8	5	6	9	7	1	2	3
3	6	2	5	4	1	7	8	9
7	1	9	8	3	2	6	5	4

217

7	8	1	2	9	5	6	3	4
5	9	2	6	3	4	7	1	8
3	4	6	7	1	8	9	5	2
9	3	4	5	7	1	2	8	6
8	1	5	9	2	6	4	7	3
6	2	7	4	8	3	5	9	1
1	7	9	8	6	2	3	4	5
2	5	8	3	4	7	1	6	9
4	6	3	1	5	9	8	2	7

218

4	7	1	6	5	3	8	2	9
3	5	6	9	2	8	7	1	4
2	9	8	4	1	7	5	3	6
9	4	7	3	8	5	2	6	1
5	6	2	1	7	9	3	4	8
1	8	3	2	6	4	9	7	5
7	1	4	5	9	2	6	8	3
6	2	5	8	3	1	4	9	7
8	3	9	7	4	6	1	5	2

219

5	8	9	7	3	2	4	1	6
4	1	7	6	9	8	5	2	3
6	2	3	5	4	1	7	8	9
8	5	4	3	2	6	1	9	7
7	3	2	4	1	9	8	6	5
1	9	6	8	5	7	2	3	4
9	6	5	1	8	4	3	7	2
2	4	8	9	7	3	6	5	1
3	7	1	2	6	5	9	4	8

220

5	7	6	8	4	2	9	3	1
3	9	1	7	6	5	8	4	2
2	4	8	9	3	1	7	6	5
6	3	2	1	7	8	4	5	9
4	8	7	5	9	6	2	1	3
9	1	5	4	2	3	6	7	8
8	2	4	3	1	7	5	9	6
1	5	9	6	8	4	3	2	7
7	6	3	2	5	9	1	8	4

221

4	6	1	7	8	3	2	9	5
7	9	5	1	4	2	6	8	3
3	8	2	9	5	6	7	1	4
1	4	9	6	3	8	5	2	7
2	7	6	5	1	9	4	3	8
5	3	8	4	2	7	1	6	9
9	5	3	2	7	1	8	4	6
6	2	4	8	9	5	3	7	1
8	1	7	3	6	4	9	5	2

222

2	9	3	7	5	6	8	4	1
8	5	7	1	4	3	6	2	9
1	4	6	8	9	2	7	5	3
5	1	8	6	2	4	3	9	7
9	3	4	5	7	1	2	6	8
6	7	2	9	3	8	5	1	4
3	6	9	4	8	5	1	7	2
7	8	5	2	1	9	4	3	6
4	2	1	3	6	7	9	8	5

223

9	2	3	7	4	6	5	1	8
7	8	4	1	5	2	3	9	6
6	5	1	8	9	3	4	7	2
4	9	5	6	8	1	2	3	7
1	6	7	3	2	9	8	5	4
2	3	8	5	7	4	1	6	9
8	1	9	2	6	5	7	4	3
3	4	2	9	1	7	6	8	5
5	7	6	4	3	8	9	2	1

224

6	7	2	5	1	9	8	4	3
5	4	9	3	8	2	6	7	1
1	3	8	6	7	4	9	5	2
2	9	6	7	3	1	4	8	5
4	8	1	2	5	6	7	3	9
7	5	3	9	4	8	1	2	6
8	2	4	1	6	3	5	9	7
9	6	7	4	2	5	3	1	8
3	1	5	8	9	7	2	6	4

225

9	5	8	4	6	2	3	1	7
2	3	6	1	8	7	5	9	4
1	4	7	3	5	9	8	6	2
7	9	3	8	2	1	4	5	6
4	2	5	6	9	3	1	7	8
8	6	1	7	4	5	2	3	9
3	8	9	2	1	6	7	4	5
6	7	4	5	3	8	9	2	1
5	1	2	9	7	4	6	8	3

226

2	3	8	7	9	5	6	4	1
1	5	6	2	8	4	7	3	9
7	9	4	6	1	3	8	2	5
4	1	3	8	5	7	9	6	2
9	6	7	1	3	2	5	8	4
5	8	2	9	4	6	3	1	7
6	4	9	5	2	8	1	7	3
3	7	1	4	6	9	2	5	8
8	2	5	3	7	1	4	9	6

227

7	8	2	1	3	9	6	5	4
5	3	4	6	7	8	1	2	9
6	9	1	5	2	4	7	3	8
2	7	8	3	4	6	9	1	5
4	1	6	8	9	5	3	7	2
3	5	9	7	1	2	4	8	6
9	6	3	2	8	7	5	4	1
8	4	7	9	5	1	2	6	3
1	2	5	4	6	3	8	9	7

228

7	2	5	8	9	3	6	1	4
8	4	6	5	7	1	3	2	9
1	9	3	6	4	2	5	8	7
4	6	7	1	8	5	2	9	3
2	8	9	3	6	7	1	4	5
3	5	1	4	2	9	7	6	8
6	3	8	2	5	4	9	7	1
5	7	2	9	1	8	4	3	6
9	1	4	7	3	6	8	5	2

229

9	2	8	3	6	5	1	4	7
7	5	3	8	1	4	9	6	2
4	1	6	7	9	2	5	8	3
6	9	7	2	5	8	4	3	1
5	8	4	1	3	6	7	2	9
2	3	1	4	7	9	6	5	8
8	7	5	9	4	3	2	1	6
1	4	2	6	8	7	3	9	5
3	6	9	5	2	1	8	7	4

230

4	2	7	8	1	9	3	5	6
5	9	8	6	2	3	4	7	1
3	1	6	5	4	7	8	9	2
7	3	9	4	6	1	2	8	5
2	4	5	9	3	8	6	1	7
6	8	1	2	7	5	9	3	4
8	6	3	1	5	4	7	2	9
9	5	2	7	8	6	1	4	3
1	7	4	3	9	2	5	6	8

231

6	9	7	3	5	2	8	4	1
5	4	1	6	8	7	3	2	9
3	8	2	1	4	9	6	7	5
9	7	3	5	1	8	2	6	4
4	2	6	9	7	3	1	5	8
8	1	5	4	2	6	7	9	3
7	3	4	8	6	5	9	1	2
1	6	8	2	9	4	5	3	7
2	5	9	7	3	1	4	8	6

232

3	6	8	4	9	5	2	7	1
9	2	7	1	3	8	5	6	4
4	1	5	6	2	7	9	3	8
1	8	3	5	4	2	7	9	6
7	9	6	8	1	3	4	5	2
5	4	2	7	6	9	8	1	3
8	3	1	9	7	4	6	2	5
2	7	4	3	5	6	1	8	9
6	5	9	2	8	1	3	4	7

233

6	7	3	4	2	1	5	8	9
8	1	5	3	7	9	2	6	4
4	9	2	5	8	6	3	1	7
2	4	9	1	3	5	6	7	8
3	6	1	7	4	8	9	5	2
5	8	7	9	6	2	4	3	1
1	5	8	2	9	3	7	4	6
7	2	6	8	5	4	1	9	3
9	3	4	6	1	7	8	2	5

234

8	4	3	9	5	1	2	6	7
2	1	7	8	6	3	4	9	5
6	5	9	4	7	2	8	1	3
3	7	1	5	2	8	9	4	6
9	2	5	6	3	4	7	8	1
4	6	8	7	1	9	3	5	2
5	9	2	1	8	7	6	3	4
1	3	4	2	9	6	5	7	8
7	8	6	3	4	5	1	2	9

235

7	1	8	3	4	9	5	6	2
6	4	5	2	8	7	9	3	1
9	3	2	5	1	6	4	7	8
1	5	4	8	6	2	3	9	7
8	7	6	1	9	3	2	4	5
2	9	3	4	7	5	1	8	6
3	6	1	9	2	8	7	5	4
5	2	7	6	3	4	8	1	9
4	8	9	7	5	1	6	2	3

236

3	2	7	9	8	5	1	4	6
9	4	5	1	6	7	3	2	8
8	1	6	2	4	3	9	5	7
2	3	4	6	5	9	7	8	1
1	7	8	4	3	2	6	9	5
6	5	9	8	7	1	2	3	4
5	6	2	3	1	8	4	7	9
4	8	3	7	9	6	5	1	2
7	9	1	5	2	4	8	6	3

237

5	1	8	3	6	7	2	4	9
6	2	3	9	4	5	1	7	8
9	7	4	1	8	2	6	3	5
2	4	5	7	3	8	9	6	1
1	8	6	5	9	4	3	2	7
3	9	7	2	1	6	8	5	4
4	6	1	8	7	3	5	9	2
8	3	2	4	5	9	7	1	6
7	5	9	6	2	1	4	8	3

238

7	9	5	2	8	1	3	6	4
2	4	3	5	7	6	9	1	8
1	6	8	3	4	9	5	7	2
4	5	6	1	9	7	2	8	3
9	1	7	8	2	3	6	4	5
8	3	2	6	5	4	1	9	7
3	7	9	4	1	5	8	2	6
5	8	4	9	6	2	7	3	1
6	2	1	7	3	8	4	5	9

239

4	5	2	1	3	9	7	8	6
3	6	8	4	2	7	1	9	5
1	9	7	8	6	5	4	2	3
7	4	6	9	1	2	5	3	8
9	2	5	7	8	3	6	1	4
8	1	3	5	4	6	9	7	2
2	8	4	6	9	1	3	5	7
6	7	1	3	5	8	2	4	9
5	3	9	2	7	4	8	6	1

240

4	1	5	6	8	7	2	3	9
6	9	7	3	4	2	8	5	1
3	8	2	1	5	9	4	6	7
5	3	9	2	7	8	1	4	6
1	4	6	5	9	3	7	8	2
7	2	8	4	6	1	5	9	3
9	5	1	7	3	4	6	2	8
2	6	3	8	1	5	9	7	4
8	7	4	9	2	6	3	1	5

241

8	5	9	3	4	7	2	6	1
6	1	4	8	9	2	3	5	7
2	3	7	6	1	5	4	8	9
3	4	6	9	7	8	5	1	2
1	7	8	5	2	4	6	9	3
9	2	5	1	3	6	8	7	4
5	9	1	2	6	3	7	4	8
7	8	3	4	5	9	1	2	6
4	6	2	7	8	1	9	3	5

242

9	7	2	5	6	3	8	1	4
8	5	6	2	4	1	9	7	3
3	4	1	9	7	8	6	5	2
4	8	9	1	2	5	3	6	7
7	2	5	6	3	9	4	8	1
1	6	3	7	8	4	2	9	5
6	1	4	8	5	2	7	3	9
5	3	8	4	9	7	1	2	6
2	9	7	3	1	6	5	4	8

243

5	7	4	2	6	9	8	3	1
3	6	2	5	8	1	7	9	4
1	8	9	4	7	3	5	6	2
7	5	3	8	1	6	2	4	9
2	9	6	7	5	4	1	8	3
8	4	1	3	9	2	6	5	7
9	3	8	6	2	7	4	1	5
4	2	5	1	3	8	9	7	6
6	1	7	9	4	5	3	2	8

244

1	7	3	6	9	4	5	8	2
5	9	2	8	1	3	7	4	6
4	8	6	2	5	7	9	1	3
3	5	1	9	4	2	6	7	8
2	4	8	5	7	6	3	9	1
7	6	9	1	3	8	2	5	4
9	2	4	7	6	1	8	3	5
6	3	7	4	8	5	1	2	9
8	1	5	3	2	9	4	6	7

245

9	6	5	7	2	4	8	1	3
4	2	7	8	3	1	5	6	9
3	8	1	5	6	9	4	7	2
7	4	6	9	5	8	2	3	1
1	9	8	2	4	3	7	5	6
5	3	2	1	7	6	9	8	4
6	5	4	3	8	2	1	9	7
2	7	9	6	1	5	3	4	8
8	1	3	4	9	7	6	2	5

246

9	8	1	2	3	4	7	6	5
3	4	2	5	6	7	8	1	9
7	5	6	8	1	9	3	2	4
6	3	5	4	8	1	2	9	7
1	7	8	9	2	3	5	4	6
4	2	9	7	5	6	1	3	8
2	9	7	3	4	5	6	8	1
8	6	4	1	7	2	9	5	3
5	1	3	6	9	8	4	7	2

247

5	4	6	9	3	2	1	8	7
9	1	7	5	6	8	2	4	3
8	3	2	7	1	4	6	5	9
2	9	4	1	7	5	3	6	8
3	6	8	2	4	9	7	1	5
1	7	5	3	8	6	9	2	4
4	2	1	8	9	3	5	7	6
7	8	3	6	5	1	4	9	2
6	5	9	4	2	7	8	3	1

248

6	8	7	4	1	3	5	9	2
1	2	4	5	8	9	6	7	3
3	5	9	6	7	2	4	1	8
9	1	8	7	2	5	3	6	4
2	6	3	1	4	8	7	5	9
4	7	5	3	9	6	2	8	1
8	3	1	2	6	7	9	4	5
5	4	6	9	3	1	8	2	7
7	9	2	8	5	4	1	3	6

249

7	6	8	9	1	5	3	4	2
9	5	1	4	2	3	8	6	7
3	2	4	8	6	7	9	1	5
6	4	9	1	5	8	2	7	3
5	3	2	7	9	6	1	8	4
8	1	7	3	4	2	5	9	6
2	7	3	6	8	9	4	5	1
1	9	6	5	3	4	7	2	8
4	8	5	2	7	1	6	3	9

250

2	8	6	3	5	7	9	4	1
7	4	9	2	8	1	5	6	3
1	5	3	9	4	6	2	8	7
4	7	5	6	2	8	3	1	9
3	6	8	1	9	5	7	2	4
9	1	2	7	3	4	6	5	8
8	9	4	5	6	3	1	7	2
5	3	1	8	7	2	4	9	6
6	2	7	4	1	9	8	3	5

251

2	7	3	9	1	8	4	6	5
8	4	1	5	6	3	2	9	7
5	6	9	2	7	4	8	1	3
9	3	7	6	2	1	5	8	4
1	5	8	4	3	9	7	2	6
4	2	6	8	5	7	1	3	9
7	1	4	3	8	6	9	5	2
6	8	5	7	9	2	3	4	1
3	9	2	1	4	5	6	7	8

252

3	4	1	9	6	7	8	2	5
8	9	6	5	2	4	3	1	7
7	5	2	8	3	1	4	9	6
6	3	9	4	1	5	7	8	2
1	7	8	3	9	2	6	5	4
4	2	5	6	7	8	1	3	9
9	8	7	2	4	3	5	6	1
5	6	4	1	8	9	2	7	3
2	1	3	7	5	6	9	4	8

253

1	2	6	5	3	4	9	8	7
5	3	8	1	9	7	4	2	6
7	4	9	8	2	6	1	5	3
3	7	2	4	1	8	5	6	9
9	1	4	6	5	3	8	7	2
6	8	5	2	7	9	3	4	1
4	5	3	9	6	2	7	1	8
8	6	7	3	4	1	2	9	5
2	9	1	7	8	5	6	3	4

254

7	8	9	1	6	5	3	2	4
2	5	4	3	7	9	6	8	1
6	1	3	8	2	4	5	7	9
3	4	8	5	9	1	7	6	2
5	7	2	6	4	3	9	1	8
9	6	1	7	8	2	4	5	3
4	2	7	9	1	6	8	3	5
1	3	6	4	5	8	2	9	7
8	9	5	2	3	7	1	4	6

255

6	1	4	2	7	5	3	8	9
9	3	2	8	4	1	7	6	5
8	5	7	6	9	3	4	1	2
1	4	6	9	2	7	8	5	3
5	7	3	1	8	6	2	9	4
2	9	8	5	3	4	6	7	1
4	8	1	7	5	2	9	3	6
3	6	9	4	1	8	5	2	7
7	2	5	3	6	9	1	4	8

256

2	1	4	3	5	7	9	6	8
8	9	7	1	4	6	2	5	3
3	5	6	9	2	8	4	1	7
7	3	8	5	6	9	1	4	2
9	6	1	2	3	4	8	7	5
5	4	2	8	7	1	3	9	6
4	8	3	6	1	5	7	2	9
1	2	5	7	9	3	6	8	4
6	7	9	4	8	2	5	3	1

257

3	6	2	9	4	7	5	8	1
8	4	9	1	5	2	7	3	6
5	7	1	3	8	6	2	9	4
6	3	4	2	7	8	9	1	5
9	8	7	6	1	5	3	4	2
1	2	5	4	9	3	8	6	7
2	9	8	7	6	1	4	5	3
7	5	6	8	3	4	1	2	9
4	1	3	5	2	9	6	7	8

258

4	2	1	6	9	5	3	8	7
5	7	6	4	3	8	1	9	2
9	8	3	7	1	2	6	5	4
1	6	7	8	5	3	4	2	9
3	5	9	2	7	4	8	1	6
2	4	8	1	6	9	7	3	5
6	1	5	9	8	7	2	4	3
7	3	2	5	4	1	9	6	8
8	9	4	3	2	6	5	7	1

259

9	6	4	5	8	3	7	2	1
5	2	1	9	4	7	3	6	8
3	7	8	2	1	6	9	5	4
6	9	3	4	5	1	2	8	7
1	8	5	7	3	2	4	9	6
7	4	2	6	9	8	1	3	5
4	1	9	8	2	5	6	7	3
8	3	6	1	7	9	5	4	2
2	5	7	3	6	4	8	1	9

260

2	9	5	7	3	6	8	4	1
1	8	6	9	4	5	7	3	2
7	4	3	2	8	1	5	9	6
4	2	1	5	6	8	9	7	3
5	7	9	1	2	3	6	8	4
6	3	8	4	7	9	1	2	5
3	1	4	6	9	7	2	5	8
9	6	2	8	5	4	3	1	7
8	5	7	3	1	2	4	6	9

261

8	7	9	6	1	5	4	3	2
6	1	3	2	4	8	5	9	7
2	5	4	7	9	3	6	8	1
7	9	8	5	6	1	3	2	4
4	3	1	8	2	9	7	5	6
5	6	2	3	7	4	8	1	9
1	4	5	9	3	7	2	6	8
9	8	6	4	5	2	1	7	3
3	2	7	1	8	6	9	4	5

262

2	1	9	6	8	7	3	5	4
3	8	7	1	4	5	6	9	2
4	6	5	3	9	2	8	7	1
8	3	2	9	7	1	4	6	5
9	7	1	4	5	6	2	8	3
5	4	6	8	2	3	9	1	7
6	2	4	7	1	9	5	3	8
1	5	3	2	6	8	7	4	9
7	9	8	5	3	4	1	2	6

263

8	5	7	6	1	9	3	4	2
3	6	1	2	8	4	9	5	7
2	9	4	5	3	7	6	8	1
6	3	9	4	7	2	8	1	5
7	8	5	3	9	1	2	6	4
4	1	2	8	6	5	7	9	3
9	4	3	7	5	8	1	2	6
5	7	8	1	2	6	4	3	9
1	2	6	9	4	3	5	7	8

264

2	8	6	9	3	7	4	1	5
9	3	4	1	2	5	8	7	6
1	7	5	6	8	4	9	3	2
4	9	7	8	5	3	6	2	1
6	1	2	4	7	9	3	5	8
8	5	3	2	1	6	7	9	4
5	4	1	7	9	8	2	6	3
7	2	8	3	6	1	5	4	9
3	6	9	5	4	2	1	8	7

265

5	2	3	6	9	7	8	4	1
1	6	7	8	4	2	9	3	5
4	8	9	5	3	1	7	2	6
2	4	1	3	7	6	5	9	8
7	3	8	9	1	5	4	6	2
6	9	5	4	2	8	3	1	7
3	5	2	7	6	9	1	8	4
9	7	6	1	8	4	2	5	3
8	1	4	2	5	3	6	7	9

266

3	7	6	4	2	8	5	1	9
5	4	9	1	6	7	2	3	8
8	2	1	3	5	9	4	7	6
7	6	4	8	9	2	1	5	3
1	5	8	7	3	4	9	6	2
9	3	2	5	1	6	7	8	4
2	9	5	6	8	1	3	4	7
6	1	7	9	4	3	8	2	5
4	8	3	2	7	5	6	9	1

267

2	4	8	3	7	5	9	1	6
1	9	7	4	2	6	3	8	5
5	6	3	9	1	8	7	4	2
7	5	6	8	3	4	1	2	9
3	2	4	1	9	7	6	5	8
8	1	9	5	6	2	4	3	7
4	3	2	7	8	9	5	6	1
9	8	1	6	5	3	2	7	4
6	7	5	2	4	1	8	9	3

268

5	8	4	1	2	3	9	7	6
2	6	3	7	4	9	5	1	8
1	7	9	6	8	5	4	2	3
4	5	8	3	6	1	7	9	2
7	3	1	2	9	4	6	8	5
6	9	2	8	5	7	1	3	4
8	4	7	9	3	6	2	5	1
3	1	5	4	7	2	8	6	9
9	2	6	5	1	8	3	4	7

269

9	1	3	5	4	7	8	6	2
2	5	8	1	9	6	4	7	3
7	6	4	2	3	8	5	1	9
6	7	5	4	8	9	3	2	1
1	8	9	3	5	2	6	4	7
4	3	2	7	6	1	9	8	5
5	9	1	6	2	4	7	3	8
3	2	6	8	7	5	1	9	4
8	4	7	9	1	3	2	5	6

270

8	5	3	6	7	1	4	9	2
9	7	1	2	4	8	5	3	6
2	6	4	5	3	9	7	1	8
6	3	5	8	9	7	2	4	1
4	8	9	1	2	6	3	7	5
1	2	7	3	5	4	8	6	9
3	1	8	7	6	2	9	5	4
7	9	2	4	1	5	6	8	3
5	4	6	9	8	3	1	2	7

271

5	8	2	1	9	4	7	3	6
7	4	3	6	5	2	8	1	9
1	9	6	8	7	3	5	4	2
2	3	1	5	4	6	9	8	7
6	5	4	7	8	9	3	2	1
8	7	9	2	3	1	4	6	5
9	1	5	4	2	8	6	7	3
3	2	8	9	6	7	1	5	4
4	6	7	3	1	5	2	9	8

272

1	6	8	9	2	4	5	7	3
5	4	3	6	1	7	9	8	2
2	9	7	5	3	8	6	4	1
3	7	6	2	4	9	8	1	5
9	1	4	8	5	6	3	2	7
8	2	5	3	7	1	4	9	6
7	3	2	4	8	5	1	6	9
6	8	1	7	9	3	2	5	4
4	5	9	1	6	2	7	3	8

273

7	1	3	9	2	6	5	4	8
8	9	5	4	7	1	3	2	6
4	2	6	5	3	8	7	1	9
2	4	8	3	6	9	1	5	7
6	3	9	7	1	5	2	8	4
1	5	7	2	8	4	9	6	3
3	8	4	1	9	2	6	7	5
9	6	1	8	5	7	4	3	2
5	7	2	6	4	3	8	9	1

274

7	8	9	2	1	4	3	5	6
5	3	2	8	9	6	4	7	1
6	4	1	5	3	7	8	2	9
8	6	4	1	7	2	9	3	5
1	5	3	9	4	8	2	6	7
2	9	7	6	5	3	1	4	8
4	1	8	7	2	5	6	9	3
9	2	5	3	6	1	7	8	4
3	7	6	4	8	9	5	1	2

275

2	7	5	9	8	6	1	4	3
9	8	3	1	4	5	7	6	2
6	1	4	2	7	3	8	5	9
3	4	8	7	1	2	6	9	5
5	2	6	3	9	8	4	7	1
7	9	1	6	5	4	3	2	8
1	3	9	5	6	7	2	8	4
8	6	2	4	3	9	5	1	7
4	5	7	8	2	1	9	3	6

276

5	2	3	7	8	6	4	9	1
7	4	9	5	1	3	6	8	2
8	1	6	4	2	9	7	5	3
2	9	8	3	6	1	5	7	4
6	3	5	8	7	4	2	1	9
1	7	4	2	9	5	8	3	6
4	6	7	9	3	8	1	2	5
9	8	1	6	5	2	3	4	7
3	5	2	1	4	7	9	6	8

277

6	9	1	5	4	2	7	3	8
8	3	5	1	9	7	4	6	2
2	7	4	3	8	6	1	5	9
4	5	2	7	6	1	8	9	3
9	1	6	8	2	3	5	7	4
7	8	3	4	5	9	2	1	6
1	6	9	2	7	4	3	8	5
5	2	7	6	3	8	9	4	1
3	4	8	9	1	5	6	2	7

278

5	3	9	6	4	2	7	8	1
4	8	7	3	9	1	2	5	6
1	6	2	7	8	5	3	9	4
3	5	1	2	6	9	8	4	7
9	2	4	8	3	7	6	1	5
6	7	8	1	5	4	9	2	3
8	4	5	9	7	3	1	6	2
2	9	3	5	1	6	4	7	8
7	1	6	4	2	8	5	3	9

279

2	3	4	9	5	7	6	8	1
5	9	8	3	6	1	2	4	7
1	6	7	2	4	8	3	5	9
8	1	6	5	7	2	4	9	3
4	2	3	6	8	9	1	7	5
7	5	9	1	3	4	8	6	2
6	4	1	7	9	3	5	2	8
3	7	5	8	2	6	9	1	4
9	8	2	4	1	5	7	3	6

280

8	7	1	2	9	3	5	4	6
5	4	2	6	1	8	3	7	9
6	9	3	7	5	4	2	1	8
9	1	8	5	3	7	6	2	4
7	2	6	1	4	9	8	3	5
3	5	4	8	6	2	1	9	7
1	3	7	9	8	6	4	5	2
4	8	9	3	2	5	7	6	1
2	6	5	4	7	1	9	8	3

281

9	5	1	2	6	4	3	7	8
7	8	3	1	5	9	4	2	6
2	4	6	3	7	8	1	5	9
1	3	4	6	9	2	5	8	7
5	9	8	7	3	1	2	6	4
6	2	7	4	8	5	9	3	1
4	6	5	8	1	3	7	9	2
3	7	2	9	4	6	8	1	5
8	1	9	5	2	7	6	4	3

282

7	8	3	1	5	2	9	4	6
6	9	1	7	3	4	2	8	5
4	2	5	9	6	8	1	7	3
5	4	2	8	7	1	6	3	9
3	7	8	2	9	6	5	1	4
9	1	6	3	4	5	8	2	7
1	5	7	4	8	9	3	6	2
8	6	4	5	2	3	7	9	1
2	3	9	6	1	7	4	5	8

283

8	5	9	3	7	2	6	1	4
4	1	3	8	9	6	2	7	5
6	2	7	1	4	5	8	9	3
9	4	8	7	6	1	5	3	2
1	6	2	5	8	3	9	4	7
7	3	5	4	2	9	1	6	8
3	9	6	2	5	4	7	8	1
2	8	4	6	1	7	3	5	9
5	7	1	9	3	8	4	2	6

284

8	4	7	3	9	2	5	1	6
2	1	6	5	4	7	8	3	9
9	3	5	8	1	6	2	7	4
1	5	8	9	3	4	6	2	7
4	6	2	7	8	1	9	5	3
3	7	9	2	6	5	4	8	1
6	8	3	1	2	9	7	4	5
7	9	1	4	5	8	3	6	2
5	2	4	6	7	3	1	9	8

285

5	6	1	2	3	4	9	7	8
8	2	7	6	1	9	4	3	5
4	3	9	7	8	5	6	2	1
9	8	2	3	6	7	5	1	4
1	4	6	5	9	2	7	8	3
7	5	3	8	4	1	2	9	6
3	1	4	9	7	6	8	5	2
6	7	5	1	2	8	3	4	9
2	9	8	4	5	3	1	6	7

286

2	4	3	5	8	9	7	6	1
5	6	1	2	7	4	8	9	3
9	8	7	3	6	1	4	5	2
4	9	6	7	3	8	1	2	5
1	2	8	6	9	5	3	4	7
3	7	5	4	1	2	9	8	6
6	1	2	9	4	7	5	3	8
7	3	9	8	5	6	2	1	4
8	5	4	1	2	3	6	7	9

287

7	8	9	3	1	4	5	6	2
3	1	6	2	5	7	9	8	4
4	2	5	6	9	8	7	3	1
9	3	8	7	4	6	2	1	5
5	7	1	9	3	2	8	4	6
6	4	2	1	8	5	3	7	9
8	9	7	4	2	1	6	5	3
1	6	3	5	7	9	4	2	8
2	5	4	8	6	3	1	9	7

288

9	2	1	3	5	4	7	8	6
5	3	7	9	8	6	1	4	2
8	6	4	2	7	1	3	5	9
2	4	8	1	6	5	9	3	7
6	7	9	8	2	3	4	1	5
3	1	5	4	9	7	2	6	8
4	8	6	7	3	9	5	2	1
1	9	2	5	4	8	6	7	3
7	5	3	6	1	2	8	9	4

289

6	4	1	5	9	2	8	7	3
7	9	2	3	8	1	6	5	4
5	3	8	6	4	7	1	2	9
3	8	4	7	1	5	9	6	2
9	2	7	4	6	8	3	1	5
1	6	5	2	3	9	7	4	8
8	1	6	9	2	4	5	3	7
4	5	3	8	7	6	2	9	1
2	7	9	1	5	3	4	8	6

290

4	6	7	2	5	3	1	8	9
1	9	2	6	8	4	7	3	5
3	5	8	1	7	9	6	2	4
5	8	1	4	9	7	2	6	3
6	7	9	5	3	2	4	1	8
2	3	4	8	6	1	5	9	7
7	2	6	9	4	8	3	5	1
8	1	3	7	2	5	9	4	6
9	4	5	3	1	6	8	7	2

291

8	1	6	5	3	9	2	7	4
3	2	4	8	7	6	5	1	9
9	5	7	1	2	4	8	3	6
6	7	2	3	9	8	1	4	5
5	9	8	7	4	1	3	6	2
1	4	3	2	6	5	7	9	8
2	8	9	6	1	3	4	5	7
4	3	5	9	8	7	6	2	1
7	6	1	4	5	2	9	8	3

292

5	3	4	1	6	8	9	2	7
6	2	1	7	9	3	8	5	4
7	9	8	5	4	2	6	1	3
2	8	3	4	5	6	7	9	1
1	5	7	3	2	9	4	6	8
4	6	9	8	1	7	5	3	2
9	4	6	2	7	1	3	8	5
3	1	5	9	8	4	2	7	6
8	7	2	6	3	5	1	4	9

293

8	1	2	6	9	5	3	4	7
7	6	9	4	2	3	8	1	5
4	3	5	8	1	7	2	9	6
9	5	1	7	3	2	6	8	4
3	4	7	9	6	8	5	2	1
2	8	6	5	4	1	9	7	3
5	9	3	1	8	4	7	6	2
1	2	8	3	7	6	4	5	9
6	7	4	2	5	9	1	3	8

294

2	1	8	9	7	4	3	6	5
4	9	5	1	6	3	8	7	2
7	6	3	2	5	8	1	9	4
3	2	4	7	8	1	9	5	6
9	5	6	4	3	2	7	8	1
1	8	7	5	9	6	4	2	3
5	3	1	8	2	7	6	4	9
8	4	9	6	1	5	2	3	7
6	7	2	3	4	9	5	1	8

295

7	9	4	1	6	3	8	5	2
6	1	2	5	8	4	9	3	7
8	5	3	9	7	2	6	4	1
4	6	7	8	2	5	1	9	3
2	3	1	7	4	9	5	8	6
5	8	9	6	3	1	7	2	4
9	4	8	2	1	7	3	6	5
3	7	5	4	9	6	2	1	8
1	2	6	3	5	8	4	7	9

296

7	3	4	5	1	6	9	8	2
2	9	6	3	4	8	7	1	5
5	1	8	9	2	7	6	3	4
3	5	9	6	7	2	8	4	1
8	2	7	4	3	1	5	9	6
4	6	1	8	5	9	2	7	3
6	4	3	7	8	5	1	2	9
1	8	5	2	9	3	4	6	7
9	7	2	1	6	4	3	5	8

297

1	7	3	9	4	6	8	5	2
5	8	9	2	3	7	6	1	4
6	4	2	5	1	8	7	3	9
7	3	4	6	9	2	5	8	1
8	9	1	7	5	4	3	2	6
2	6	5	3	8	1	4	9	7
3	2	8	4	7	9	1	6	5
9	1	7	8	6	5	2	4	3
4	5	6	1	2	3	9	7	8

298

1	6	9	4	2	3	8	7	5
3	4	7	1	5	8	6	2	9
5	8	2	7	6	9	1	4	3
8	1	6	9	7	4	5	3	2
7	2	4	3	8	5	9	6	1
9	3	5	2	1	6	7	8	4
6	9	8	5	4	2	3	1	7
4	5	1	8	3	7	2	9	6
2	7	3	6	9	1	4	5	8

299

7	2	6	9	5	3	1	4	8
9	3	1	2	4	8	6	7	5
8	5	4	1	6	7	9	3	2
2	6	3	4	8	9	7	5	1
5	9	8	7	3	1	4	2	6
4	1	7	6	2	5	8	9	3
6	7	9	3	1	2	5	8	4
1	8	2	5	7	4	3	6	9
3	4	5	8	9	6	2	1	7

300

6	1	7	2	5	9	8	4	3
8	9	3	4	7	6	1	5	2
2	4	5	8	3	1	9	6	7
3	7	1	5	6	4	2	8	9
5	2	6	9	8	7	3	1	4
4	8	9	3	1	2	6	7	5
1	3	4	6	2	5	7	9	8
7	5	2	1	9	8	4	3	6
9	6	8	7	4	3	5	2	1

301

9	7	5	6	1	2	4	8	3
3	2	1	4	8	5	7	6	9
4	6	8	9	7	3	1	2	5
2	1	7	5	9	8	3	4	6
8	3	4	2	6	1	5	9	7
5	9	6	3	4	7	2	1	8
1	5	3	8	2	9	6	7	4
7	4	9	1	5	6	8	3	2
6	8	2	7	3	4	9	5	1

302

9	8	5	1	3	6	4	2	7
7	2	4	9	5	8	6	3	1
3	1	6	4	7	2	9	5	8
8	7	2	3	6	9	5	1	4
5	4	9	7	8	1	2	6	3
1	6	3	5	2	4	8	7	9
2	5	1	8	9	3	7	4	6
4	9	7	6	1	5	3	8	2
6	3	8	2	4	7	1	9	5

303

1	7	3	4	9	6	2	5	8
9	2	5	7	1	8	3	6	4
8	4	6	3	5	2	7	1	9
5	8	2	1	6	9	4	3	7
7	6	9	8	3	4	5	2	1
4	3	1	5	2	7	8	9	6
6	1	8	2	4	3	9	7	5
2	9	7	6	8	5	1	4	3
3	5	4	9	7	1	6	8	2

304

3	5	1	6	2	9	4	8	7
7	2	4	3	1	8	9	5	6
8	6	9	4	7	5	2	3	1
6	9	7	5	4	2	3	1	8
2	4	5	8	3	1	7	6	9
1	3	8	9	6	7	5	4	2
5	8	3	7	9	6	1	2	4
4	7	2	1	8	3	6	9	5
9	1	6	2	5	4	8	7	3

305

8	1	3	4	2	9	5	7	6
2	7	9	3	6	5	4	8	1
6	5	4	8	1	7	3	2	9
7	8	2	5	9	1	6	4	3
4	9	1	7	3	6	8	5	2
5	3	6	2	8	4	1	9	7
9	4	8	6	7	3	2	1	5
3	2	7	1	5	8	9	6	4
1	6	5	9	4	2	7	3	8

306

5	8	3	9	6	1	7	4	2
6	1	2	3	4	7	5	9	8
9	4	7	2	5	8	3	1	6
7	5	8	6	3	9	1	2	4
4	3	9	1	7	2	8	6	5
1	2	6	4	8	5	9	7	3
8	6	4	7	9	3	2	5	1
3	7	1	5	2	6	4	8	9
2	9	5	8	1	4	6	3	7

307

5	9	7	1	4	6	8	3	2
8	2	1	7	5	3	4	9	6
6	3	4	2	9	8	5	7	1
9	6	3	8	7	1	2	5	4
7	5	8	4	6	2	9	1	3
4	1	2	9	3	5	7	6	8
3	8	9	5	1	4	6	2	7
2	7	6	3	8	9	1	4	5
1	4	5	6	2	7	3	8	9

308

9	4	3	2	7	5	8	6	1
6	1	7	3	9	8	5	2	4
5	2	8	6	1	4	7	3	9
1	3	2	8	6	7	4	9	5
4	7	6	5	3	9	1	8	2
8	9	5	4	2	1	6	7	3
3	6	4	7	5	2	9	1	8
2	5	1	9	8	6	3	4	7
7	8	9	1	4	3	2	5	6

309

7	2	4	3	8	5	9	1	6
8	9	5	6	1	7	3	2	4
3	6	1	4	2	9	8	5	7
6	8	3	7	5	1	4	9	2
2	4	9	8	6	3	5	7	1
5	1	7	2	9	4	6	3	8
1	3	2	5	4	6	7	8	9
4	5	8	9	7	2	1	6	3
9	7	6	1	3	8	2	4	5

310

8	3	7	1	2	4	9	6	5
9	5	2	8	3	6	1	4	7
4	1	6	9	5	7	8	2	3
5	4	3	2	9	1	7	8	6
6	2	9	7	8	5	3	1	4
1	7	8	4	6	3	5	9	2
2	6	1	3	7	9	4	5	8
3	9	5	6	4	8	2	7	1
7	8	4	5	1	2	6	3	9

311

2	1	4	7	5	8	9	6	3
7	9	6	2	1	3	8	5	4
3	8	5	9	6	4	7	2	1
1	3	7	6	9	2	5	4	8
9	5	2	4	8	1	6	3	7
4	6	8	3	7	5	1	9	2
5	7	3	1	2	6	4	8	9
8	2	9	5	4	7	3	1	6
6	4	1	8	3	9	2	7	5

312

6	9	8	3	4	1	2	7	5
5	7	1	2	9	6	4	3	8
2	4	3	8	5	7	9	6	1
3	2	9	6	8	5	7	1	4
1	5	7	4	2	9	6	8	3
8	6	4	1	7	3	5	9	2
9	3	5	7	1	4	8	2	6
7	1	2	5	6	8	3	4	9
4	8	6	9	3	2	1	5	7

313

5	9	3	6	4	8	1	2	7
6	2	4	9	7	1	3	8	5
8	7	1	2	3	5	6	9	4
3	1	6	5	9	7	2	4	8
7	4	9	8	1	2	5	3	6
2	8	5	3	6	4	7	1	9
4	6	7	1	2	9	8	5	3
9	5	2	7	8	3	4	6	1
1	3	8	4	5	6	9	7	2

314

7	8	1	5	3	2	9	4	6
2	9	6	4	8	7	3	5	1
4	3	5	6	9	1	2	8	7
3	2	7	9	1	4	5	6	8
1	6	4	2	5	8	7	3	9
9	5	8	3	7	6	1	2	4
6	7	9	8	2	5	4	1	3
5	4	3	1	6	9	8	7	2
8	1	2	7	4	3	6	9	5

315

1	5	9	4	8	2	7	3	6
6	3	2	7	5	1	4	8	9
8	7	4	9	6	3	5	1	2
5	4	1	8	3	9	2	6	7
7	9	6	2	1	4	8	5	3
3	2	8	6	7	5	9	4	1
4	6	5	1	2	7	3	9	8
2	8	3	5	9	6	1	7	4
9	1	7	3	4	8	6	2	5

316

6	7	4	2	9	5	1	3	8
1	3	2	6	4	8	9	7	5
9	8	5	1	3	7	4	6	2
2	9	7	5	8	4	3	1	6
3	1	8	9	6	2	7	5	4
5	4	6	3	7	1	2	8	9
7	5	3	8	2	9	6	4	1
8	6	9	4	1	3	5	2	7
4	2	1	7	5	6	8	9	3

317

8	2	5	6	7	3	9	4	1
6	4	7	2	9	1	5	3	8
1	9	3	8	5	4	2	6	7
3	1	2	9	4	5	8	7	6
7	6	8	1	3	2	4	5	9
9	5	4	7	8	6	1	2	3
5	7	1	3	2	8	6	9	4
2	8	9	4	6	7	3	1	5
4	3	6	5	1	9	7	8	2

318

2	8	3	9	1	5	6	7	4
5	7	4	8	2	6	9	1	3
9	1	6	7	4	3	5	8	2
8	4	5	2	9	7	1	3	6
1	6	7	3	5	8	2	4	9
3	2	9	1	6	4	7	5	8
4	9	2	5	3	1	8	6	7
6	5	8	4	7	9	3	2	1
7	3	1	6	8	2	4	9	5

319

6	7	4	1	5	8	2	3	9
9	1	2	6	3	7	5	4	8
8	3	5	4	2	9	6	7	1
4	5	8	9	6	1	7	2	3
1	9	6	2	7	3	4	8	5
3	2	7	5	8	4	1	9	6
2	8	1	7	9	6	3	5	4
7	6	9	3	4	5	8	1	2
5	4	3	8	1	2	9	6	7

320

1	5	4	7	2	6	3	8	9
8	2	6	5	3	9	7	4	1
9	3	7	8	4	1	6	5	2
2	6	8	9	7	5	4	1	3
5	4	3	1	6	2	8	9	7
7	9	1	4	8	3	2	6	5
3	8	5	6	1	7	9	2	4
4	7	9	2	5	8	1	3	6
6	1	2	3	9	4	5	7	8

321

7	1	8	4	9	2	3	6	5
9	3	4	5	6	7	2	8	1
5	6	2	1	8	3	4	9	7
3	4	7	2	1	8	9	5	6
6	2	9	7	3	5	1	4	8
1	8	5	9	4	6	7	2	3
4	7	6	8	2	1	5	3	9
8	9	1	3	5	4	6	7	2
2	5	3	6	7	9	8	1	4

322

3	1	4	8	6	5	9	2	7
2	8	6	7	9	3	4	1	5
9	7	5	2	4	1	6	3	8
6	3	8	9	5	2	1	7	4
1	2	7	4	3	8	5	6	9
4	5	9	6	1	7	2	8	3
8	4	1	3	2	9	7	5	6
7	6	2	5	8	4	3	9	1
5	9	3	1	7	6	8	4	2

323

5	1	2	3	4	7	9	6	8
7	4	3	9	8	6	2	1	5
6	8	9	2	1	5	3	4	7
4	2	6	5	3	8	1	7	9
8	3	1	7	6	9	4	5	2
9	7	5	4	2	1	6	8	3
3	6	7	8	9	4	5	2	1
2	5	4	1	7	3	8	9	6
1	9	8	6	5	2	7	3	4

324

8	6	9	4	5	7	1	3	2
7	4	5	1	3	2	8	6	9
3	1	2	8	6	9	5	7	4
4	7	3	5	8	6	2	9	1
6	9	8	2	4	1	7	5	3
5	2	1	9	7	3	4	8	6
1	5	7	6	9	4	3	2	8
2	3	6	7	1	8	9	4	5
9	8	4	3	2	5	6	1	7

325

1	8	4	3	2	6	9	7	5
6	9	2	8	5	7	1	4	3
5	7	3	9	1	4	6	8	2
8	6	1	4	9	5	2	3	7
2	5	9	7	8	3	4	6	1
3	4	7	2	6	1	5	9	8
4	2	5	6	3	8	7	1	9
7	1	8	5	4	9	3	2	6
9	3	6	1	7	2	8	5	4

326

2	4	9	8	1	5	3	6	7
3	7	8	9	2	6	5	4	1
1	5	6	3	4	7	9	8	2
8	2	4	7	6	9	1	5	3
7	6	3	1	5	4	2	9	8
5	9	1	2	3	8	6	7	4
6	8	2	4	9	1	7	3	5
4	1	5	6	7	3	8	2	9
9	3	7	5	8	2	4	1	6

327

2	7	1	9	5	6	3	8	4
4	3	6	7	1	8	2	9	5
5	8	9	3	4	2	6	7	1
7	4	2	6	9	1	5	3	8
6	1	8	5	7	3	4	2	9
3	9	5	2	8	4	1	6	7
1	2	7	4	6	9	8	5	3
8	5	3	1	2	7	9	4	6
9	6	4	8	3	5	7	1	2

328

5	7	1	8	4	2	9	6	3
9	3	6	1	7	5	2	8	4
8	4	2	9	3	6	1	5	7
7	1	5	4	2	3	6	9	8
6	8	3	5	9	7	4	1	2
2	9	4	6	8	1	7	3	5
4	5	8	7	1	9	3	2	6
3	6	9	2	5	4	8	7	1
1	2	7	3	6	8	5	4	9

329

7	5	9	8	1	4	3	6	2
6	2	8	5	9	3	4	7	1
4	1	3	6	2	7	5	8	9
1	4	6	7	5	9	8	2	3
2	9	5	3	4	8	7	1	6
8	3	7	2	6	1	9	4	5
3	6	4	1	7	5	2	9	8
9	8	1	4	3	2	6	5	7
5	7	2	9	8	6	1	3	4

330

7	5	9	8	1	4	3	6	2
6	2	8	5	9	3	4	7	1
4	1	3	6	2	7	5	8	9
1	4	6	7	5	9	8	2	3
2	9	5	3	4	8	7	1	6
8	3	7	2	6	1	9	4	5
3	6	4	1	7	5	2	9	8
9	8	1	4	3	2	6	5	7
5	7	2	9	8	6	1	3	4

331

2	8	5	6	9	1	7	4	3
6	1	9	7	3	4	2	8	5
7	3	4	2	8	5	1	6	9
1	2	8	5	6	9	3	7	4
4	9	6	3	1	7	5	2	8
5	7	3	4	2	8	9	1	6
3	4	2	1	5	6	8	9	7
9	5	7	8	4	2	6	3	1
8	6	1	9	7	3	4	5	2

332

9	8	7	3	2	4	1	5	6
5	2	1	7	6	8	9	4	3
4	3	6	1	5	9	8	7	2
1	9	2	6	4	7	3	8	5
6	4	3	8	9	5	7	2	1
7	5	8	2	1	3	4	6	9
2	7	9	4	3	6	5	1	8
8	6	5	9	7	1	2	3	4
3	1	4	5	8	2	6	9	7

333

8	4	6	3	9	2	7	5	1
1	5	7	6	4	8	9	2	3
9	3	2	7	5	1	6	4	8
3	7	9	2	6	4	1	8	5
4	6	1	8	7	5	2	3	9
2	8	5	1	3	9	4	7	6
6	2	8	4	1	3	5	9	7
7	9	4	5	8	6	3	1	2
5	1	3	9	2	7	8	6	4

334

3	1	6	2	7	5	9	4	8
4	8	5	9	6	1	7	2	3
9	7	2	3	4	8	1	5	6
7	5	3	4	1	9	6	8	2
8	6	1	5	2	7	4	3	9
2	4	9	8	3	6	5	1	7
1	2	7	6	8	4	3	9	5
6	9	8	1	5	3	2	7	4
5	3	4	7	9	2	8	6	1

335

9	1	8	4	7	6	3	2	5
4	5	7	3	2	8	1	6	9
3	6	2	9	1	5	8	4	7
2	8	9	6	3	1	5	7	4
1	7	5	8	4	2	9	3	6
6	4	3	5	9	7	2	1	8
5	2	6	1	8	4	7	9	3
7	3	4	2	5	9	6	8	1
8	9	1	7	6	3	4	5	2

336

2	6	5	8	3	4	1	7	9
9	4	1	7	2	5	8	3	6
7	3	8	1	9	6	4	5	2
5	1	4	3	6	9	2	8	7
6	7	9	2	4	8	5	1	3
8	2	3	5	7	1	9	6	4
4	8	2	6	5	3	7	9	1
1	9	6	4	8	7	3	2	5
3	5	7	9	1	2	6	4	8

337

2	8	4	6	9	1	3	7	5
5	3	1	8	7	2	4	6	9
7	6	9	3	4	5	1	8	2
6	5	8	4	2	9	7	3	1
3	1	7	5	6	8	2	9	4
4	9	2	7	1	3	6	5	8
1	4	5	9	3	7	8	2	6
8	7	6	2	5	4	9	1	3
9	2	3	1	8	6	5	4	7

338

7	2	6	3	9	4	5	1	8
4	5	3	1	8	7	9	2	6
8	9	1	2	6	5	4	3	7
6	7	9	8	4	3	2	5	1
5	4	8	6	1	2	7	9	3
1	3	2	7	5	9	6	8	4
3	6	5	4	2	8	1	7	9
9	8	4	5	7	1	3	6	2
2	1	7	9	3	6	8	4	5

339

8	7	5	2	4	1	3	9	6
3	2	6	8	7	9	4	5	1
4	9	1	3	6	5	2	8	7
7	6	9	4	8	2	5	1	3
2	1	8	5	3	6	7	4	9
5	3	4	1	9	7	6	2	8
9	5	7	6	1	4	8	3	2
6	8	2	9	5	3	1	7	4
1	4	3	7	2	8	9	6	5

340

9	6	7	3	1	2	4	5	8
2	8	5	4	6	9	3	7	1
3	4	1	8	7	5	6	2	9
1	7	6	9	5	8	2	3	4
5	3	9	1	2	4	8	6	7
4	2	8	7	3	6	9	1	5
8	5	3	6	9	7	1	4	2
6	9	2	5	4	1	7	8	3
7	1	4	2	8	3	5	9	6

341

9	5	7	2	6	3	1	8	4
3	6	4	8	1	5	2	9	7
8	2	1	9	7	4	3	5	6
2	4	9	3	5	6	8	7	1
7	1	3	4	8	2	5	6	9
5	8	6	7	9	1	4	2	3
6	7	5	1	3	8	9	4	2
4	3	8	6	2	9	7	1	5
1	9	2	5	4	7	6	3	8

342

3	9	4	2	8	7	1	6	5
2	1	5	4	9	6	7	3	8
7	8	6	1	5	3	4	2	9
6	4	8	7	2	9	3	5	1
9	3	2	5	4	1	6	8	7
1	5	7	3	6	8	9	4	2
5	2	9	6	1	4	8	7	3
8	6	3	9	7	5	2	1	4
4	7	1	8	3	2	5	9	6

343

8	2	3	1	9	5	6	7	4
5	4	7	2	6	8	9	3	1
1	6	9	4	7	3	2	5	8
2	5	8	7	3	6	1	4	9
3	9	4	5	1	2	8	6	7
6	7	1	9	8	4	5	2	3
9	8	5	6	4	7	3	1	2
4	1	6	3	2	9	7	8	5
7	3	2	8	5	1	4	9	6

344

6	5	7	9	4	2	1	8	3
4	9	3	6	1	8	7	5	2
8	1	2	3	7	5	6	4	9
7	8	4	5	6	3	2	9	1
1	6	9	2	8	4	3	7	5
3	2	5	7	9	1	8	6	4
2	7	6	4	3	9	5	1	8
9	3	1	8	5	7	4	2	6
5	4	8	1	2	6	9	3	7

345

1	3	7	9	5	8	6	2	4
9	4	5	2	6	1	3	8	7
2	8	6	3	7	4	1	5	9
5	6	1	4	8	3	9	7	2
3	7	9	1	2	5	8	4	6
4	2	8	7	9	6	5	1	3
8	5	3	6	4	2	7	9	1
7	1	4	5	3	9	2	6	8
6	9	2	8	1	7	4	3	5

346

9	4	8	6	5	2	7	1	3
3	6	5	1	7	8	9	4	2
1	7	2	4	9	3	8	6	5
8	1	4	3	2	9	5	7	6
7	3	6	8	1	5	2	9	4
5	2	9	7	4	6	3	8	1
2	8	7	5	6	1	4	3	9
4	5	1	9	3	7	6	2	8
6	9	3	2	8	4	1	5	7

347

7	8	1	5	9	3	2	6	4
2	6	4	1	7	8	3	9	5
9	3	5	2	6	4	1	7	8
3	7	8	9	1	5	6	4	2
1	9	6	4	2	7	5	8	3
5	4	2	8	3	6	9	1	7
4	2	3	6	8	9	7	5	1
6	5	7	3	4	1	8	2	9
8	1	9	7	5	2	4	3	6

348

1	9	2	8	5	3	4	7	6
8	5	4	1	7	6	2	3	9
7	3	6	4	2	9	1	8	5
6	1	7	2	9	8	5	4	3
4	8	9	6	3	5	7	2	1
3	2	5	7	4	1	9	6	8
5	4	8	9	6	2	3	1	7
2	6	3	5	1	7	8	9	4
9	7	1	3	8	4	6	5	2

349

6	4	2	7	9	1	8	3	5
3	5	1	8	2	6	4	9	7
9	8	7	4	3	5	6	2	1
5	7	3	6	8	2	9	1	4
1	2	9	5	4	3	7	6	8
4	6	8	1	7	9	3	5	2
8	3	6	2	5	4	1	7	9
7	9	5	3	1	8	2	4	6
2	1	4	9	6	7	5	8	3

350

7	6	3	8	1	2	5	4	9
2	9	1	6	5	4	8	3	7
5	8	4	9	3	7	6	1	2
9	7	5	2	4	3	1	6	8
1	4	6	5	7	8	9	2	3
8	3	2	1	9	6	7	5	4
3	5	8	7	2	1	4	9	6
6	2	9	4	8	5	3	7	1
4	1	7	3	6	9	2	8	5

351

9	5	6	2	4	8	7	1	3
3	7	1	6	5	9	8	4	2
8	2	4	7	1	3	6	5	9
1	3	8	5	2	6	4	9	7
5	4	7	9	8	1	2	3	6
2	6	9	3	7	4	1	8	5
4	9	3	8	6	7	5	2	1
7	8	2	1	3	5	9	6	4
6	1	5	4	9	2	3	7	8

352

7	6	5	3	1	2	4	9	8
3	1	9	7	4	8	2	6	5
8	4	2	9	5	6	3	1	7
5	2	8	4	6	9	7	3	1
6	7	4	1	3	5	8	2	9
1	9	3	8	2	7	6	5	4
9	3	6	5	7	4	1	8	2
2	5	7	6	8	1	9	4	3
4	8	1	2	9	3	5	7	6

353

2	7	4	8	9	1	5	3	6
6	5	1	3	2	4	7	9	8
8	9	3	7	5	6	2	4	1
1	2	9	4	6	5	8	7	3
3	6	8	9	7	2	4	1	5
5	4	7	1	8	3	9	6	2
9	3	5	2	1	7	6	8	4
4	8	2	6	3	9	1	5	7
7	1	6	5	4	8	3	2	9

354

1	2	4	3	7	8	5	9	6
8	9	5	1	2	6	7	3	4
7	3	6	5	9	4	1	2	8
3	5	7	8	6	2	4	1	9
4	6	2	9	1	7	8	5	3
9	1	8	4	3	5	6	7	2
2	8	1	7	4	3	9	6	5
5	7	3	6	8	9	2	4	1
6	4	9	2	5	1	3	8	7

355

3	6	1	8	9	2	5	4	7
8	4	7	3	5	1	9	6	2
9	5	2	6	4	7	3	8	1
6	2	9	5	7	3	4	1	8
4	1	8	9	2	6	7	5	3
5	7	3	4	1	8	2	9	6
7	9	6	1	3	4	8	2	5
2	8	5	7	6	9	1	3	4
1	3	4	2	8	5	6	7	9

356

6	7	4	5	1	9	8	2	3
3	1	2	4	6	8	7	5	9
8	9	5	7	3	2	1	4	6
4	2	1	6	8	3	5	9	7
5	3	8	2	9	7	4	6	1
9	6	7	1	4	5	2	3	8
1	5	9	8	2	6	3	7	4
7	8	3	9	5	4	6	1	2
2	4	6	3	7	1	9	8	5

357

3	8	4	9	6	1	2	7	5
7	2	9	3	5	8	4	1	6
6	1	5	2	7	4	3	8	9
4	6	8	5	1	3	7	9	2
1	9	7	6	4	2	5	3	8
2	5	3	7	8	9	1	6	4
8	7	2	1	9	5	6	4	3
9	3	6	4	2	7	8	5	1
5	4	1	8	3	6	9	2	7

358

6	2	8	4	5	9	3	1	7
1	3	7	2	8	6	5	9	4
5	9	4	1	3	7	6	2	8
4	7	6	5	9	1	8	3	2
3	8	2	6	7	4	1	5	9
9	1	5	8	2	3	4	7	6
7	4	9	3	1	8	2	6	5
8	5	1	9	6	2	7	4	3
2	6	3	7	4	5	9	8	1

359

8	3	2	7	4	5	6	9	1
6	7	4	9	1	8	2	5	3
9	5	1	3	2	6	7	8	4
1	2	6	8	9	3	4	7	5
3	4	7	5	6	2	9	1	8
5	8	9	4	7	1	3	6	2
7	1	5	6	3	4	8	2	9
2	6	3	1	8	9	5	4	7
4	9	8	2	5	7	1	3	6

360

6	1	2	7	9	5	8	3	4
5	8	4	1	6	3	7	2	9
3	9	7	8	4	2	1	6	5
2	4	1	9	5	7	3	8	6
8	7	5	6	3	4	9	1	2
9	6	3	2	8	1	5	4	7
4	2	9	3	7	8	6	5	1
7	5	8	4	1	6	2	9	3
1	3	6	5	2	9	4	7	8

361

6	3	2	7	5	9	4	8	1
9	1	5	4	6	8	3	2	7
4	8	7	1	2	3	5	6	9
2	4	1	8	3	5	7	9	6
7	6	9	2	1	4	8	5	3
8	5	3	6	9	7	1	4	2
1	9	4	5	7	6	2	3	8
5	2	6	3	8	1	9	7	4
3	7	8	9	4	2	6	1	5

362

9	4	6	5	3	7	8	1	2
2	8	7	9	4	1	5	3	6
3	1	5	8	2	6	9	7	4
6	5	3	7	8	9	2	4	1
8	7	1	4	6	2	3	5	9
4	2	9	1	5	3	6	8	7
1	6	8	2	7	5	4	9	3
7	3	4	6	9	8	1	2	5
5	9	2	3	1	4	7	6	8

363

4	6	1	5	2	8	7	3	9
9	5	2	3	1	7	4	6	8
7	3	8	6	4	9	1	2	5
3	9	6	4	8	5	2	1	7
8	2	7	1	6	3	5	9	4
5	1	4	9	7	2	6	8	3
6	7	3	2	9	4	8	5	1
1	4	9	8	5	6	3	7	2
2	8	5	7	3	1	9	4	6

364

3	7	5	9	1	8	4	2	6
8	4	2	7	3	6	9	5	1
1	6	9	4	2	5	8	7	3
5	1	3	2	8	9	7	6	4
2	8	4	1	6	7	5	3	9
6	9	7	3	5	4	2	1	8
9	2	6	8	7	3	1	4	5
7	3	8	5	4	1	6	9	2
4	5	1	6	9	2	3	8	7

365

4	5	9	1	3	2	6	8	7
7	8	2	4	5	6	3	9	1
3	1	6	8	7	9	2	4	5
8	7	4	9	2	5	1	6	3
2	3	1	7	6	8	9	5	4
9	6	5	3	1	4	7	2	8
6	4	3	2	8	7	5	1	9
1	2	8	5	9	3	4	7	6
5	9	7	6	4	1	8	3	2

366

7	9	8	1	6	2	3	5	4
3	2	6	5	4	7	9	1	8
1	5	4	9	8	3	6	7	2
2	6	7	3	1	4	5	8	9
9	8	3	2	5	6	7	4	1
4	1	5	7	9	8	2	3	6
5	4	1	6	7	9	8	2	3
6	7	2	8	3	1	4	9	5
8	3	9	4	2	5	1	6	7

367

5	1	4	9	7	6	2	8	3
7	3	8	5	4	2	1	9	6
2	9	6	8	1	3	5	7	4
3	6	7	4	2	8	9	5	1
8	5	2	1	6	9	4	3	7
1	4	9	7	3	5	8	6	2
4	2	5	6	9	7	3	1	8
6	8	3	2	5	1	7	4	9
9	7	1	3	8	4	6	2	5

368

1	6	9	8	7	5	3	2	4
5	2	4	3	9	1	7	6	8
8	3	7	6	2	4	1	9	5
6	7	5	4	3	2	8	1	9
2	9	8	1	5	6	4	3	7
4	1	3	7	8	9	2	5	6
3	8	1	5	6	7	9	4	2
7	5	2	9	4	3	6	8	1
9	4	6	2	1	8	5	7	3

369

6	8	5	4	1	7	2	3	9
9	4	2	6	8	3	5	7	1
3	7	1	2	9	5	6	8	4
8	9	7	3	6	2	1	4	5
5	2	6	1	4	8	3	9	7
4	1	3	7	5	9	8	2	6
2	3	4	5	7	6	9	1	8
7	5	8	9	2	1	4	6	3
1	6	9	8	3	4	7	5	2

370

1	2	8	5	9	3	4	6	7
5	6	7	8	1	4	9	3	2
9	4	3	6	7	2	8	1	5
2	9	1	3	8	7	6	5	4
8	3	6	4	2	5	1	7	9
7	5	4	1	6	9	3	2	8
4	7	5	9	3	6	2	8	1
3	8	2	7	4	1	5	9	6
6	1	9	2	5	8	7	4	3

371

7	8	5	1	6	9	3	4	2
9	3	6	8	4	2	1	5	7
4	1	2	3	5	7	8	6	9
1	7	3	6	8	5	9	2	4
5	2	8	9	7	4	6	3	1
6	9	4	2	1	3	7	8	5
2	6	9	4	3	1	5	7	8
3	5	1	7	2	8	4	9	6
8	4	7	5	9	6	2	1	3

372

7	2	9	4	6	5	1	3	8
4	6	3	8	9	1	5	2	7
8	5	1	7	2	3	9	6	4
3	7	2	5	1	8	6	4	9
9	8	6	2	3	4	7	5	1
5	1	4	9	7	6	2	8	3
1	9	8	3	5	2	4	7	6
2	3	7	6	4	9	8	1	5
6	4	5	1	8	7	3	9	2

373

8	6	3	9	5	7	2	1	4
5	7	1	2	6	4	3	9	8
4	9	2	3	1	8	7	6	5
3	5	8	4	9	2	1	7	6
6	2	4	1	7	5	9	8	3
9	1	7	6	8	3	4	5	2
2	8	6	7	3	1	5	4	9
1	4	5	8	2	9	6	3	7
7	3	9	5	4	6	8	2	1

374

8	3	2	9	5	6	7	4	1
4	9	6	2	1	7	8	5	3
5	1	7	4	8	3	9	2	6
3	8	1	5	9	4	2	6	7
9	7	4	6	2	8	3	1	5
2	6	5	3	7	1	4	8	9
6	2	8	1	3	9	5	7	4
7	4	9	8	6	5	1	3	2
1	5	3	7	4	2	6	9	8

375

5	8	2	7	9	1	6	4	3
6	9	4	3	5	8	2	7	1
7	3	1	2	4	6	8	9	5
9	1	7	8	6	2	3	5	4
3	2	5	9	7	4	1	8	6
8	4	6	5	1	3	9	2	7
4	7	3	6	8	9	5	1	2
2	5	8	1	3	7	4	6	9
1	6	9	4	2	5	7	3	8

376

9	3	4	5	2	1	6	8	7
1	6	7	4	9	8	5	2	3
8	5	2	6	7	3	1	4	9
6	1	5	8	4	9	7	3	2
2	4	9	3	5	7	8	6	1
7	8	3	1	6	2	9	5	4
3	2	6	7	1	5	4	9	8
4	9	1	2	8	6	3	7	5
5	7	8	9	3	4	2	1	6

377

2	5	1	7	3	6	8	9	4
3	4	9	1	2	8	6	7	5
6	8	7	9	4	5	2	1	3
7	6	2	4	5	1	9	3	8
9	3	8	2	6	7	5	4	1
4	1	5	3	8	9	7	2	6
1	2	6	5	7	3	4	8	9
8	9	4	6	1	2	3	5	7
5	7	3	8	9	4	1	6	2

378

1	9	3	4	7	8	6	2	5
2	7	6	1	9	5	8	3	4
5	8	4	6	2	3	1	7	9
7	4	2	3	8	1	9	5	6
9	1	8	5	6	7	3	4	2
3	6	5	2	4	9	7	8	1
4	3	9	7	5	6	2	1	8
6	2	1	8	3	4	5	9	7
8	5	7	9	1	2	4	6	3

379

4	2	5	8	3	6	9	7	1
3	9	6	4	7	1	8	2	5
8	1	7	2	9	5	3	4	6
7	5	3	6	1	8	4	9	2
9	8	1	7	2	4	6	5	3
6	4	2	3	5	9	7	1	8
5	3	8	9	4	2	1	6	7
1	6	9	5	8	7	2	3	4
2	7	4	1	6	3	5	8	9

380

4	5	2	6	3	1	9	8	7
9	7	3	4	5	8	1	6	2
1	8	6	9	2	7	4	3	5
2	1	8	3	4	6	7	5	9
6	9	7	2	8	5	3	1	4
3	4	5	1	7	9	6	2	8
8	2	1	7	9	3	5	4	6
7	3	4	5	6	2	8	9	1
5	6	9	8	1	4	2	7	3

381

6	3	9	7	5	4	8	1	2
1	7	4	9	8	2	5	6	3
2	5	8	6	3	1	7	9	4
4	2	5	3	1	6	9	8	7
9	1	3	4	7	8	6	2	5
7	8	6	5	2	9	3	4	1
5	4	1	8	6	3	2	7	9
3	6	2	1	9	7	4	5	8
8	9	7	2	4	5	1	3	6

382

1	7	9	2	5	8	4	6	3
5	3	2	7	4	6	8	9	1
4	6	8	3	1	9	2	7	5
7	5	3	9	8	1	6	2	4
2	4	6	5	7	3	1	8	9
9	8	1	4	6	2	5	3	7
8	9	5	1	2	7	3	4	6
3	2	4	6	9	5	7	1	8
6	1	7	8	3	4	9	5	2

383

6	9	2	1	3	4	5	7	8
4	5	1	2	7	8	6	3	9
3	7	8	5	9	6	4	2	1
8	3	9	6	2	5	1	4	7
1	2	6	8	4	7	9	5	3
5	4	7	3	1	9	2	8	6
2	8	4	9	6	3	7	1	5
7	6	3	4	5	1	8	9	2
9	1	5	7	8	2	3	6	4

384

2	1	6	9	5	3	7	8	4
9	3	8	7	6	4	1	2	5
4	7	5	2	1	8	9	3	6
6	4	1	3	8	5	2	9	7
8	5	2	6	9	7	4	1	3
7	9	3	1	4	2	6	5	8
3	6	4	8	2	9	5	7	1
5	8	9	4	7	1	3	6	2
1	2	7	5	3	6	8	4	9

385

7	4	5	2	9	6	8	3	1
9	2	1	3	8	5	4	7	6
6	3	8	7	4	1	5	2	9
5	8	7	6	2	9	3	1	4
1	9	4	5	3	8	2	6	7
2	6	3	1	7	4	9	5	8
3	1	9	4	6	2	7	8	5
8	5	2	9	1	7	6	4	3
4	7	6	8	5	3	1	9	2

386

9	5	6	1	4	7	3	2	8
8	4	7	5	3	2	9	1	6
1	3	2	8	6	9	4	5	7
7	9	1	6	2	4	8	3	5
6	2	4	3	8	5	7	9	1
3	8	5	7	9	1	6	4	2
2	1	3	9	7	8	5	6	4
4	7	9	2	5	6	1	8	3
5	6	8	4	1	3	2	7	9

387

1	6	7	9	8	4	2	5	3
4	2	8	7	5	3	6	9	1
3	5	9	2	1	6	8	4	7
9	3	6	1	4	8	5	7	2
5	1	2	6	7	9	4	3	8
7	8	4	5	3	2	9	1	6
6	7	3	8	9	5	1	2	4
2	9	1	4	6	7	3	8	5
8	4	5	3	2	1	7	6	9

388

7	9	3	5	6	8	1	4	2
8	2	6	1	4	7	3	9	5
4	1	5	9	3	2	6	8	7
1	8	7	4	2	6	9	5	3
2	3	9	8	1	5	7	6	4
5	6	4	3	7	9	8	2	1
3	7	8	6	5	4	2	1	9
9	4	1	2	8	3	5	7	6
6	5	2	7	9	1	4	3	8

389

7	9	6	1	4	5	2	8	3
4	8	2	3	6	9	1	7	5
3	5	1	7	8	2	4	9	6
8	4	9	2	5	3	6	1	7
1	6	3	4	9	7	8	5	2
5	2	7	8	1	6	3	4	9
9	3	4	5	2	1	7	6	8
2	1	5	6	7	8	9	3	4
6	7	8	9	3	4	5	2	1

390

7	3	4	5	6	1	8	9	2
9	1	2	7	8	4	5	6	3
6	8	5	2	9	3	1	7	4
8	5	3	6	4	2	7	1	9
4	6	1	8	7	9	3	2	5
2	9	7	3	1	5	6	4	8
1	2	8	4	3	6	9	5	7
3	4	9	1	5	7	2	8	6
5	7	6	9	2	8	4	3	1

391

1	7	2	5	4	8	3	6	9
8	4	3	6	9	1	5	7	2
6	5	9	7	2	3	1	4	8
5	2	1	3	7	9	4	8	6
4	3	8	1	6	2	7	9	5
7	9	6	8	5	4	2	3	1
3	6	5	2	8	7	9	1	4
2	1	4	9	3	6	8	5	7
9	8	7	4	1	5	6	2	3

392

8	2	9	1	4	3	5	6	7
5	1	3	6	7	2	9	4	8
6	4	7	8	9	5	3	1	2
1	7	8	4	6	9	2	5	3
3	9	2	5	8	1	4	7	6
4	5	6	3	2	7	8	9	1
9	6	5	2	1	8	7	3	4
7	8	4	9	3	6	1	2	5
2	3	1	7	5	4	6	8	9

393

4	8	6	7	5	9	1	3	2
3	1	2	8	4	6	7	5	9
9	7	5	3	1	2	4	8	6
7	6	8	2	9	5	3	4	1
2	3	1	6	8	4	9	7	5
5	4	9	1	3	7	2	6	8
8	2	3	4	6	1	5	9	7
1	9	4	5	7	8	6	2	3
6	5	7	9	2	3	8	1	4

394

9	6	7	2	3	4	8	5	1
1	5	3	8	9	6	4	7	2
4	8	2	5	7	1	6	3	9
7	1	6	9	4	3	2	8	5
2	3	8	1	5	7	9	4	6
5	9	4	6	2	8	7	1	3
3	2	1	4	8	9	5	6	7
8	7	9	3	6	5	1	2	4
6	4	5	7	1	2	3	9	8

395

1	3	4	8	9	6	7	2	5
2	8	9	7	5	4	6	3	1
6	7	5	1	3	2	4	8	9
7	9	1	6	4	3	8	5	2
3	4	2	5	8	1	9	7	6
8	5	6	2	7	9	3	1	4
9	2	8	4	1	7	5	6	3
4	6	7	3	2	5	1	9	8
5	1	3	9	6	8	2	4	7

396

3	8	2	7	9	1	6	4	5
9	1	4	5	6	8	7	2	3
7	5	6	3	2	4	9	1	8
6	2	3	8	5	9	1	7	4
1	4	9	2	7	3	5	8	6
8	7	5	1	4	6	2	3	9
4	9	7	6	3	2	8	5	1
5	3	1	9	8	7	4	6	2
2	6	8	4	1	5	3	9	7

397

5	7	3	1	4	2	6	8	9
1	8	6	5	3	9	7	4	2
9	2	4	6	8	7	5	3	1
8	4	9	7	5	3	1	2	6
7	3	5	2	6	1	4	9	8
2	6	1	4	9	8	3	5	7
4	5	2	9	7	6	8	1	3
3	1	7	8	2	4	9	6	5
6	9	8	3	1	5	2	7	4

398

3	4	7	8	6	5	9	1	2
9	8	6	7	1	2	4	5	3
5	1	2	9	4	3	6	8	7
6	2	1	5	7	4	8	3	9
4	9	5	3	8	6	7	2	1
8	7	3	2	9	1	5	6	4
1	3	8	4	5	7	2	9	6
7	6	9	1	2	8	3	4	5
2	5	4	6	3	9	1	7	8

399

5	3	2	4	9	7	1	6	8
9	6	4	8	3	1	2	5	7
8	1	7	5	2	6	9	4	3
1	8	6	2	7	5	3	9	4
4	9	3	6	1	8	5	7	2
7	2	5	9	4	3	8	1	6
2	7	8	1	6	9	4	3	5
6	4	1	3	5	2	7	8	9
3	5	9	7	8	4	6	2	1

400

4	1	3	8	9	6	7	2	5
2	6	9	1	7	5	4	3	8
7	5	8	2	4	3	1	9	6
8	9	4	3	1	2	6	5	7
1	2	7	6	5	9	8	4	3
5	3	6	7	8	4	2	1	9
9	7	1	5	2	8	3	6	4
6	4	2	9	3	7	5	8	1
3	8	5	4	6	1	9	7	2

401

6	5	3	4	8	9	2	1	7
1	8	9	2	7	6	5	4	3
4	2	7	5	1	3	9	6	8
9	4	8	1	3	2	7	5	6
3	1	2	7	6	5	8	9	4
7	6	5	8	9	4	1	3	2
2	9	1	3	4	8	6	7	5
8	3	6	9	5	7	4	2	1
5	7	4	6	2	1	3	8	9

402

1	4	3	6	7	2	9	5	8
5	7	2	8	9	3	1	4	6
8	6	9	1	4	5	3	2	7
6	3	1	7	2	9	5	8	4
4	9	5	3	8	6	2	7	1
2	8	7	5	1	4	6	3	9
9	1	4	2	3	7	8	6	5
3	5	8	4	6	1	7	9	2
7	2	6	9	5	8	4	1	3

403

2	5	6	9	8	7	4	1	3
3	9	4	6	1	5	2	7	8
8	7	1	2	4	3	9	5	6
1	3	5	8	7	2	6	4	9
6	8	9	3	5	4	7	2	1
4	2	7	1	6	9	3	8	5
5	1	2	4	9	6	8	3	7
9	4	8	7	3	1	5	6	2
7	6	3	5	2	8	1	9	4

404

4	8	1	2	6	3	9	5	7
3	7	5	4	8	9	6	2	1
2	9	6	5	7	1	3	4	8
9	1	4	6	3	7	2	8	5
5	3	7	8	9	2	4	1	6
6	2	8	1	4	5	7	9	3
1	6	9	7	2	8	5	3	4
8	4	3	9	5	6	1	7	2
7	5	2	3	1	4	8	6	9

405

2	4	3	8	7	6	1	9	5
8	6	9	5	1	2	7	4	3
1	7	5	4	3	9	2	6	8
3	8	6	9	2	7	5	1	4
4	1	7	3	5	8	9	2	6
5	9	2	1	6	4	8	3	7
6	5	4	2	8	1	3	7	9
9	3	1	7	4	5	6	8	2
7	2	8	6	9	3	4	5	1

406

6	5	3	4	7	2	8	1	9
4	2	1	3	9	8	7	6	5
7	9	8	1	6	5	3	4	2
3	6	4	9	8	1	5	2	7
8	1	5	2	4	7	6	9	3
2	7	9	5	3	6	1	8	4
1	8	2	7	5	4	9	3	6
9	4	7	6	1	3	2	5	8
5	3	6	8	2	9	4	7	1

407

1	6	8	4	2	5	9	3	7
3	5	7	9	1	8	6	4	2
2	4	9	3	6	7	1	5	8
6	7	3	8	5	1	2	9	4
5	1	4	7	9	2	3	8	6
8	9	2	6	3	4	5	7	1
9	8	1	5	7	6	4	2	3
7	2	5	1	4	3	8	6	9
4	3	6	2	8	9	7	1	5

408

9	7	3	6	5	1	2	4	8
6	4	5	8	7	2	3	1	9
8	1	2	9	4	3	7	6	5
7	8	9	3	1	6	5	2	4
5	2	6	4	8	9	1	7	3
1	3	4	7	2	5	8	9	6
2	9	7	5	3	4	6	8	1
3	6	8	1	9	7	4	5	2
4	5	1	2	6	8	9	3	7

409

4	7	3	8	6	2	1	5	9
1	2	6	3	9	5	8	4	7
5	9	8	1	4	7	6	3	2
7	5	1	6	3	8	2	9	4
3	8	4	2	7	9	5	1	6
2	6	9	5	1	4	7	8	3
8	4	2	7	5	3	9	6	1
6	3	7	9	8	1	4	2	5
9	1	5	4	2	6	3	7	8

410

4	6	1	2	3	5	7	8	9
3	7	9	1	8	6	2	4	5
5	2	8	7	4	9	6	1	3
9	5	2	8	6	4	3	7	1
1	4	6	3	2	7	9	5	8
8	3	7	5	9	1	4	6	2
2	9	5	6	7	8	1	3	4
6	1	3	4	5	2	8	9	7
7	8	4	9	1	3	5	2	6

411

6	8	1	7	4	9	3	2	5
9	5	3	1	2	6	4	8	7
4	7	2	3	8	5	6	1	9
8	9	5	4	6	2	1	7	3
1	6	7	8	5	3	2	9	4
3	2	4	9	1	7	5	6	8
5	1	9	6	7	4	8	3	2
2	3	8	5	9	1	7	4	6
7	4	6	2	3	8	9	5	1

412

2	6	7	5	3	4	8	1	9
9	5	4	8	1	6	2	7	3
8	1	3	2	7	9	6	4	5
6	7	2	9	4	5	1	3	8
4	3	8	1	6	7	9	5	2
5	9	1	3	2	8	4	6	7
1	2	6	7	9	3	5	8	4
3	8	9	4	5	1	7	2	6
7	4	5	6	8	2	3	9	1

413

7	8	2	5	1	4	9	3	6
3	4	6	7	2	9	1	5	8
9	1	5	3	6	8	7	4	2
4	5	8	1	3	7	2	6	9
2	9	1	6	4	5	8	7	3
6	7	3	8	9	2	5	1	4
8	3	9	4	5	1	6	2	7
5	2	4	9	7	6	3	8	1
1	6	7	2	8	3	4	9	5

414

8	3	1	9	2	4	5	7	6
5	7	9	8	1	6	3	4	2
4	6	2	5	7	3	9	8	1
3	2	4	7	9	8	6	1	5
1	9	8	6	5	2	4	3	7
7	5	6	3	4	1	2	9	8
6	8	7	2	3	9	1	5	4
2	4	3	1	8	5	7	6	9
9	1	5	4	6	7	8	2	3

415

5	3	4	6	8	9	1	7	2
8	7	2	4	5	1	9	6	3
6	9	1	3	2	7	8	5	4
7	5	9	2	1	3	4	8	6
1	6	8	9	7	4	3	2	5
2	4	3	5	6	8	7	1	9
4	1	6	8	3	2	5	9	7
9	8	5	7	4	6	2	3	1
3	2	7	1	9	5	6	4	8

416

6	4	9	5	2	7	8	3	1
7	3	2	8	1	6	9	4	5
8	1	5	9	4	3	7	6	2
3	7	1	2	6	4	5	8	9
5	2	6	1	8	9	4	7	3
9	8	4	3	7	5	1	2	6
1	6	3	7	5	8	2	9	4
4	5	8	6	9	2	3	1	7
2	9	7	4	3	1	6	5	8

417

5	3	1	4	7	8	9	6	2
9	7	4	1	6	2	5	8	3
6	8	2	9	5	3	1	4	7
3	5	7	6	8	1	4	2	9
4	1	8	2	3	9	6	7	5
2	6	9	7	4	5	8	3	1
8	4	3	5	1	7	2	9	6
1	2	6	3	9	4	7	5	8
7	9	5	8	2	6	3	1	4

418

2	8	5	3	9	6	4	1	7
4	1	6	7	2	5	9	3	8
3	7	9	1	4	8	6	2	5
7	4	1	5	8	2	3	9	6
6	3	2	9	1	7	5	8	4
9	5	8	4	6	3	1	7	2
1	6	7	2	5	9	8	4	3
5	2	4	8	3	1	7	6	9
8	9	3	6	7	4	2	5	1

419

6	8	2	1	9	7	4	3	5
1	7	3	2	5	4	9	8	6
5	9	4	3	8	6	7	2	1
8	5	7	9	1	2	6	4	3
2	6	1	4	7	3	5	9	8
3	4	9	5	6	8	1	7	2
7	1	5	8	2	9	3	6	4
4	2	6	7	3	1	8	5	9
9	3	8	6	4	5	2	1	7

420

5	2	7	9	3	8	4	6	1
9	3	6	2	4	1	8	5	7
8	1	4	6	5	7	9	3	2
6	8	3	7	9	5	2	1	4
4	9	5	1	8	2	3	7	6
1	7	2	4	6	3	5	8	9
7	5	1	3	2	9	6	4	8
2	4	8	5	7	6	1	9	3
3	6	9	8	1	4	7	2	5

421

5	8	9	6	7	4	3	2	1
2	7	3	5	1	9	8	6	4
1	6	4	2	8	3	9	7	5
9	3	7	4	5	2	1	8	6
6	2	5	8	9	1	4	3	7
4	1	8	7	3	6	5	9	2
8	4	1	9	2	7	6	5	3
3	9	2	1	6	5	7	4	8
7	5	6	3	4	8	2	1	9

422

3	2	4	9	6	1	5	8	7
9	1	5	3	8	7	4	2	6
6	8	7	5	4	2	3	9	1
1	9	2	7	3	4	8	6	5
4	3	8	6	1	5	9	7	2
7	5	6	2	9	8	1	4	3
5	6	9	8	2	3	7	1	4
8	7	1	4	5	6	2	3	9
2	4	3	1	7	9	6	5	8

423

1	3	9	6	7	8	2	4	5
8	5	7	4	2	3	6	1	9
6	2	4	9	5	1	7	8	3
3	6	5	7	8	2	1	9	4
4	1	2	5	6	9	8	3	7
9	7	8	3	1	4	5	2	6
5	4	1	2	3	7	9	6	8
2	9	6	8	4	5	3	7	1
7	8	3	1	9	6	4	5	2

424

4	3	7	1	6	8	5	2	9
9	5	1	7	3	2	4	6	8
8	2	6	4	9	5	7	1	3
7	8	2	9	5	3	1	4	6
3	1	5	8	4	6	9	7	2
6	9	4	2	7	1	8	3	5
2	7	3	5	1	9	6	8	4
1	6	9	3	8	4	2	5	7
5	4	8	6	2	7	3	9	1

425

5	8	4	1	9	3	6	7	2
1	2	9	6	7	8	4	5	3
7	6	3	4	2	5	9	8	1
6	5	1	2	8	9	7	3	4
3	4	7	5	6	1	8	2	9
2	9	8	7	3	4	1	6	5
9	1	2	8	5	6	3	4	7
4	7	6	3	1	2	5	9	8
8	3	5	9	4	7	2	1	6

426

1	6	4	8	9	5	2	3	7
2	9	7	1	6	3	5	8	4
8	3	5	2	7	4	1	9	6
5	2	3	7	4	6	9	1	8
9	4	8	5	3	1	6	7	2
6	7	1	9	2	8	4	5	3
4	5	2	3	1	7	8	6	9
3	8	9	6	5	2	7	4	1
7	1	6	4	8	9	3	2	5

427

2	5	1	9	3	7	8	6	4
3	6	8	4	5	1	7	2	9
7	4	9	2	6	8	5	1	3
4	1	2	7	9	6	3	5	8
6	8	3	5	1	4	2	9	7
5	9	7	8	2	3	6	4	1
9	3	4	6	8	5	1	7	2
8	7	6	1	4	2	9	3	5
1	2	5	3	7	9	4	8	6

428

3	4	5	9	7	1	2	8	6
2	7	9	5	8	6	4	3	1
1	6	8	4	2	3	7	5	9
9	1	7	3	6	5	8	4	2
5	2	4	8	1	9	6	7	3
8	3	6	2	4	7	1	9	5
7	8	3	1	5	2	9	6	4
4	5	1	6	9	8	3	2	7
6	9	2	7	3	4	5	1	8

429

7	1	6	4	2	9	3	5	8
8	3	2	5	6	7	4	1	9
4	9	5	8	3	1	7	2	6
3	4	9	7	1	8	5	6	2
5	7	8	2	4	6	1	9	3
6	2	1	3	9	5	8	4	7
9	5	3	1	7	2	6	8	4
2	8	4	6	5	3	9	7	1
1	6	7	9	8	4	2	3	5

430

1	2	8	6	4	3	7	5	9
7	4	9	1	2	5	6	8	3
5	6	3	7	9	8	1	2	4
9	8	2	3	7	1	5	4	6
4	1	7	5	6	2	3	9	8
3	5	6	4	8	9	2	7	1
8	9	1	2	3	7	4	6	5
2	3	4	9	5	6	8	1	7
6	7	5	8	1	4	9	3	2

431

7	2	8	6	3	4	9	1	5
1	5	4	8	2	9	7	6	3
6	3	9	1	5	7	8	4	2
5	8	7	9	4	2	1	3	6
3	9	1	5	6	8	4	2	7
2	4	6	3	7	1	5	8	9
9	7	3	4	8	6	2	5	1
4	1	5	2	9	3	6	7	8
8	6	2	7	1	5	3	9	4

432

4	9	8	1	5	7	2	3	6
2	5	7	3	6	9	8	4	1
1	6	3	2	4	8	9	5	7
7	1	5	9	8	6	4	2	3
3	4	2	7	1	5	6	8	9
9	8	6	4	2	3	1	7	5
8	7	1	5	9	2	3	6	4
5	2	9	6	3	4	7	1	8
6	3	4	8	7	1	5	9	2

433

2	6	9	8	5	4	1	3	7
3	4	5	1	2	7	6	8	9
7	1	8	9	3	6	2	4	5
4	2	6	3	7	5	9	1	8
8	5	3	2	1	9	7	6	4
9	7	1	4	6	8	5	2	3
6	9	2	7	4	3	8	5	1
5	3	7	6	8	1	4	9	2
1	8	4	5	9	2	3	7	6

434

2	4	7	3	1	9	5	6	8
6	9	8	7	2	5	3	4	1
3	1	5	6	8	4	7	9	2
4	6	9	5	7	8	2	1	3
5	8	2	1	9	3	6	7	4
1	7	3	4	6	2	8	5	9
8	2	1	9	5	7	4	3	6
7	3	6	8	4	1	9	2	5
9	5	4	2	3	6	1	8	7

435

2	9	3	7	4	8	1	5	6
6	5	8	9	1	3	7	2	4
4	1	7	6	5	2	9	3	8
7	8	1	5	3	4	6	9	2
9	3	4	8	2	6	5	7	1
5	2	6	1	7	9	4	8	3
1	4	9	3	8	5	2	6	7
3	6	2	4	9	7	8	1	5
8	7	5	2	6	1	3	4	9

436

6	5	1	3	8	9	7	2	4
8	4	7	6	5	2	9	1	3
9	3	2	7	4	1	6	5	8
1	8	6	2	7	5	3	4	9
7	2	5	9	3	4	1	8	6
4	9	3	1	6	8	2	7	5
2	1	4	5	9	6	8	3	7
5	7	9	8	2	3	4	6	1
3	6	8	4	1	7	5	9	2

437

6	8	2	4	3	1	7	5	9
4	5	9	8	2	7	1	3	6
7	1	3	6	9	5	8	2	4
2	7	1	9	5	3	4	6	8
8	3	4	7	6	2	5	9	1
5	9	6	1	4	8	2	7	3
9	2	8	5	1	6	3	4	7
1	4	5	3	7	9	6	8	2
3	6	7	2	8	4	9	1	5

438

8	6	7	5	1	9	4	2	3
3	9	5	2	4	6	1	8	7
4	2	1	7	3	8	6	5	9
6	8	9	3	7	1	5	4	2
2	1	3	4	8	5	9	7	6
7	5	4	6	9	2	3	1	8
9	3	2	8	5	4	7	6	1
5	7	8	1	6	3	2	9	4
1	4	6	9	2	7	8	3	5

439

3	5	7	9	1	8	6	4	2
4	1	2	6	5	3	9	7	8
6	9	8	7	2	4	3	1	5
2	6	5	4	3	9	7	8	1
8	3	1	2	7	6	4	5	9
9	7	4	5	8	1	2	6	3
5	8	6	3	9	7	1	2	4
7	2	9	1	4	5	8	3	6
1	4	3	8	6	2	5	9	7

440

7	1	3	2	6	5	8	9	4
6	2	8	4	3	9	7	5	1
4	9	5	8	7	1	3	2	6
1	7	2	9	5	3	6	4	8
8	6	9	7	2	4	5	1	3
3	5	4	1	8	6	2	7	9
2	3	1	6	9	7	4	8	5
9	8	6	5	4	2	1	3	7
5	4	7	3	1	8	9	6	2

441

2	1	8	3	9	7	6	4	5
6	7	5	4	1	8	9	2	3
4	9	3	5	2	6	1	8	7
3	6	9	2	7	5	4	1	8
5	8	7	1	4	9	3	6	2
1	4	2	6	8	3	5	7	9
9	3	4	7	6	2	8	5	1
8	2	6	9	5	1	7	3	4
7	5	1	8	3	4	2	9	6

442

1	7	9	4	8	5	6	2	3
5	8	3	1	2	6	4	9	7
2	4	6	7	3	9	1	8	5
6	1	4	5	9	7	8	3	2
8	5	2	3	6	1	9	7	4
3	9	7	8	4	2	5	6	1
4	2	1	9	7	8	3	5	6
7	3	8	6	5	4	2	1	9
9	6	5	2	1	3	7	4	8

443

5	6	7	2	4	9	1	8	3
4	2	8	1	3	5	6	7	9
9	3	1	7	8	6	5	2	4
3	5	6	8	9	4	7	1	2
2	7	4	6	1	3	9	5	8
1	8	9	5	2	7	4	3	6
6	1	3	9	5	8	2	4	7
7	4	5	3	6	2	8	9	1
8	9	2	4	7	1	3	6	5

444

6	7	8	2	4	3	1	5	9
1	2	4	9	5	7	6	3	8
9	5	3	1	8	6	4	2	7
8	3	9	5	7	4	2	1	6
7	4	2	8	6	1	3	9	5
5	1	6	3	9	2	8	7	4
4	8	1	7	3	5	9	6	2
2	6	7	4	1	9	5	8	3
3	9	5	6	2	8	7	4	1

445

3	8	6	4	1	5	7	2	9
9	2	4	8	3	7	5	1	6
1	5	7	2	6	9	3	4	8
7	9	3	1	5	8	2	6	4
2	6	5	3	9	4	8	7	1
8	4	1	6	7	2	9	5	3
6	7	8	9	2	1	4	3	5
4	3	2	5	8	6	1	9	7
5	1	9	7	4	3	6	8	2

446

3	8	5	7	1	2	6	9	4
2	7	4	8	6	9	5	3	1
1	6	9	5	3	4	8	7	2
5	3	2	1	9	7	4	8	6
8	9	7	2	4	6	3	1	5
4	1	6	3	8	5	7	2	9
9	2	8	4	5	3	1	6	7
6	4	3	9	7	1	2	5	8
7	5	1	6	2	8	9	4	3

447

3	7	8	1	5	4	2	9	6
5	2	4	3	6	9	1	8	7
1	9	6	2	8	7	4	3	5
4	6	7	8	1	3	9	5	2
9	1	3	5	4	2	7	6	8
8	5	2	9	7	6	3	1	4
7	8	5	4	3	1	6	2	9
2	4	1	6	9	5	8	7	3
6	3	9	7	2	8	5	4	1

448

8	4	1	5	7	9	2	3	6
5	9	2	6	3	1	4	7	8
6	7	3	8	4	2	5	9	1
3	2	8	9	5	7	1	6	4
9	1	4	2	6	3	8	5	7
7	5	6	1	8	4	9	2	3
4	6	9	3	1	5	7	8	2
2	3	7	4	9	8	6	1	5
1	8	5	7	2	6	3	4	9

449

5	8	6	7	1	2	3	4	9
2	3	1	4	9	5	6	8	7
7	4	9	3	6	8	1	5	2
4	2	5	1	8	9	7	3	6
3	9	7	5	4	6	8	2	1
6	1	8	2	7	3	5	9	4
9	5	4	6	3	7	2	1	8
1	7	3	8	2	4	9	6	5
8	6	2	9	5	1	4	7	3

450

6	3	8	1	5	4	7	2	9
1	2	5	7	9	3	8	4	6
9	4	7	2	6	8	3	1	5
5	9	4	8	3	6	2	7	1
7	1	6	9	4	2	5	8	3
3	8	2	5	1	7	6	9	4
4	7	9	6	2	5	1	3	8
8	6	1	3	7	9	4	5	2
2	5	3	4	8	1	9	6	7

451

2	4	5	3	8	9	1	6	7
1	6	9	7	2	5	4	8	3
7	8	3	4	1	6	5	9	2
6	9	2	5	7	1	3	4	8
8	3	4	9	6	2	7	1	5
5	1	7	8	4	3	6	2	9
9	7	6	2	3	4	8	5	1
4	2	8	1	5	7	9	3	6
3	5	1	6	9	8	2	7	4

452

3	5	6	9	7	4	1	2	8
9	1	4	5	8	2	6	7	3
2	8	7	1	6	3	5	9	4
1	7	9	4	3	5	8	6	2
5	2	3	6	9	8	4	1	7
6	4	8	2	1	7	3	5	9
4	9	2	3	5	1	7	8	6
7	3	5	8	2	6	9	4	1
8	6	1	7	4	9	2	3	5

453

1	5	4	9	8	2	3	6	7
9	2	7	1	6	3	4	8	5
6	8	3	5	4	7	2	9	1
3	6	1	2	7	4	9	5	8
8	4	9	6	1	5	7	2	3
2	7	5	8	3	9	6	1	4
7	1	2	3	5	6	8	4	9
4	9	8	7	2	1	5	3	6
5	3	6	4	9	8	1	7	2

454

7	6	4	8	5	3	1	9	2
1	2	5	6	7	9	4	3	8
8	9	3	1	2	4	6	5	7
9	4	7	5	3	6	8	2	1
3	5	6	2	1	8	9	7	4
2	8	1	4	9	7	3	6	5
5	1	8	9	6	2	7	4	3
4	3	9	7	8	5	2	1	6
6	7	2	3	4	1	5	8	9

455

6	7	5	8	9	3	4	1	2
9	8	4	6	2	1	5	7	3
3	1	2	5	4	7	6	8	9
2	3	1	9	7	5	8	4	6
5	6	8	2	3	4	1	9	7
4	9	7	1	8	6	3	2	5
8	4	6	7	5	9	2	3	1
7	5	3	4	1	2	9	6	8
1	2	9	3	6	8	7	5	4

456

4	8	6	9	1	2	5	7	3
9	5	2	7	3	4	1	8	6
3	1	7	5	8	6	2	9	4
8	2	9	3	4	7	6	1	5
7	6	4	2	5	1	8	3	9
5	3	1	8	6	9	7	4	2
1	9	8	6	2	3	4	5	7
6	4	3	1	7	5	9	2	8
2	7	5	4	9	8	3	6	1

457

9	5	7	8	3	2	4	1	6
8	4	1	6	7	9	5	2	3
3	6	2	4	5	1	8	7	9
2	8	9	7	1	3	6	5	4
6	1	5	9	8	4	7	3	2
4	7	3	5	2	6	9	8	1
1	9	8	3	4	7	2	6	5
5	3	4	2	6	8	1	9	7
7	2	6	1	9	5	3	4	8

458

3	9	4	6	7	1	8	5	2
2	1	5	8	9	4	6	3	7
6	8	7	2	3	5	9	4	1
9	2	3	1	4	7	5	6	8
4	5	8	9	6	2	1	7	3
1	7	6	3	5	8	2	9	4
5	3	2	7	1	9	4	8	6
8	6	9	4	2	3	7	1	5
7	4	1	5	8	6	3	2	9

459

8	7	1	2	3	9	6	4	5
2	4	6	5	8	7	1	9	3
9	3	5	1	4	6	2	7	8
7	1	8	4	6	5	9	3	2
3	5	2	7	9	1	4	8	6
4	6	9	3	2	8	5	1	7
5	8	3	9	1	2	7	6	4
6	9	7	8	5	4	3	2	1
1	2	4	6	7	3	8	5	9

460

2	7	5	9	3	1	4	6	8
8	9	3	4	7	6	1	2	5
6	4	1	2	8	5	3	7	9
5	6	4	7	1	3	8	9	2
1	8	2	5	6	9	7	4	3
7	3	9	8	4	2	5	1	6
4	5	6	1	9	8	2	3	7
3	2	7	6	5	4	9	8	1
9	1	8	3	2	7	6	5	4

461

2	1	9	7	3	4	5	8	6
3	6	7	2	8	5	9	4	1
8	5	4	6	9	1	2	7	3
7	4	3	9	2	6	8	1	5
1	8	2	5	7	3	4	6	9
6	9	5	4	1	8	7	3	2
9	2	6	1	4	7	3	5	8
5	7	8	3	6	9	1	2	4
4	3	1	8	5	2	6	9	7

462

5	9	1	3	4	8	6	7	2
8	3	2	6	7	1	9	5	4
6	7	4	5	9	2	3	1	8
7	2	9	8	6	5	4	3	1
4	8	3	1	2	7	5	9	6
1	5	6	4	3	9	8	2	7
9	1	5	2	8	4	7	6	3
2	6	8	7	5	3	1	4	9
3	4	7	9	1	6	2	8	5

463

1	9	7	3	5	2	6	4	8
4	5	2	6	8	7	3	1	9
6	3	8	1	9	4	7	2	5
3	1	4	7	2	8	5	9	6
5	2	9	4	6	3	1	8	7
7	8	6	5	1	9	4	3	2
8	4	5	9	3	6	2	7	1
9	6	3	2	7	1	8	5	4
2	7	1	8	4	5	9	6	3

464

7	5	1	4	2	8	9	3	6
6	2	9	1	7	3	5	8	4
8	4	3	9	6	5	2	1	7
2	7	5	8	9	1	4	6	3
1	9	8	3	4	6	7	5	2
3	6	4	2	5	7	8	9	1
9	3	7	5	1	2	6	4	8
4	8	2	6	3	9	1	7	5
5	1	6	7	8	4	3	2	9

465

3	9	8	7	6	4	1	2	5
2	7	6	3	1	5	8	9	4
1	4	5	2	8	9	6	3	7
6	8	4	9	7	3	2	5	1
7	3	1	5	2	8	9	4	6
9	5	2	6	4	1	7	8	3
4	6	9	8	5	7	3	1	2
8	1	7	4	3	2	5	6	9
5	2	3	1	9	6	4	7	8

466

9	7	1	3	2	6	4	5	8
3	5	2	1	8	4	7	9	6
6	4	8	5	7	9	2	1	3
8	2	9	7	3	5	1	6	4
4	1	3	6	9	2	5	8	7
7	6	5	4	1	8	3	2	9
2	8	7	9	5	3	6	4	1
5	3	4	8	6	1	9	7	2
1	9	6	2	4	7	8	3	5

467

5	1	4	8	2	6	9	7	3
6	2	7	9	5	3	4	1	8
3	8	9	7	1	4	2	5	6
1	4	6	2	7	8	3	9	5
2	9	8	1	3	5	6	4	7
7	3	5	4	6	9	8	2	1
4	7	3	6	9	1	5	8	2
8	5	1	3	4	2	7	6	9
9	6	2	5	8	7	1	3	4

468

2	1	3	6	7	8	4	5	9
4	5	7	2	3	9	6	8	1
9	8	6	4	5	1	2	7	3
3	9	2	8	6	5	7	1	4
5	7	8	1	4	2	3	9	6
1	6	4	3	9	7	5	2	8
7	3	1	5	8	4	9	6	2
6	2	5	9	1	3	8	4	7
8	4	9	7	2	6	1	3	5

469

4	5	9	2	3	8	1	6	7
7	8	2	6	1	4	9	3	5
6	3	1	5	9	7	8	2	4
9	1	4	7	8	3	2	5	6
3	2	5	4	6	9	7	1	8
8	7	6	1	5	2	4	9	3
5	4	7	3	2	1	6	8	9
2	9	3	8	4	6	5	7	1
1	6	8	9	7	5	3	4	2

470

5	3	2	8	9	7	4	1	6
4	9	1	6	3	2	7	8	5
6	8	7	5	4	1	3	9	2
9	7	5	1	6	4	2	3	8
8	2	3	7	5	9	6	4	1
1	6	4	2	8	3	5	7	9
7	5	9	3	2	8	1	6	4
3	4	6	9	1	5	8	2	7
2	1	8	4	7	6	9	5	3

471

9	6	1	5	7	3	2	8	4
7	2	4	8	1	9	3	6	5
3	5	8	6	2	4	9	1	7
2	8	9	3	5	1	7	4	6
6	4	3	7	9	8	5	2	1
1	7	5	4	6	2	8	9	3
5	9	2	1	3	6	4	7	8
4	3	6	2	8	7	1	5	9
8	1	7	9	4	5	6	3	2

472

6	1	8	4	5	9	7	2	3
2	3	7	8	1	6	9	5	4
4	5	9	2	3	7	6	1	8
1	8	2	9	7	4	3	6	5
3	9	4	5	6	2	8	7	1
7	6	5	1	8	3	2	4	9
9	2	6	3	4	1	5	8	7
8	7	1	6	9	5	4	3	2
5	4	3	7	2	8	1	9	6

473

3	4	5	7	2	1	8	6	9
6	1	2	9	5	8	7	3	4
9	8	7	6	4	3	5	2	1
7	6	1	3	8	4	9	5	2
5	3	9	2	7	6	1	4	8
4	2	8	5	1	9	3	7	6
1	5	6	4	9	7	2	8	3
2	9	4	8	3	5	6	1	7
8	7	3	1	6	2	4	9	5

474

2	9	8	5	4	7	3	6	1
4	5	3	1	6	9	7	8	2
6	1	7	8	3	2	4	9	5
3	2	5	9	7	6	1	4	8
1	6	4	3	5	8	2	7	9
7	8	9	4	2	1	6	5	3
5	7	1	6	9	3	8	2	4
8	4	6	2	1	5	9	3	7
9	3	2	7	8	4	5	1	6

475

9	7	6	5	3	2	4	1	8
4	8	1	9	7	6	3	5	2
5	3	2	4	8	1	6	9	7
8	1	9	2	5	3	7	6	4
3	6	7	1	4	8	9	2	5
2	4	5	6	9	7	8	3	1
7	9	4	3	2	5	1	8	6
6	5	3	8	1	4	2	7	9
1	2	8	7	6	9	5	4	3

476

5	8	6	1	9	7	4	3	2
9	2	3	4	5	6	8	7	1
7	4	1	8	2	3	6	5	9
3	1	5	7	4	9	2	8	6
2	6	8	3	1	5	9	4	7
4	7	9	6	8	2	3	1	5
6	3	2	5	7	8	1	9	4
8	5	4	9	6	1	7	2	3
1	9	7	2	3	4	5	6	8

477

8	6	1	9	5	2	3	4	7
7	4	5	1	8	3	6	9	2
2	3	9	6	4	7	5	8	1
1	7	8	3	2	6	9	5	4
6	5	4	7	9	8	1	2	3
3	9	2	5	1	4	8	7	6
9	8	6	4	7	1	2	3	5
5	1	7	2	3	9	4	6	8
4	2	3	8	6	5	7	1	9

478

9	7	6	5	2	4	3	1	8
8	2	4	3	1	7	6	9	5
5	3	1	9	8	6	4	2	7
6	5	2	7	4	1	8	3	9
7	9	3	6	5	8	2	4	1
4	1	8	2	3	9	5	7	6
1	6	5	4	9	3	7	8	2
2	4	9	8	7	5	1	6	3
3	8	7	1	6	2	9	5	4

479

1	5	3	8	6	2	7	4	9
9	7	6	4	1	5	8	3	2
4	2	8	3	9	7	5	6	1
2	3	1	7	4	9	6	5	8
8	6	5	2	3	1	9	7	4
7	4	9	5	8	6	1	2	3
5	9	2	1	7	4	3	8	6
6	8	7	9	2	3	4	1	5
3	1	4	6	5	8	2	9	7

480

3	5	9	2	4	1	8	7	6
4	1	8	9	6	7	3	2	5
2	7	6	3	5	8	9	1	4
9	8	5	4	7	6	2	3	1
7	6	2	8	1	3	4	5	9
1	4	3	5	9	2	7	6	8
6	2	4	7	8	5	1	9	3
8	3	1	6	2	9	5	4	7
5	9	7	1	3	4	6	8	2

481

6	7	9	5	2	1	3	4	8
1	2	3	8	4	7	5	9	6
8	4	5	6	9	3	2	7	1
5	9	6	4	7	2	1	8	3
2	3	8	1	6	9	7	5	4
7	1	4	3	5	8	9	6	2
4	6	1	9	3	5	8	2	7
3	5	2	7	8	6	4	1	9
9	8	7	2	1	4	6	3	5

482

3	5	4	9	6	8	2	7	1
2	1	8	7	3	5	9	4	6
7	6	9	4	2	1	3	8	5
1	9	3	8	5	2	7	6	4
5	4	7	1	9	6	8	2	3
8	2	6	3	4	7	1	5	9
6	8	1	5	7	3	4	9	2
4	7	5	2	1	9	6	3	8
9	3	2	6	8	4	5	1	7

483

6	9	7	4	5	3	8	1	2
8	5	2	7	1	6	3	4	9
3	4	1	2	9	8	6	7	5
5	8	9	3	7	2	1	6	4
4	7	6	1	8	9	2	5	3
2	1	3	6	4	5	7	9	8
1	6	8	9	3	4	5	2	7
9	2	5	8	6	7	4	3	1
7	3	4	5	2	1	9	8	6

484

1	5	9	8	7	6	4	2	3
2	7	8	5	3	4	6	9	1
4	3	6	2	9	1	8	5	7
8	2	3	7	6	5	9	1	4
5	6	1	4	2	9	7	3	8
7	9	4	1	8	3	2	6	5
6	8	2	3	1	7	5	4	9
9	1	5	6	4	8	3	7	2
3	4	7	9	5	2	1	8	6

485

7	3	6	4	8	1	5	2	9
2	1	8	9	5	7	6	3	4
5	9	4	6	3	2	8	7	1
1	8	2	5	9	4	7	6	3
3	4	7	8	2	6	9	1	5
9	6	5	1	7	3	2	4	8
8	2	1	7	4	5	3	9	6
6	7	9	3	1	8	4	5	2
4	5	3	2	6	9	1	8	7

486

5	7	9	6	1	4	2	3	8
2	6	4	3	8	9	1	5	7
1	8	3	7	2	5	9	6	4
4	1	5	2	9	6	7	8	3
3	2	8	5	7	1	6	4	9
7	9	6	4	3	8	5	1	2
9	5	2	8	6	3	4	7	1
8	4	7	1	5	2	3	9	6
6	3	1	9	4	7	8	2	5

487

7	9	8	6	4	3	2	5	1
5	6	1	7	8	2	9	3	4
4	3	2	5	1	9	7	8	6
9	4	6	3	7	5	8	1	2
2	5	7	8	9	1	6	4	3
8	1	3	2	6	4	5	9	7
3	2	9	4	5	6	1	7	8
6	7	5	1	3	8	4	2	9
1	8	4	9	2	7	3	6	5

488

6	9	1	8	5	7	3	4	2
4	8	3	1	9	2	6	5	7
5	2	7	3	4	6	1	9	8
9	6	8	7	1	3	5	2	4
3	1	4	5	2	9	8	7	6
7	5	2	6	8	4	9	3	1
1	7	6	2	3	5	4	8	9
8	4	5	9	7	1	2	6	3
2	3	9	4	6	8	7	1	5

489

3	2	9	7	1	5	4	8	6
6	1	5	3	4	8	9	7	2
7	4	8	6	9	2	5	1	3
5	9	4	1	6	7	2	3	8
2	7	6	8	3	4	1	5	9
8	3	1	5	2	9	6	4	7
4	8	7	9	5	6	3	2	1
9	5	3	2	7	1	8	6	4
1	6	2	4	8	3	7	9	5

490

5	4	7	8	6	1	3	2	9
1	6	2	4	9	3	5	8	7
8	3	9	7	5	2	1	6	4
6	2	5	9	3	7	4	1	8
9	7	8	5	1	4	6	3	2
4	1	3	6	2	8	7	9	5
2	8	6	1	7	5	9	4	3
3	5	1	2	4	9	8	7	6
7	9	4	3	8	6	2	5	1

491

5	7	3	2	1	9	4	6	8
4	9	8	3	7	6	5	2	1
2	6	1	5	8	4	7	3	9
9	1	7	4	6	2	8	5	3
3	5	6	7	9	8	1	4	2
8	4	2	1	3	5	9	7	6
7	2	9	6	5	1	3	8	4
6	8	5	9	4	3	2	1	7
1	3	4	8	2	7	6	9	5

492

6	5	8	1	2	4	7	3	9
9	1	4	3	7	6	2	5	8
3	7	2	5	8	9	6	4	1
5	4	9	6	3	7	1	8	2
2	8	1	9	4	5	3	7	6
7	6	3	2	1	8	5	9	4
4	2	6	8	5	3	9	1	7
8	9	5	7	6	1	4	2	3
1	3	7	4	9	2	8	6	5

493

7	5	2	8	4	3	9	6	1
9	8	4	6	5	1	2	7	3
3	6	1	7	2	9	4	8	5
5	7	8	9	1	6	3	2	4
2	4	3	5	7	8	1	9	6
6	1	9	2	3	4	7	5	8
8	3	7	4	6	2	5	1	9
1	9	5	3	8	7	6	4	2
4	2	6	1	9	5	8	3	7

494

5	3	1	6	2	4	7	8	9
2	9	6	1	7	8	4	3	5
4	7	8	5	9	3	6	1	2
9	4	7	2	3	1	5	6	8
6	1	2	9	8	5	3	4	7
3	8	5	7	4	6	2	9	1
1	2	3	4	5	9	8	7	6
8	5	9	3	6	7	1	2	4
7	6	4	8	1	2	9	5	3

495

6	8	4	5	9	3	1	7	2
3	9	1	7	2	8	5	6	4
5	7	2	6	4	1	3	8	9
4	1	9	8	3	7	2	5	6
2	3	5	1	6	9	8	4	7
8	6	7	2	5	4	9	3	1
9	5	8	4	7	2	6	1	3
1	4	3	9	8	6	7	2	5
7	2	6	3	1	5	4	9	8

496

3	9	8	2	5	4	1	6	7
2	5	4	7	6	1	8	9	3
7	6	1	3	9	8	5	2	4
4	8	5	6	2	3	7	1	9
1	3	7	9	4	5	2	8	6
9	2	6	1	8	7	3	4	5
6	7	3	4	1	2	9	5	8
8	4	2	5	3	9	6	7	1
5	1	9	8	7	6	4	3	2

497

9	5	6	3	7	1	2	8	4
3	2	8	9	4	5	1	6	7
7	1	4	6	2	8	3	9	5
4	8	7	5	6	3	9	2	1
1	6	3	2	9	4	5	7	8
2	9	5	1	8	7	6	4	3
8	3	9	4	5	2	7	1	6
5	4	2	7	1	6	8	3	9
6	7	1	8	3	9	4	5	2

498

9	5	8	7	1	4	6	3	2
7	4	3	2	6	9	8	1	5
2	1	6	5	8	3	7	4	9
3	6	5	9	4	1	2	8	7
8	9	2	3	7	6	1	5	4
4	7	1	8	5	2	9	6	3
1	3	7	6	2	5	4	9	8
5	8	4	1	9	7	3	2	6
6	2	9	4	3	8	5	7	1

499

2	7	1	3	9	8	5	4	6
4	8	6	7	5	1	2	3	9
3	9	5	2	6	4	8	7	1
1	5	4	9	7	2	6	8	3
7	6	9	8	1	3	4	5	2
8	3	2	5	4	6	9	1	7
5	4	3	6	2	7	1	9	8
6	1	7	4	8	9	3	2	5
9	2	8	1	3	5	7	6	4

500

3	6	8	2	1	9	4	5	7
1	2	7	6	5	4	8	9	3
4	5	9	7	8	3	1	2	6
6	1	4	3	2	8	5	7	9
2	8	3	9	7	5	6	4	1
7	9	5	4	6	1	3	8	2
5	7	6	1	4	2	9	3	8
9	4	2	8	3	6	7	1	5
8	3	1	5	9	7	2	6	4

501

8	2	9	3	7	4	5	1	6
3	6	4	1	5	2	7	8	9
5	1	7	8	9	6	3	4	2
9	4	2	7	8	1	6	3	5
7	3	1	5	6	9	4	2	8
6	8	5	4	2	3	1	9	7
1	7	6	2	4	8	9	5	3
2	9	3	6	1	5	8	7	4
4	5	8	9	3	7	2	6	1

502

6	4	5	3	9	1	2	8	7
7	1	9	8	2	6	4	5	3
3	2	8	7	4	5	9	1	6
5	7	1	2	6	3	8	9	4
4	9	6	5	7	8	1	3	2
2	8	3	4	1	9	7	6	5
1	5	2	6	8	7	3	4	9
8	6	7	9	3	4	5	2	1
9	3	4	1	5	2	6	7	8

503

6	7	8	2	5	4	9	1	3
4	9	1	7	3	6	5	2	8
3	2	5	1	8	9	7	6	4
8	5	9	3	4	2	1	7	6
1	4	3	5	6	7	8	9	2
2	6	7	8	9	1	3	4	5
5	1	4	9	2	8	6	3	7
7	8	6	4	1	3	2	5	9
9	3	2	6	7	5	4	8	1

504

7	6	2	9	5	4	8	3	1
4	5	8	1	3	7	6	2	9
3	1	9	8	6	2	7	5	4
5	7	3	6	4	9	1	8	2
8	4	1	2	7	3	5	9	6
2	9	6	5	8	1	3	4	7
9	8	4	7	1	5	2	6	3
1	3	5	4	2	6	9	7	8
6	2	7	3	9	8	4	1	5

505

4	2	6	7	8	3	5	9	1
9	8	1	5	4	6	2	7	3
5	7	3	1	9	2	4	6	8
6	9	4	8	3	1	7	5	2
1	3	7	4	2	5	6	8	9
2	5	8	9	6	7	1	3	4
3	4	5	6	1	9	8	2	7
7	1	2	3	5	8	9	4	6
8	6	9	2	7	4	3	1	5

506

8	7	4	3	6	5	9	1	2
6	9	1	7	4	2	5	8	3
2	3	5	8	9	1	7	4	6
9	1	8	2	5	6	3	7	4
3	4	2	9	7	8	6	5	1
7	5	6	1	3	4	2	9	8
4	8	7	5	2	3	1	6	9
1	2	9	6	8	7	4	3	5
5	6	3	4	1	9	8	2	7

507

9	1	2	6	7	3	4	5	8
8	7	6	5	9	4	2	3	1
4	3	5	2	1	8	9	7	6
7	6	8	3	4	1	5	2	9
1	4	3	9	5	2	6	8	7
5	2	9	7	8	6	3	1	4
6	5	4	8	2	7	1	9	3
2	8	1	4	3	9	7	6	5
3	9	7	1	6	5	8	4	2

508

9	1	7	3	4	8	6	2	5
2	3	5	1	7	6	8	4	9
4	8	6	2	5	9	1	3	7
7	2	4	5	8	1	3	9	6
8	6	1	9	3	4	7	5	2
3	5	9	6	2	7	4	8	1
5	4	3	7	6	2	9	1	8
6	9	2	8	1	3	5	7	4
1	7	8	4	9	5	2	6	3

509

2	7	6	5	8	3	1	4	9
4	3	1	9	7	6	2	8	5
5	8	9	1	2	4	6	7	3
3	4	2	8	6	1	5	9	7
9	6	7	2	4	5	3	1	8
8	1	5	7	3	9	4	6	2
1	2	3	6	9	7	8	5	4
7	5	8	4	1	2	9	3	6
6	9	4	3	5	8	7	2	1

510

1	2	9	7	5	8	3	4	6
8	4	5	2	3	6	1	9	7
6	3	7	9	1	4	2	8	5
5	6	4	1	8	2	7	3	9
3	9	1	5	6	7	4	2	8
2	7	8	4	9	3	6	5	1
9	8	2	3	7	1	5	6	4
4	1	6	8	2	5	9	7	3
7	5	3	6	4	9	8	1	2

511

5	4	8	6	1	2	3	7	9
6	9	7	3	5	8	2	4	1
2	3	1	7	4	9	6	5	8
1	5	9	2	7	3	8	6	4
7	2	6	8	9	4	5	1	3
4	8	3	5	6	1	7	9	2
8	1	5	9	2	6	4	3	7
3	7	4	1	8	5	9	2	6
9	6	2	4	3	7	1	8	5

512

5	8	9	4	2	7	6	3	1
2	1	4	6	3	8	5	9	7
3	7	6	9	5	1	4	2	8
1	2	8	3	7	6	9	5	4
7	6	5	8	9	4	2	1	3
9	4	3	2	1	5	8	7	6
6	3	7	5	8	9	1	4	2
4	9	1	7	6	2	3	8	5
8	5	2	1	4	3	7	6	9

513

8	9	2	4	7	5	3	6	1
7	6	5	1	3	8	2	4	9
1	3	4	9	2	6	8	5	7
9	2	8	6	5	7	1	3	4
4	5	1	8	9	3	6	7	2
6	7	3	2	4	1	9	8	5
3	4	9	7	6	2	5	1	8
2	8	6	5	1	4	7	9	3
5	1	7	3	8	9	4	2	6

514

1	7	6	2	3	4	9	8	5
9	5	4	1	6	8	2	3	7
2	8	3	9	5	7	4	1	6
7	9	1	3	2	5	6	4	8
4	6	5	8	1	9	7	2	3
8	3	2	4	7	6	5	9	1
3	4	7	6	9	1	8	5	2
6	2	8	5	4	3	1	7	9
5	1	9	7	8	2	3	6	4

515

5	4	9	7	1	8	3	2	6
1	8	7	6	3	2	5	4	9
6	2	3	5	4	9	7	8	1
3	7	1	4	8	6	9	5	2
8	9	6	3	2	5	1	7	4
2	5	4	1	9	7	6	3	8
7	1	8	9	5	4	2	6	3
9	6	2	8	7	3	4	1	5
4	3	5	2	6	1	8	9	7

516

8	6	4	7	2	5	3	9	1
7	9	1	8	6	3	5	4	2
5	2	3	9	1	4	8	6	7
9	4	2	5	8	7	6	1	3
6	8	7	3	4	1	2	5	9
1	3	5	6	9	2	7	8	4
3	1	6	4	7	8	9	2	5
4	5	9	2	3	6	1	7	8
2	7	8	1	5	9	4	3	6

517

4	7	3	2	5	1	6	8	9
6	5	2	8	9	3	7	1	4
8	9	1	4	7	6	3	2	5
2	3	7	1	8	9	5	4	6
9	1	6	5	4	7	2	3	8
5	4	8	3	6	2	9	7	1
7	2	5	9	1	8	4	6	3
1	6	4	7	3	5	8	9	2
3	8	9	6	2	4	1	5	7

518

8	6	2	1	7	5	4	3	9
9	1	7	2	3	4	8	6	5
5	3	4	9	8	6	1	2	7
6	7	5	8	2	1	3	9	4
4	2	1	3	5	9	6	7	8
3	9	8	6	4	7	2	5	1
1	4	6	7	9	3	5	8	2
7	8	3	5	1	2	9	4	6
2	5	9	4	6	8	7	1	3

519

4	1	3	5	9	7	8	6	2
9	2	5	6	8	3	1	4	7
6	7	8	4	1	2	3	5	9
1	5	4	8	3	9	2	7	6
2	3	9	7	6	4	5	8	1
7	8	6	2	5	1	4	9	3
3	9	7	1	4	8	6	2	5
5	4	2	3	7	6	9	1	8
8	6	1	9	2	5	7	3	4

520

1	4	7	2	9	6	3	8	5
2	3	8	5	7	1	4	6	9
9	5	6	4	3	8	7	2	1
3	7	2	8	5	9	1	4	6
4	8	9	1	6	2	5	7	3
6	1	5	3	4	7	2	9	8
7	9	1	6	2	5	8	3	4
5	2	4	9	8	3	6	1	7
8	6	3	7	1	4	9	5	2

521

3	5	4	8	1	2	6	7	9
6	9	1	3	5	7	2	4	8
7	2	8	9	6	4	5	1	3
2	4	9	5	7	8	3	6	1
8	7	5	1	3	6	9	2	4
1	6	3	4	2	9	7	8	5
4	3	7	6	8	5	1	9	2
5	8	2	7	9	1	4	3	6
9	1	6	2	4	3	8	5	7

522

8	3	4	5	7	9	1	2	6
2	7	6	3	4	1	5	8	9
1	9	5	2	6	8	7	3	4
4	6	7	1	5	3	2	9	8
3	8	1	9	2	4	6	5	7
5	2	9	7	8	6	4	1	3
6	4	3	8	1	5	9	7	2
7	5	8	4	9	2	3	6	1
9	1	2	6	3	7	8	4	5

523

8	5	1	4	3	7	6	9	2
3	2	7	1	9	6	4	8	5
6	9	4	2	5	8	7	3	1
2	6	5	7	8	9	1	4	3
4	8	3	6	1	5	9	2	7
1	7	9	3	2	4	5	6	8
5	1	6	8	4	2	3	7	9
7	3	8	9	6	1	2	5	4
9	4	2	5	7	3	8	1	6

524

7	6	8	5	3	1	2	9	4
9	5	2	7	8	4	6	3	1
1	3	4	6	2	9	7	5	8
4	1	9	8	6	7	3	2	5
6	2	5	1	4	3	8	7	9
3	8	7	2	9	5	1	4	6
2	9	1	4	7	8	5	6	3
5	4	6	3	1	2	9	8	7
8	7	3	9	5	6	4	1	2

525

1	3	4	7	9	6	2	8	5
9	7	8	4	2	5	6	3	1
2	6	5	3	8	1	7	4	9
6	9	3	2	1	4	8	5	7
5	8	1	9	3	7	4	6	2
7	4	2	5	6	8	9	1	3
3	1	7	6	4	2	5	9	8
4	5	9	8	7	3	1	2	6
8	2	6	1	5	9	3	7	4

526

9	6	3	8	2	1	4	7	5
8	1	5	9	4	7	6	2	3
7	4	2	5	6	3	1	9	8
6	5	1	7	9	8	2	3	4
2	8	7	3	1	4	9	5	6
3	9	4	6	5	2	7	8	1
4	3	6	2	8	9	5	1	7
1	7	9	4	3	5	8	6	2
5	2	8	1	7	6	3	4	9

527

7	2	4	6	5	8	3	9	1
9	3	5	7	4	1	6	8	2
8	1	6	3	2	9	5	7	4
6	8	2	4	1	5	7	3	9
5	7	9	2	6	3	1	4	8
3	4	1	8	9	7	2	5	6
2	9	7	5	8	6	4	1	3
4	5	8	1	3	2	9	6	7
1	6	3	9	7	4	8	2	5

528

5	2	4	3	6	1	9	7	8
3	1	6	7	8	9	5	4	2
7	9	8	5	2	4	1	6	3
4	8	9	2	1	7	3	5	6
2	7	1	6	3	5	4	8	9
6	5	3	4	9	8	7	2	1
1	3	7	8	5	2	6	9	4
9	4	2	1	7	6	8	3	5
8	6	5	9	4	3	2	1	7

529

7	2	4	9	6	8	1	5	3
5	6	1	3	2	7	8	4	9
8	3	9	4	5	1	2	6	7
6	1	7	8	4	2	3	9	5
2	9	5	7	3	6	4	1	8
3	4	8	1	9	5	7	2	6
4	5	6	2	8	3	9	7	1
1	8	2	6	7	9	5	3	4
9	7	3	5	1	4	6	8	2

530

2	5	6	1	4	9	7	8	3
1	7	8	3	5	6	4	2	9
3	9	4	7	8	2	5	6	1
4	2	7	8	9	3	1	5	6
8	1	9	2	6	5	3	7	4
6	3	5	4	1	7	2	9	8
9	8	3	5	2	1	6	4	7
7	6	2	9	3	4	8	1	5
5	4	1	6	7	8	9	3	2

531

7	4	3	1	2	6	8	9	5
9	5	8	7	4	3	6	1	2
2	6	1	8	9	5	7	4	3
1	8	6	4	3	7	2	5	9
3	2	7	5	6	9	4	8	1
5	9	4	2	1	8	3	6	7
6	7	5	9	8	2	1	3	4
8	1	9	3	7	4	5	2	6
4	3	2	6	5	1	9	7	8

532

2	5	8	3	4	7	9	6	1
3	7	6	1	9	2	8	4	5
1	9	4	5	8	6	2	3	7
9	2	7	4	3	1	5	8	6
4	1	3	8	6	5	7	2	9
8	6	5	2	7	9	4	1	3
7	8	1	9	2	3	6	5	4
6	3	2	7	5	4	1	9	8
5	4	9	6	1	8	3	7	2

533

2	3	9	1	6	4	7	8	5
1	5	8	9	2	7	3	4	6
4	6	7	3	8	5	2	1	9
6	4	1	7	5	3	8	9	2
5	8	3	6	9	2	1	7	4
7	9	2	4	1	8	6	5	3
8	1	4	2	3	9	5	6	7
3	7	6	5	4	1	9	2	8
9	2	5	8	7	6	4	3	1

534

2	4	7	1	8	9	5	6	3
6	9	1	3	5	4	7	8	2
8	3	5	7	6	2	1	9	4
7	8	6	2	4	5	3	1	9
4	5	9	8	3	1	6	2	7
3	1	2	6	9	7	8	4	5
5	2	3	4	1	6	9	7	8
9	6	4	5	7	8	2	3	1
1	7	8	9	2	3	4	5	6

535

7	6	5	3	1	9	2	4	8
8	1	3	2	4	7	9	5	6
2	9	4	5	6	8	3	1	7
6	7	8	9	3	5	1	2	4
9	5	2	1	7	4	8	6	3
3	4	1	8	2	6	5	7	9
5	2	7	6	9	3	4	8	1
4	8	9	7	5	1	6	3	2
1	3	6	4	8	2	7	9	5

536

2	7	8	3	9	6	1	4	5
1	5	6	8	2	4	7	9	3
4	3	9	1	5	7	6	8	2
3	6	5	9	8	1	4	2	7
8	4	2	7	6	5	3	1	9
7	9	1	4	3	2	5	6	8
9	8	4	6	7	3	2	5	1
6	2	7	5	1	8	9	3	4
5	1	3	2	4	9	8	7	6

537

6	7	4	5	8	2	9	3	1
3	1	2	9	7	6	8	4	5
8	5	9	4	3	1	6	2	7
5	4	6	2	1	8	7	9	3
1	9	7	3	6	4	2	5	8
2	8	3	7	5	9	1	6	4
9	3	1	8	2	5	4	7	6
4	6	5	1	9	7	3	8	2
7	2	8	6	4	3	5	1	9

538

3	8	6	9	7	4	2	5	1
7	9	5	6	1	2	3	4	8
4	2	1	8	5	3	9	6	7
6	3	8	4	2	1	5	7	9
1	7	9	5	3	8	6	2	4
2	5	4	7	6	9	8	1	3
8	6	3	1	4	5	7	9	2
9	1	7	2	8	6	4	3	5
5	4	2	3	9	7	1	8	6

539

4	5	2	3	1	6	9	7	8
6	7	9	8	4	2	1	5	3
8	1	3	9	5	7	6	4	2
2	6	7	4	8	3	5	1	9
5	3	4	1	6	9	8	2	7
9	8	1	7	2	5	4	3	6
7	4	5	6	3	8	2	9	1
3	2	8	5	9	1	7	6	4
1	9	6	2	7	4	3	8	5

540

1	3	5	2	8	6	4	7	9
6	9	7	1	4	3	8	5	2
8	4	2	9	7	5	6	1	3
5	6	4	8	3	2	1	9	7
2	8	1	4	9	7	5	3	6
9	7	3	5	6	1	2	8	4
4	1	6	3	5	9	7	2	8
3	2	8	7	1	4	9	6	5
7	5	9	6	2	8	3	4	1

541

8	3	4	1	7	5	9	2	6
7	6	2	4	8	9	5	3	1
9	1	5	2	6	3	7	4	8
4	7	6	5	2	1	3	8	9
5	2	9	3	4	8	6	1	7
1	8	3	6	9	7	2	5	4
2	9	1	7	3	4	8	6	5
6	4	7	8	5	2	1	9	3
3	5	8	9	1	6	4	7	2

542

3	5	7	6	9	8	4	2	1
9	4	6	1	2	7	8	5	3
8	1	2	3	5	4	9	6	7
2	7	5	8	4	3	1	9	6
6	3	9	7	1	2	5	4	8
1	8	4	5	6	9	7	3	2
5	2	3	9	8	1	6	7	4
4	9	8	2	7	6	3	1	5
7	6	1	4	3	5	2	8	9

543

6	5	4	8	1	3	9	7	2
3	1	8	9	7	2	4	5	6
9	7	2	6	5	4	3	8	1
8	4	6	2	9	5	7	1	3
1	2	3	4	6	7	5	9	8
5	9	7	3	8	1	6	2	4
2	6	1	7	3	9	8	4	5
4	8	9	5	2	6	1	3	7
7	3	5	1	4	8	2	6	9

544

3	5	6	4	7	1	2	9	8
4	1	7	9	8	2	6	5	3
9	8	2	3	5	6	7	4	1
6	7	4	2	1	8	9	3	5
5	3	1	6	9	4	8	2	7
2	9	8	5	3	7	1	6	4
8	4	5	1	2	9	3	7	6
1	6	9	7	4	3	5	8	2
7	2	3	8	6	5	4	1	9

545

6	2	7	3	8	5	1	4	9
5	1	4	7	6	9	2	8	3
8	3	9	1	2	4	7	5	6
3	9	5	6	4	1	8	2	7
1	4	2	8	9	7	6	3	5
7	8	6	2	5	3	4	9	1
4	6	3	5	1	2	9	7	8
9	5	1	4	7	8	3	6	2
2	7	8	9	3	6	5	1	4

546

4	9	5	6	2	7	1	3	8
1	6	3	5	9	8	4	7	2
8	2	7	1	3	4	5	6	9
9	1	8	3	4	6	2	5	7
6	7	4	8	5	2	9	1	3
5	3	2	9	7	1	6	8	4
2	5	6	4	8	3	7	9	1
7	8	1	2	6	9	3	4	5
3	4	9	7	1	5	8	2	6

547

9	8	1	4	5	6	3	7	2
7	3	6	1	8	2	4	9	5
5	4	2	3	7	9	1	8	6
1	7	4	2	9	8	6	5	3
8	9	5	6	3	4	2	1	7
6	2	3	5	1	7	9	4	8
3	5	9	8	6	1	7	2	4
4	1	8	7	2	3	5	6	9
2	6	7	9	4	5	8	3	1

548

7	9	3	5	6	2	4	1	8
4	6	1	3	9	8	2	7	5
2	5	8	4	1	7	3	6	9
6	1	5	2	3	9	7	8	4
3	7	9	8	4	6	5	2	1
8	4	2	7	5	1	9	3	6
1	3	7	9	8	4	6	5	2
9	2	6	1	7	5	8	4	3
5	8	4	6	2	3	1	9	7

549

6	3	5	1	7	9	8	4	2
8	2	1	5	6	4	7	9	3
9	7	4	2	8	3	1	6	5
7	9	3	4	2	5	6	8	1
5	1	8	6	3	7	9	2	4
2	4	6	8	9	1	5	3	7
4	8	7	3	5	6	2	1	9
3	6	9	7	1	2	4	5	8
1	5	2	9	4	8	3	7	6

550

5	8	1	9	3	2	4	6	7
4	2	9	7	5	6	8	3	1
3	6	7	1	8	4	5	2	9
6	7	8	3	4	9	1	5	2
9	4	3	5	2	1	7	8	6
2	1	5	8	6	7	3	9	4
1	5	4	6	9	8	2	7	3
8	9	2	4	7	3	6	1	5
7	3	6	2	1	5	9	4	8

551

7	4	2	5	1	6	9	3	8
9	3	5	8	4	7	2	1	6
6	8	1	3	2	9	5	7	4
1	7	6	9	5	8	4	2	3
3	9	8	4	6	2	1	5	7
5	2	4	7	3	1	8	6	9
4	6	7	2	9	5	3	8	1
2	1	9	6	8	3	7	4	5
8	5	3	1	7	4	6	9	2

552

7	3	1	6	9	8	4	2	5
9	6	8	4	2	5	1	7	3
5	4	2	3	7	1	6	9	8
3	5	9	1	8	2	7	4	6
8	7	4	9	6	3	2	5	1
1	2	6	5	4	7	8	3	9
2	9	5	7	1	6	3	8	4
4	1	7	8	3	9	5	6	2
6	8	3	2	5	4	9	1	7

553

9	7	6	3	8	2	1	4	5
2	8	5	4	9	1	7	3	6
4	1	3	6	7	5	8	2	9
8	9	1	5	2	7	4	6	3
3	2	4	9	1	6	5	8	7
6	5	7	8	4	3	2	9	1
1	3	9	2	5	8	6	7	4
5	4	2	7	6	9	3	1	8
7	6	8	1	3	4	9	5	2

554

9	5	3	4	2	7	6	1	8
7	2	4	6	8	1	3	9	5
6	1	8	5	3	9	4	7	2
3	8	2	1	7	5	9	4	6
1	4	7	9	6	2	5	8	3
5	6	9	3	4	8	1	2	7
4	7	1	8	5	3	2	6	9
2	9	5	7	1	6	8	3	4
8	3	6	2	9	4	7	5	1

555

2	8	4	3	9	7	6	5	1
3	7	5	6	2	1	4	8	9
6	1	9	4	8	5	3	7	2
5	6	2	7	1	4	9	3	8
8	9	7	2	6	3	1	4	5
1	4	3	8	5	9	2	6	7
4	2	1	5	3	8	7	9	6
7	5	6	9	4	2	8	1	3
9	3	8	1	7	6	5	2	4

556

7	4	1	8	2	9	5	6	3
3	6	2	1	7	5	4	8	9
8	5	9	6	3	4	1	7	2
4	7	5	2	1	8	9	3	6
1	3	8	9	5	6	7	2	4
9	2	6	7	4	3	8	5	1
5	9	7	4	6	2	3	1	8
2	1	4	3	8	7	6	9	5
6	8	3	5	9	1	2	4	7

557

5	2	1	3	6	8	7	4	9
4	3	9	7	2	5	1	8	6
8	6	7	1	4	9	2	5	3
1	9	5	8	7	4	3	6	2
6	8	2	9	5	3	4	1	7
7	4	3	2	1	6	8	9	5
3	1	8	5	9	2	6	7	4
2	5	4	6	8	7	9	3	1
9	7	6	4	3	1	5	2	8

558

9	3	4	6	5	7	2	1	8
5	6	8	1	2	9	4	7	3
7	1	2	3	4	8	6	5	9
6	2	9	5	1	4	8	3	7
8	7	3	9	6	2	1	4	5
4	5	1	7	8	3	9	6	2
2	8	5	4	7	1	3	9	6
3	4	7	8	9	6	5	2	1
1	9	6	2	3	5	7	8	4

559

9	1	2	5	4	7	3	6	8
5	8	7	2	3	6	4	9	1
6	3	4	8	9	1	7	2	5
3	5	1	6	7	8	2	4	9
2	9	6	4	1	3	5	8	7
4	7	8	9	5	2	6	1	3
7	2	9	3	8	4	1	5	6
1	6	5	7	2	9	8	3	4
8	4	3	1	6	5	9	7	2

560

9	6	4	1	3	5	8	2	7
3	2	1	6	8	7	4	5	9
8	7	5	4	2	9	1	3	6
5	9	3	2	7	1	6	8	4
4	1	2	8	9	6	3	7	5
7	8	6	3	5	4	2	9	1
1	3	7	5	6	2	9	4	8
2	4	9	7	1	8	5	6	3
6	5	8	9	4	3	7	1	2

561

7	1	4	8	3	2	5	6	9
5	8	6	1	9	7	2	3	4
2	3	9	4	5	6	8	1	7
6	7	2	9	8	3	4	5	1
3	9	1	5	6	4	7	8	2
8	4	5	2	7	1	6	9	3
9	2	3	6	4	5	1	7	8
1	5	8	7	2	9	3	4	6
4	6	7	3	1	8	9	2	5

562

9	7	2	5	4	6	8	1	3
3	6	4	9	1	8	2	7	5
5	1	8	2	3	7	6	9	4
1	4	9	6	8	3	5	2	7
7	8	3	1	5	2	9	4	6
6	2	5	4	7	9	1	3	8
2	3	1	8	6	4	7	5	9
8	9	7	3	2	5	4	6	1
4	5	6	7	9	1	3	8	2

563

3	8	7	4	2	5	1	9	6
5	2	6	1	9	3	8	7	4
4	9	1	8	7	6	5	2	3
6	4	9	5	3	8	7	1	2
8	5	2	7	1	4	3	6	9
7	1	3	9	6	2	4	8	5
9	6	8	3	5	7	2	4	1
1	7	5	2	4	9	6	3	8
2	3	4	6	8	1	9	5	7

564

5	9	1	7	4	6	3	2	8
7	4	6	2	8	3	5	1	9
8	3	2	1	5	9	6	7	4
9	8	4	6	7	1	2	3	5
6	2	7	9	3	5	8	4	1
3	1	5	4	2	8	7	9	6
2	6	8	3	1	4	9	5	7
4	5	3	8	9	7	1	6	2
1	7	9	5	6	2	4	8	3

565

9	6	1	8	7	4	5	3	2
3	5	4	2	9	1	6	8	7
2	8	7	6	3	5	1	4	9
8	7	6	3	2	9	4	5	1
1	9	5	4	6	7	8	2	3
4	3	2	1	5	8	7	9	6
7	2	3	5	8	6	9	1	4
5	4	9	7	1	2	3	6	8
6	1	8	9	4	3	2	7	5

566

5	1	3	4	2	7	9	6	8
8	6	7	9	1	3	2	4	5
4	2	9	5	6	8	7	3	1
3	8	6	1	7	2	5	9	4
2	5	1	6	4	9	8	7	3
9	7	4	8	3	5	1	2	6
6	3	5	2	9	1	4	8	7
1	4	2	7	8	6	3	5	9
7	9	8	3	5	4	6	1	2

567

9	6	2	3	8	7	4	1	5
5	8	1	6	4	9	2	3	7
7	3	4	2	1	5	6	8	9
1	4	8	9	7	6	5	2	3
6	9	5	1	2	3	7	4	8
3	2	7	4	5	8	1	9	6
4	7	6	8	9	2	3	5	1
2	5	9	7	3	1	8	6	4
8	1	3	5	6	4	9	7	2

568

2	7	4	6	3	8	5	9	1
6	3	5	1	9	4	7	2	8
1	8	9	2	7	5	3	4	6
8	9	6	7	1	3	4	5	2
4	5	3	8	2	9	1	6	7
7	2	1	4	5	6	9	8	3
5	6	8	3	4	1	2	7	9
9	1	2	5	6	7	8	3	4
3	4	7	9	8	2	6	1	5

569

9	4	3	8	6	1	5	2	7
6	2	8	3	7	5	4	9	1
7	1	5	2	4	9	6	8	3
2	6	4	5	8	3	7	1	9
3	8	1	7	9	4	2	5	6
5	7	9	1	2	6	3	4	8
8	9	7	4	3	2	1	6	5
4	5	6	9	1	7	8	3	2
1	3	2	6	5	8	9	7	4

570

5	6	4	7	3	1	2	9	8
1	8	9	5	4	2	6	7	3
3	7	2	9	8	6	5	4	1
8	1	7	2	5	4	9	3	6
4	2	5	6	9	3	8	1	7
6	9	3	1	7	8	4	2	5
9	4	1	3	6	5	7	8	2
2	5	8	4	1	7	3	6	9
7	3	6	8	2	9	1	5	4

571

7	4	1	5	9	3	6	2	8
3	6	9	7	8	2	5	1	4
2	5	8	6	1	4	9	3	7
9	8	5	3	4	6	1	7	2
4	1	3	2	7	9	8	6	5
6	7	2	8	5	1	4	9	3
5	9	4	1	2	7	3	8	6
8	2	6	9	3	5	7	4	1
1	3	7	4	6	8	2	5	9

572

2	7	6	8	3	1	9	4	5
5	1	3	9	4	7	6	8	2
8	4	9	5	6	2	7	1	3
3	6	5	7	1	8	2	9	4
7	2	1	3	9	4	5	6	8
9	8	4	6	2	5	3	7	1
1	9	7	2	8	3	4	5	6
4	5	2	1	7	6	8	3	9
6	3	8	4	5	9	1	2	7

573

4	6	7	9	5	2	3	1	8
5	8	3	1	7	6	9	4	2
1	2	9	3	4	8	5	6	7
2	5	4	7	8	3	1	9	6
3	9	6	4	2	1	8	7	5
8	7	1	5	6	9	2	3	4
9	4	2	8	3	7	6	5	1
6	1	5	2	9	4	7	8	3
7	3	8	6	1	5	4	2	9

574

1	3	4	9	8	5	7	6	2
6	7	2	3	4	1	5	8	9
8	9	5	7	2	6	1	3	4
7	1	9	6	5	8	2	4	3
2	4	6	1	9	3	8	5	7
3	5	8	4	7	2	9	1	6
4	2	1	5	3	9	6	7	8
9	6	7	8	1	4	3	2	5
5	8	3	2	6	7	4	9	1

575

9	2	3	6	4	5	8	7	1
5	8	6	1	2	7	4	9	3
1	7	4	9	3	8	6	2	5
8	3	2	4	5	1	9	6	7
6	5	9	3	7	2	1	4	8
7	4	1	8	9	6	3	5	2
2	9	8	5	1	4	7	3	6
4	1	7	2	6	3	5	8	9
3	6	5	7	8	9	2	1	4

576

3	6	4	9	7	8	1	2	5
1	7	5	2	3	4	6	9	8
8	2	9	6	1	5	4	3	7
7	5	6	1	4	9	3	8	2
4	3	8	5	2	7	9	1	6
9	1	2	8	6	3	5	7	4
2	4	7	3	5	1	8	6	9
6	8	3	4	9	2	7	5	1
5	9	1	7	8	6	2	4	3

577

1	6	9	7	8	4	5	2	3
2	4	3	9	1	5	7	6	8
7	5	8	2	3	6	9	4	1
6	9	1	4	2	7	3	8	5
5	2	4	8	9	3	1	7	6
8	3	7	6	5	1	2	9	4
9	7	5	3	4	8	6	1	2
4	1	6	5	7	2	8	3	9
3	8	2	1	6	9	4	5	7

578

7	5	4	6	8	2	1	9	3
3	6	1	9	5	7	8	2	4
8	9	2	4	3	1	5	6	7
4	1	7	2	9	5	3	8	6
6	2	3	1	7	8	9	4	5
5	8	9	3	4	6	2	7	1
1	4	6	5	2	9	7	3	8
2	7	5	8	6	3	4	1	9
9	3	8	7	1	4	6	5	2

579

4	1	3	8	7	5	6	9	2
7	2	9	6	3	4	8	1	5
5	6	8	1	2	9	7	4	3
6	9	1	2	4	3	5	7	8
8	5	7	9	1	6	2	3	4
3	4	2	5	8	7	9	6	1
2	7	5	3	9	1	4	8	6
9	3	6	4	5	8	1	2	7
1	8	4	7	6	2	3	5	9

580

3	2	8	4	7	9	5	6	1
4	9	7	6	1	5	2	8	3
6	1	5	3	2	8	9	7	4
9	5	3	8	6	2	1	4	7
1	7	4	9	5	3	6	2	8
2	8	6	1	4	7	3	5	9
5	3	2	7	8	1	4	9	6
8	4	9	5	3	6	7	1	2
7	6	1	2	9	4	8	3	5

581

2	7	1	3	9	5	6	8	4
8	9	4	6	2	1	7	3	5
6	3	5	7	8	4	1	9	2
3	4	2	1	6	9	8	5	7
5	8	7	4	3	2	9	6	1
1	6	9	5	7	8	4	2	3
9	5	8	2	1	7	3	4	6
7	2	3	8	4	6	5	1	9
4	1	6	9	5	3	2	7	8

582

8	3	1	2	5	4	6	7	9
5	7	9	3	8	6	1	4	2
4	2	6	9	7	1	5	8	3
1	4	7	5	6	3	2	9	8
3	8	2	7	1	9	4	5	6
6	9	5	8	4	2	3	1	7
7	6	3	1	9	5	8	2	4
2	5	8	4	3	7	9	6	1
9	1	4	6	2	8	7	3	5

583

7	2	9	6	5	3	4	1	8
5	4	1	7	9	8	2	6	3
3	6	8	4	2	1	5	7	9
2	7	3	1	8	5	6	9	4
9	1	4	2	6	7	3	8	5
6	8	5	9	3	4	7	2	1
1	3	6	5	7	9	8	4	2
4	5	2	8	1	6	9	3	7
8	9	7	3	4	2	1	5	6

584

1	9	6	3	4	8	2	5	7
7	8	2	5	9	6	4	1	3
3	4	5	1	7	2	9	6	8
6	5	9	8	1	4	7	3	2
8	7	3	6	2	5	1	9	4
2	1	4	7	3	9	5	8	6
5	6	7	2	8	1	3	4	9
9	2	8	4	5	3	6	7	1
4	3	1	9	6	7	8	2	5

585

3	4	6	8	5	7	2	9	1
5	7	2	1	9	6	3	8	4
1	9	8	3	4	2	5	7	6
8	2	3	4	6	1	9	5	7
9	6	5	7	2	8	1	4	3
4	1	7	5	3	9	6	2	8
7	8	9	6	1	5	4	3	2
6	5	4	2	8	3	7	1	9
2	3	1	9	7	4	8	6	5

586

7	2	8	9	3	1	4	6	5
1	5	6	7	2	4	9	3	8
9	4	3	6	5	8	7	2	1
6	7	2	1	9	5	3	8	4
5	3	4	8	7	2	1	9	6
8	1	9	4	6	3	5	7	2
4	6	7	5	8	9	2	1	3
3	9	5	2	1	6	8	4	7
2	8	1	3	4	7	6	5	9

587

9	8	7	4	3	5	1	6	2
6	5	1	9	7	2	8	3	4
4	2	3	8	1	6	7	5	9
3	7	8	2	5	4	9	1	6
5	9	4	7	6	1	2	8	3
1	6	2	3	8	9	4	7	5
7	4	5	1	2	3	6	9	8
2	1	6	5	9	8	3	4	7
8	3	9	6	4	7	5	2	1

588

6	8	7	4	9	3	1	2	5
5	2	9	1	8	6	4	7	3
1	4	3	7	5	2	9	6	8
3	5	8	6	2	9	7	4	1
7	6	2	3	1	4	5	8	9
9	1	4	8	7	5	2	3	6
8	9	5	2	6	7	3	1	4
2	3	1	5	4	8	6	9	7
4	7	6	9	3	1	8	5	2

589

6	2	8	5	3	7	1	9	4
3	4	1	6	8	9	2	5	7
7	9	5	1	4	2	6	8	3
4	5	6	3	1	8	7	2	9
1	8	2	7	9	4	3	6	5
9	7	3	2	5	6	4	1	8
5	1	4	9	2	3	8	7	6
8	6	9	4	7	1	5	3	2
2	3	7	8	6	5	9	4	1

590

3	7	5	6	9	8	2	1	4
9	2	4	7	5	1	3	8	6
6	8	1	2	4	3	9	7	5
5	9	3	8	7	2	4	6	1
7	1	8	3	6	4	5	2	9
2	4	6	9	1	5	8	3	7
1	5	2	4	8	7	6	9	3
4	3	9	1	2	6	7	5	8
8	6	7	5	3	9	1	4	2

591

5	9	7	6	2	3	1	8	4
3	4	1	8	5	7	6	9	2
8	2	6	9	4	1	3	5	7
2	1	5	4	6	9	7	3	8
7	3	9	1	8	2	4	6	5
6	8	4	3	7	5	9	2	1
4	6	2	7	3	8	5	1	9
1	5	3	2	9	4	8	7	6
9	7	8	5	1	6	2	4	3

592

8	6	5	2	9	7	1	3	4
1	7	3	5	8	4	9	2	6
2	9	4	3	1	6	5	7	8
7	8	6	9	4	1	2	5	3
5	4	9	6	3	2	7	8	1
3	2	1	7	5	8	4	6	9
6	5	8	4	2	9	3	1	7
4	1	2	8	7	3	6	9	5
9	3	7	1	6	5	8	4	2

593

9	6	2	1	7	5	8	4	3
7	4	8	6	9	3	1	2	5
1	3	5	8	4	2	6	9	7
4	8	6	7	1	9	5	3	2
2	9	1	5	3	4	7	8	6
5	7	3	2	6	8	4	1	9
6	2	9	4	8	7	3	5	1
3	1	4	9	5	6	2	7	8
8	5	7	3	2	1	9	6	4

594

3	9	5	4	1	8	2	7	6
1	8	7	3	2	6	4	9	5
6	2	4	7	9	5	3	8	1
2	6	9	1	3	4	8	5	7
5	1	3	8	7	2	6	4	9
7	4	8	6	5	9	1	2	3
9	5	6	2	8	3	7	1	4
8	3	1	9	4	7	5	6	2
4	7	2	5	6	1	9	3	8

595

7	8	2	1	3	9	6	4	5
3	5	6	4	8	2	9	1	7
4	9	1	7	5	6	3	8	2
1	2	7	9	4	8	5	6	3
8	3	5	6	2	7	4	9	1
6	4	9	5	1	3	7	2	8
9	1	8	3	7	4	2	5	6
2	7	4	8	6	5	1	3	9
5	6	3	2	9	1	8	7	4

596

2	5	7	1	6	9	4	8	3
9	3	8	4	7	2	5	1	6
4	6	1	5	3	8	2	7	9
7	8	2	6	9	5	1	3	4
3	9	5	8	4	1	7	6	2
1	4	6	7	2	3	8	9	5
8	7	9	2	5	6	3	4	1
5	1	3	9	8	4	6	2	7
6	2	4	3	1	7	9	5	8

597

1	8	9	3	5	4	6	2	7
7	6	2	9	8	1	4	3	5
4	3	5	7	2	6	9	1	8
9	1	8	2	6	5	3	7	4
5	7	6	1	4	3	2	8	9
3	2	4	8	7	9	1	5	6
8	5	1	6	9	2	7	4	3
6	4	3	5	1	7	8	9	2
2	9	7	4	3	8	5	6	1

598

2	3	6	8	5	1	9	7	4
9	4	1	2	6	7	5	3	8
5	8	7	9	3	4	1	6	2
3	9	5	7	4	6	8	2	1
7	1	2	5	8	9	3	4	6
4	6	8	3	1	2	7	5	9
6	5	9	4	7	8	2	1	3
1	2	3	6	9	5	4	8	7
8	7	4	1	2	3	6	9	5

599

3	5	9	6	8	1	4	7	2
4	8	2	3	5	7	9	6	1
6	1	7	4	2	9	3	8	5
5	9	6	2	3	8	7	1	4
8	7	3	1	9	4	5	2	6
1	2	4	7	6	5	8	9	3
9	3	1	5	7	6	2	4	8
7	4	5	8	1	2	6	3	9
2	6	8	9	4	3	1	5	7

600

8	9	2	6	5	4	1	3	7
5	7	4	9	1	3	8	2	6
3	6	1	7	8	2	4	5	9
7	2	8	4	3	5	6	9	1
6	3	5	1	9	8	7	4	2
4	1	9	2	6	7	3	8	5
1	4	7	3	2	9	5	6	8
9	5	6	8	4	1	2	7	3
2	8	3	5	7	6	9	1	4

601

3	8	2	6	1	9	7	4	5
4	1	5	8	3	7	2	9	6
9	7	6	4	5	2	8	3	1
8	6	9	2	7	3	1	5	4
1	3	7	5	9	4	6	8	2
5	2	4	1	6	8	9	7	3
2	5	8	9	4	1	3	6	7
7	4	1	3	8	6	5	2	9
6	9	3	7	2	5	4	1	8

602

8	7	4	9	1	5	3	2	6
6	9	1	2	3	8	4	7	5
5	2	3	7	4	6	1	8	9
2	1	8	6	7	3	9	5	4
3	4	9	5	8	2	7	6	1
7	6	5	1	9	4	2	3	8
9	3	7	8	5	1	6	4	2
1	5	6	4	2	7	8	9	3
4	8	2	3	6	9	5	1	7

603

3	4	5	2	6	9	8	1	7
1	7	2	8	5	3	9	6	4
6	8	9	4	1	7	3	5	2
4	5	3	7	9	6	1	2	8
2	9	1	3	8	5	4	7	6
8	6	7	1	2	4	5	9	3
5	1	8	6	3	2	7	4	9
9	2	4	5	7	8	6	3	1
7	3	6	9	4	1	2	8	5

604

5	9	2	8	7	6	3	1	4
3	8	1	4	9	2	7	6	5
6	7	4	5	3	1	8	2	9
4	2	5	3	8	9	1	7	6
7	1	9	6	2	4	5	3	8
8	3	6	1	5	7	4	9	2
1	5	7	2	6	8	9	4	3
9	6	8	7	4	3	2	5	1
2	4	3	9	1	5	6	8	7

605

5	7	1	3	8	4	6	9	2
3	2	8	6	5	9	4	7	1
6	9	4	2	1	7	8	5	3
7	6	9	1	4	3	2	8	5
1	4	5	8	7	2	9	3	6
8	3	2	5	9	6	7	1	4
9	8	3	4	2	1	5	6	7
4	1	7	9	6	5	3	2	8
2	5	6	7	3	8	1	4	9

606

3	2	9	6	4	7	8	5	1
6	7	1	5	8	2	9	3	4
5	4	8	3	9	1	7	2	6
2	9	3	1	7	8	6	4	5
4	8	6	2	5	9	1	7	3
1	5	7	4	6	3	2	9	8
9	3	4	7	1	6	5	8	2
7	1	5	8	2	4	3	6	9
8	6	2	9	3	5	4	1	7

607

8	3	4	6	5	7	9	2	1
5	1	9	2	3	8	7	6	4
6	2	7	4	1	9	5	3	8
3	7	8	5	9	4	2	1	6
1	9	6	7	2	3	8	4	5
4	5	2	8	6	1	3	7	9
9	4	3	1	8	2	6	5	7
2	6	1	9	7	5	4	8	3
7	8	5	3	4	6	1	9	2

608

6	2	7	1	3	4	5	8	9
4	1	9	8	5	2	3	6	7
5	8	3	6	9	7	1	2	4
9	5	4	3	7	6	2	1	8
8	7	1	9	2	5	6	4	3
3	6	2	4	8	1	9	7	5
1	3	5	2	4	8	7	9	6
7	4	6	5	1	9	8	3	2
2	9	8	7	6	3	4	5	1

609

4	6	5	3	1	2	9	8	7
2	3	7	5	8	9	6	1	4
9	8	1	6	7	4	2	3	5
8	4	2	1	9	5	7	6	3
3	5	9	7	4	6	8	2	1
1	7	6	8	2	3	5	4	9
7	9	3	2	6	1	4	5	8
6	1	4	9	5	8	3	7	2
5	2	8	4	3	7	1	9	6

610

7	2	4	1	8	3	5	6	9
1	3	6	9	5	2	4	7	8
8	5	9	7	6	4	1	3	2
4	8	5	3	2	9	7	1	6
3	1	2	6	4	7	8	9	5
9	6	7	5	1	8	3	2	4
5	4	3	2	9	1	6	8	7
2	7	8	4	3	6	9	5	1
6	9	1	8	7	5	2	4	3

611

5	8	2	9	7	4	1	3	6
4	1	9	6	5	3	7	2	8
6	7	3	8	1	2	5	9	4
3	4	8	1	2	6	9	5	7
1	5	6	7	8	9	3	4	2
2	9	7	3	4	5	6	8	1
8	3	4	5	6	7	2	1	9
9	6	1	2	3	8	4	7	5
7	2	5	4	9	1	8	6	3

612

7	9	5	8	3	6	4	2	1
2	1	4	5	9	7	3	8	6
8	6	3	4	2	1	5	9	7
6	3	9	2	8	5	7	1	4
1	5	8	7	4	9	2	6	3
4	7	2	6	1	3	8	5	9
5	2	7	1	6	4	9	3	8
3	8	1	9	7	2	6	4	5
9	4	6	3	5	8	1	7	2

613

6	2	1	4	9	7	8	5	3
4	8	5	6	1	3	7	2	9
3	9	7	8	5	2	6	1	4
8	5	9	2	6	1	3	4	7
1	7	6	3	4	5	9	8	2
2	3	4	7	8	9	5	6	1
9	6	8	1	7	4	2	3	5
5	4	2	9	3	8	1	7	6
7	1	3	5	2	6	4	9	8

614

8	2	7	5	3	4	6	9	1
1	5	3	9	6	7	4	2	8
9	6	4	8	2	1	5	7	3
3	4	2	6	9	8	1	5	7
5	8	1	4	7	2	3	6	9
7	9	6	1	5	3	2	8	4
4	1	5	2	8	9	7	3	6
2	7	9	3	4	6	8	1	5
6	3	8	7	1	5	9	4	2

615

1	8	9	5	3	4	2	6	7
5	2	7	6	9	8	4	1	3
3	4	6	1	2	7	5	8	9
9	7	8	4	1	2	6	3	5
6	1	5	8	7	3	9	4	2
2	3	4	9	5	6	1	7	8
8	6	2	7	4	9	3	5	1
4	5	3	2	8	1	7	9	6
7	9	1	3	6	5	8	2	4

616

3	8	2	1	6	4	9	7	5
5	9	1	2	7	8	4	3	6
7	4	6	3	5	9	8	2	1
4	5	3	6	9	2	1	8	7
6	2	9	7	8	1	5	4	3
8	1	7	5	4	3	2	6	9
9	3	5	8	2	6	7	1	4
2	6	4	9	1	7	3	5	8
1	7	8	4	3	5	6	9	2

617

9	2	7	3	4	1	8	5	6
4	6	3	7	5	8	1	2	9
1	5	8	6	2	9	4	3	7
8	9	2	1	7	4	3	6	5
7	4	6	5	8	3	9	1	2
5	3	1	9	6	2	7	8	4
6	1	5	4	3	7	2	9	8
3	8	4	2	9	6	5	7	1
2	7	9	8	1	5	6	4	3

618

9	7	4	1	2	5	6	8	3
6	3	5	4	9	8	7	1	2
8	1	2	6	3	7	5	4	9
4	8	3	7	5	1	2	9	6
5	9	6	2	8	4	1	3	7
1	2	7	3	6	9	8	5	4
2	5	1	9	7	3	4	6	8
7	4	9	8	1	6	3	2	5
3	6	8	5	4	2	9	7	1

619

9	1	6	2	5	4	8	7	3
4	3	8	7	6	9	2	5	1
2	7	5	1	3	8	9	4	6
6	5	9	8	2	1	4	3	7
8	4	1	3	7	6	5	2	9
3	2	7	4	9	5	6	1	8
7	9	2	5	8	3	1	6	4
5	6	4	9	1	7	3	8	2
1	8	3	6	4	2	7	9	5

620

8	5	7	6	4	1	2	9	3
4	3	9	2	5	7	8	1	6
2	1	6	8	3	9	7	4	5
9	6	5	3	1	2	4	8	7
1	7	4	9	8	5	3	6	2
3	8	2	7	6	4	1	5	9
5	4	3	1	2	6	9	7	8
6	9	8	4	7	3	5	2	1
7	2	1	5	9	8	6	3	4

621

7	6	5	3	2	1	4	9	8
8	2	9	7	5	4	6	1	3
3	4	1	9	8	6	7	5	2
6	5	4	1	7	2	3	8	9
1	7	2	8	3	9	5	4	6
9	3	8	4	6	5	2	7	1
5	1	3	6	9	7	8	2	4
2	9	6	5	4	8	1	3	7
4	8	7	2	1	3	9	6	5

622

2	8	7	4	1	3	6	9	5
4	1	3	6	9	5	8	2	7
6	9	5	2	8	7	1	3	4
8	5	2	9	6	4	3	7	1
3	7	4	1	5	8	2	6	9
9	6	1	3	7	2	5	4	8
1	3	6	8	4	9	7	5	2
5	4	8	7	2	6	9	1	3
7	2	9	5	3	1	4	8	6

623

8	2	7	6	9	3	1	5	4
4	3	6	5	1	8	7	2	9
5	9	1	2	7	4	3	8	6
6	1	2	9	8	5	4	3	7
3	4	5	7	2	6	9	1	8
7	8	9	3	4	1	5	6	2
9	7	8	1	3	2	6	4	5
2	5	3	4	6	9	8	7	1
1	6	4	8	5	7	2	9	3

624

4	9	7	1	8	6	5	2	3
3	6	1	5	9	2	8	7	4
8	2	5	3	4	7	1	6	9
5	3	2	7	6	9	4	1	8
1	8	9	4	2	5	7	3	6
7	4	6	8	1	3	9	5	2
2	7	8	9	3	1	6	4	5
9	1	3	6	5	4	2	8	7
6	5	4	2	7	8	3	9	1

625

4	1	7	8	2	3	9	5	6
9	6	8	5	4	1	7	3	2
5	2	3	7	9	6	8	1	4
8	7	4	1	6	2	5	9	3
6	9	1	3	5	7	4	2	8
3	5	2	4	8	9	1	6	7
2	8	5	9	3	4	6	7	1
1	3	9	6	7	8	2	4	5
7	4	6	2	1	5	3	8	9

626

7	3	9	1	2	6	5	4	8
6	8	2	3	4	5	9	7	1
5	1	4	9	8	7	2	6	3
3	5	6	2	7	1	4	8	9
1	4	8	5	6	9	3	2	7
2	9	7	4	3	8	6	1	5
4	6	1	8	5	3	7	9	2
9	2	3	7	1	4	8	5	6
8	7	5	6	9	2	1	3	4

627

3	9	4	7	2	1	5	8	6
6	8	2	3	4	5	9	7	1
1	5	7	8	6	9	4	3	2
9	1	5	2	7	6	8	4	3
2	6	8	4	5	3	1	9	7
7	4	3	1	9	8	6	2	5
5	2	1	9	3	4	7	6	8
8	7	9	6	1	2	3	5	4
4	3	6	5	8	7	2	1	9

628

1	4	3	6	5	7	8	9	2
7	6	9	3	2	8	1	5	4
5	8	2	9	1	4	7	6	3
2	1	4	7	8	6	5	3	9
8	3	6	5	9	2	4	1	7
9	5	7	4	3	1	2	8	6
6	7	1	8	4	9	3	2	5
3	9	8	2	7	5	6	4	1
4	2	5	1	6	3	9	7	8

629

8	4	9	3	7	2	5	6	1
2	5	1	8	6	9	7	4	3
3	7	6	5	1	4	8	2	9
4	1	7	9	2	5	3	8	6
5	3	2	1	8	6	9	7	4
9	6	8	7	4	3	1	5	2
1	2	3	4	5	7	6	9	8
6	9	5	2	3	8	4	1	7
7	8	4	6	9	1	2	3	5

630

2	9	8	7	1	6	5	3	4
7	1	5	4	2	3	6	8	9
3	6	4	9	5	8	1	2	7
6	2	7	3	8	1	4	9	5
4	5	1	2	6	9	8	7	3
9	8	3	5	7	4	2	1	6
8	4	2	6	9	7	3	5	1
5	7	6	1	3	2	9	4	8
1	3	9	8	4	5	7	6	2

631

2	1	5	6	7	8	3	4	9
3	4	7	5	1	9	8	6	2
8	6	9	3	4	2	7	5	1
9	8	2	7	5	6	4	1	3
6	5	1	4	8	3	9	2	7
4	7	3	9	2	1	6	8	5
1	9	4	2	6	7	5	3	8
7	2	6	8	3	5	1	9	4
5	3	8	1	9	4	2	7	6

632

3	2	7	4	1	9	6	5	8
8	9	5	6	3	2	1	7	4
6	1	4	7	8	5	9	2	3
4	5	3	9	2	8	7	6	1
1	7	8	5	6	3	2	4	9
2	6	9	1	7	4	8	3	5
7	8	1	3	5	6	4	9	2
5	4	2	8	9	7	3	1	6
9	3	6	2	4	1	5	8	7

633

6	1	9	8	5	2	3	4	7
7	2	5	1	3	4	9	6	8
8	3	4	9	7	6	1	2	5
4	7	6	5	2	1	8	3	9
1	9	3	4	6	8	7	5	2
2	5	8	7	9	3	4	1	6
9	6	1	3	8	5	2	7	4
5	4	7	2	1	9	6	8	3
3	8	2	6	4	7	5	9	1

634

9	7	6	4	8	2	5	1	3
5	2	4	3	1	7	8	9	6
3	8	1	9	6	5	2	7	4
6	1	9	8	5	3	7	4	2
2	3	7	6	4	9	1	8	5
4	5	8	2	7	1	6	3	9
1	4	2	7	3	6	9	5	8
7	9	3	5	2	8	4	6	1
8	6	5	1	9	4	3	2	7

635

6	9	5	8	7	1	2	4	3
8	4	1	3	6	2	9	7	5
2	3	7	4	5	9	6	8	1
4	8	2	1	9	5	7	3	6
7	1	6	2	4	3	5	9	8
9	5	3	6	8	7	1	2	4
5	2	4	9	3	6	8	1	7
1	6	8	7	2	4	3	5	9
3	7	9	5	1	8	4	6	2

636

3	5	9	2	7	1	6	4	8
8	2	4	6	3	9	7	1	5
7	1	6	5	8	4	3	2	9
6	4	3	1	9	2	5	8	7
9	7	5	8	4	6	1	3	2
2	8	1	7	5	3	4	9	6
5	3	7	9	1	8	2	6	4
1	9	2	4	6	7	8	5	3
4	6	8	3	2	5	9	7	1

637

2	1	6	3	5	8	9	7	4
7	3	9	6	4	2	8	5	1
4	8	5	7	9	1	3	2	6
8	4	1	5	7	3	6	9	2
5	6	3	9	2	4	1	8	7
9	7	2	1	8	6	5	4	3
6	5	4	8	3	7	2	1	9
1	2	8	4	6	9	7	3	5
3	9	7	2	1	5	4	6	8

638

5	9	8	7	1	3	2	4	6
7	2	6	4	8	9	5	1	3
1	4	3	5	2	6	7	8	9
2	8	9	3	4	1	6	5	7
3	1	7	6	5	2	8	9	4
6	5	4	9	7	8	1	3	2
4	7	2	8	9	5	3	6	1
9	6	5	1	3	7	4	2	8
8	3	1	2	6	4	9	7	5

639

4	3	1	6	8	2	9	7	5
2	5	6	7	9	4	8	3	1
7	9	8	3	1	5	6	2	4
5	1	9	4	2	3	7	8	6
3	2	4	8	7	6	1	5	9
6	8	7	9	5	1	3	4	2
9	4	2	1	3	7	5	6	8
1	7	5	2	6	8	4	9	3
8	6	3	5	4	9	2	1	7

640

1	3	8	5	6	9	2	7	4
9	5	6	4	2	7	8	1	3
2	4	7	3	8	1	6	9	5
4	2	1	7	9	5	3	6	8
8	6	3	2	1	4	7	5	9
5	7	9	8	3	6	1	4	2
6	8	5	1	4	3	9	2	7
7	1	2	9	5	8	4	3	6
3	9	4	6	7	2	5	8	1

641

4	8	6	7	9	1	3	5	2
2	9	1	3	5	6	7	8	4
7	3	5	4	8	2	9	1	6
6	5	4	1	3	8	2	9	7
9	2	8	6	7	5	4	3	1
1	7	3	2	4	9	8	6	5
5	6	9	8	2	7	1	4	3
8	4	2	5	1	3	6	7	9
3	1	7	9	6	4	5	2	8

642

2	1	3	5	7	8	4	9	6
8	6	9	3	1	4	7	5	2
5	4	7	9	6	2	8	3	1
7	5	2	4	3	6	1	8	9
1	3	6	8	9	7	2	4	5
4	9	8	2	5	1	6	7	3
3	8	4	1	2	5	9	6	7
6	2	5	7	4	9	3	1	8
9	7	1	6	8	3	5	2	4

643

1	5	3	9	4	7	6	8	2
7	2	9	6	3	8	1	5	4
4	6	8	5	2	1	9	3	7
9	3	7	2	1	5	4	6	8
6	1	5	7	8	4	3	2	9
2	8	4	3	6	9	5	7	1
5	4	6	1	7	2	8	9	3
8	9	2	4	5	3	7	1	6
3	7	1	8	9	6	2	4	5

644

4	6	7	5	9	8	1	3	2
5	9	1	2	4	3	7	8	6
2	3	8	6	7	1	9	4	5
1	2	4	9	8	6	5	7	3
6	8	9	7	3	5	2	1	4
7	5	3	4	1	2	6	9	8
8	7	5	1	2	4	3	6	9
3	1	2	8	6	9	4	5	7
9	4	6	3	5	7	8	2	1

645

3	1	8	9	6	5	4	7	2
6	4	2	7	3	1	5	9	8
7	9	5	8	2	4	6	3	1
4	2	1	3	5	8	9	6	7
5	8	7	1	9	6	2	4	3
9	3	6	2	4	7	1	8	5
1	5	9	6	8	3	7	2	4
8	6	4	5	7	2	3	1	9
2	7	3	4	1	9	8	5	6

646

9	1	2	3	6	8	4	5	7
5	8	4	2	7	9	3	6	1
6	7	3	5	1	4	8	2	9
1	9	8	7	4	5	2	3	6
3	4	6	1	9	2	5	7	8
7	2	5	6	8	3	9	1	4
8	3	1	9	2	6	7	4	5
2	6	9	4	5	7	1	8	3
4	5	7	8	3	1	6	9	2

647

3	8	6	5	4	9	1	2	7
9	4	7	2	1	6	3	8	5
2	5	1	3	8	7	9	4	6
5	1	8	7	6	2	4	3	9
4	7	9	8	3	1	6	5	2
6	3	2	9	5	4	8	7	1
8	9	4	1	2	5	7	6	3
1	6	5	4	7	3	2	9	8
7	2	3	6	9	8	5	1	4

648

9	5	1	3	7	6	8	2	4
7	2	8	9	4	5	3	1	6
3	6	4	2	8	1	7	9	5
5	7	2	6	1	3	4	8	9
1	4	9	5	2	8	6	3	7
6	8	3	7	9	4	1	5	2
2	1	6	8	5	7	9	4	3
8	9	7	4	3	2	5	6	1
4	3	5	1	6	9	2	7	8

649

4	1	9	3	5	7	2	8	6
7	5	2	8	6	4	3	9	1
8	3	6	1	9	2	4	5	7
9	8	1	2	3	5	6	7	4
6	7	5	4	1	9	8	2	3
2	4	3	7	8	6	9	1	5
1	2	7	6	4	8	5	3	9
5	6	8	9	7	3	1	4	2
3	9	4	5	2	1	7	6	8

650

7	9	2	6	8	3	4	5	1
3	4	8	9	5	1	2	7	6
1	6	5	4	7	2	8	9	3
6	2	3	1	4	9	5	8	7
4	1	7	5	3	8	6	2	9
8	5	9	7	2	6	1	3	4
5	3	6	8	9	4	7	1	2
9	8	4	2	1	7	3	6	5
2	7	1	3	6	5	9	4	8

651

3	1	4	5	2	7	9	6	8
9	2	5	6	8	4	3	7	1
7	6	8	3	1	9	4	5	2
4	5	2	9	7	1	6	8	3
8	3	7	4	6	2	5	1	9
1	9	6	8	3	5	2	4	7
6	7	1	2	5	3	8	9	4
5	4	3	7	9	8	1	2	6
2	8	9	1	4	6	7	3	5

652

5	6	1	8	7	9	3	2	4
4	2	9	6	5	3	8	1	7
7	8	3	4	1	2	6	5	9
2	7	6	1	9	8	4	3	5
3	5	4	7	2	6	1	9	8
9	1	8	5	3	4	2	7	6
6	9	7	2	8	1	5	4	3
1	4	5	3	6	7	9	8	2
8	3	2	9	4	5	7	6	1

653

6	2	9	4	7	1	3	8	5
1	4	8	3	9	5	2	6	7
3	5	7	2	8	6	4	9	1
8	1	5	6	4	2	7	3	9
9	6	2	7	5	3	8	1	4
4	7	3	8	1	9	6	5	2
5	3	4	1	2	8	9	7	6
2	9	6	5	3	7	1	4	8
7	8	1	9	6	4	5	2	3

654

4	9	6	3	2	1	8	7	5
2	8	5	7	4	9	1	6	3
7	1	3	5	8	6	2	4	9
6	5	9	8	1	3	4	2	7
3	2	1	4	6	7	5	9	8
8	4	7	2	9	5	6	3	1
1	7	8	6	3	4	9	5	2
9	3	4	1	5	2	7	8	6
5	6	2	9	7	8	3	1	4

655

5	4	1	2	7	3	8	9	6
3	8	6	5	9	4	7	1	2
7	2	9	8	6	1	4	3	5
9	3	8	6	4	7	2	5	1
1	5	4	9	8	2	3	6	7
2	6	7	3	1	5	9	4	8
6	1	2	4	3	8	5	7	9
8	9	3	7	5	6	1	2	4
4	7	5	1	2	9	6	8	3

656

3	8	9	1	5	6	7	4	2
7	1	6	4	2	3	5	9	8
2	5	4	9	7	8	3	1	6
5	7	2	6	4	1	8	3	9
1	6	8	5	3	9	2	7	4
9	4	3	7	8	2	6	5	1
6	3	7	8	1	4	9	2	5
8	2	1	3	9	5	4	6	7
4	9	5	2	6	7	1	8	3

657

5	1	9	4	8	3	7	2	6
8	7	2	6	5	1	4	9	3
4	3	6	2	7	9	5	1	8
3	8	1	7	4	2	6	5	9
9	5	7	8	1	6	3	4	2
2	6	4	3	9	5	8	7	1
7	2	5	1	6	8	9	3	4
1	9	8	5	3	4	2	6	7
6	4	3	9	2	7	1	8	5

658

4	1	2	8	6	9	3	5	7
7	9	3	2	5	4	8	6	1
8	5	6	1	7	3	2	9	4
6	3	7	9	1	8	4	2	5
9	8	4	5	2	7	1	3	6
1	2	5	3	4	6	9	7	8
2	6	8	4	9	5	7	1	3
3	7	9	6	8	1	5	4	2
5	4	1	7	3	2	6	8	9

659

5	7	1	6	3	2	8	9	4
9	2	4	5	7	8	1	6	3
6	8	3	9	4	1	2	5	7
2	5	7	8	9	6	3	4	1
4	1	8	3	2	5	9	7	6
3	9	6	4	1	7	5	8	2
8	3	5	2	6	4	7	1	9
7	6	9	1	8	3	4	2	5
1	4	2	7	5	9	6	3	8

660

3	2	7	9	8	5	1	6	4
9	5	6	1	7	4	2	8	3
4	1	8	6	2	3	9	5	7
7	8	4	5	6	1	3	9	2
5	6	3	2	4	9	7	1	8
2	9	1	7	3	8	6	4	5
6	3	9	8	5	7	4	2	1
1	4	5	3	9	2	8	7	6
8	7	2	4	1	6	5	3	9

661

1	6	9	5	3	8	2	7	4
3	4	7	2	9	6	5	8	1
2	5	8	7	4	1	3	6	9
8	3	4	1	6	9	7	2	5
5	9	1	8	2	7	6	4	3
6	7	2	3	5	4	9	1	8
9	1	3	6	8	2	4	5	7
4	8	6	9	7	5	1	3	2
7	2	5	4	1	3	8	9	6

662

9	6	7	8	5	4	2	1	3
3	5	2	7	9	1	8	6	4
8	4	1	2	6	3	7	9	5
1	3	4	5	2	8	9	7	6
7	8	5	9	4	6	3	2	1
2	9	6	3	1	7	4	5	8
4	7	9	1	8	5	6	3	2
5	2	8	6	3	9	1	4	7
6	1	3	4	7	2	5	8	9

663

3	5	4	2	1	9	7	6	8
9	2	7	8	6	5	3	4	1
8	1	6	3	7	4	5	2	9
4	3	1	6	5	2	9	8	7
2	7	9	4	8	3	6	1	5
5	6	8	1	9	7	4	3	2
1	9	3	5	2	6	8	7	4
6	8	5	7	4	1	2	9	3
7	4	2	9	3	8	1	5	6

664

2	5	4	6	7	3	1	9	8
7	6	8	5	1	9	3	4	2
3	1	9	8	4	2	5	6	7
9	4	2	3	8	5	6	7	1
5	8	1	7	6	4	2	3	9
6	7	3	2	9	1	8	5	4
4	9	5	1	3	8	7	2	6
1	3	7	4	2	6	9	8	5
8	2	6	9	5	7	4	1	3

665

5	9	3	4	8	2	7	6	1
6	4	7	3	5	1	8	2	9
2	1	8	7	6	9	4	3	5
7	8	5	1	3	4	2	9	6
4	3	6	9	2	5	1	7	8
9	2	1	8	7	6	5	4	3
3	5	2	6	1	7	9	8	4
8	7	9	5	4	3	6	1	2
1	6	4	2	9	8	3	5	7

666

9	7	6	8	4	2	3	1	5
5	8	4	1	3	6	2	7	9
2	1	3	9	7	5	8	6	4
6	4	9	5	2	8	7	3	1
1	3	8	7	6	9	5	4	2
7	5	2	3	1	4	9	8	6
3	2	7	4	5	1	6	9	8
4	9	5	6	8	3	1	2	7
8	6	1	2	9	7	4	5	3

667

1	7	2	5	4	6	9	3	8
9	3	5	1	2	8	6	4	7
4	8	6	7	9	3	5	2	1
6	4	3	9	8	7	1	5	2
2	9	1	4	6	5	8	7	3
8	5	7	3	1	2	4	6	9
3	6	9	8	7	4	2	1	5
5	1	4	2	3	9	7	8	6
7	2	8	6	5	1	3	9	4

668

6	7	4	2	1	9	3	5	8
1	8	3	4	6	5	2	9	7
2	9	5	8	7	3	1	6	4
3	6	7	9	5	8	4	2	1
5	1	8	7	2	4	9	3	6
4	2	9	6	3	1	8	7	5
8	5	2	3	4	6	7	1	9
9	3	1	5	8	7	6	4	2
7	4	6	1	9	2	5	8	3

669

1	4	6	3	5	8	2	7	9
3	5	2	9	1	7	6	8	4
9	7	8	6	4	2	3	1	5
8	1	5	2	7	6	4	9	3
2	9	4	5	3	1	7	6	8
7	6	3	8	9	4	5	2	1
5	8	7	1	2	3	9	4	6
6	2	9	4	8	5	1	3	7
4	3	1	7	6	9	8	5	2

670

3	2	4	5	9	7	1	6	8
5	8	1	3	4	6	7	2	9
6	7	9	1	8	2	3	4	5
8	5	2	7	1	3	4	9	6
1	4	3	6	2	9	8	5	7
7	9	6	8	5	4	2	1	3
4	6	8	2	3	5	9	7	1
9	1	5	4	7	8	6	3	2
2	3	7	9	6	1	5	8	4

671

1	9	3	4	5	8	6	2	7
8	7	4	2	6	9	3	5	1
2	5	6	1	3	7	4	9	8
9	6	1	5	7	4	2	8	3
4	2	7	3	8	6	5	1	9
3	8	5	9	2	1	7	6	4
5	4	9	7	1	2	8	3	6
7	3	8	6	9	5	1	4	2
6	1	2	8	4	3	9	7	5

672

2	7	6	1	4	3	8	5	9
9	5	3	8	6	2	1	7	4
1	8	4	5	7	9	2	3	6
4	2	5	3	9	7	6	1	8
7	1	8	4	5	6	9	2	3
6	3	9	2	8	1	7	4	5
5	6	1	7	3	8	4	9	2
8	4	7	9	2	5	3	6	1
3	9	2	6	1	4	5	8	7

673

5	8	6	2	9	7	3	1	4
7	3	1	5	8	4	9	6	2
9	2	4	1	3	6	5	7	8
6	7	3	8	4	9	1	2	5
2	1	9	3	6	5	4	8	7
8	4	5	7	1	2	6	3	9
3	9	2	6	5	8	7	4	1
1	5	8	4	7	3	2	9	6
4	6	7	9	2	1	8	5	3

674

7	3	2	8	4	5	9	6	1
8	1	9	6	2	3	4	7	5
5	6	4	7	9	1	2	3	8
9	5	6	1	3	2	8	4	7
1	8	3	4	7	9	5	2	6
4	2	7	5	6	8	1	9	3
6	9	8	2	5	7	3	1	4
2	4	5	3	1	6	7	8	9
3	7	1	9	8	4	6	5	2

675

7	1	8	6	9	5	4	2	3
4	9	3	2	1	7	6	5	8
2	6	5	8	4	3	9	7	1
1	3	7	9	5	2	8	4	6
5	8	4	3	7	6	1	9	2
9	2	6	4	8	1	7	3	5
3	4	2	7	6	8	5	1	9
6	5	9	1	2	4	3	8	7
8	7	1	5	3	9	2	6	4

676

9	5	4	7	2	1	8	3	6
1	8	3	6	5	4	9	7	2
6	7	2	9	8	3	5	4	1
2	3	9	1	7	8	6	5	4
5	1	8	4	6	2	3	9	7
4	6	7	3	9	5	1	2	8
8	2	6	5	4	9	7	1	3
7	9	1	2	3	6	4	8	5
3	4	5	8	1	7	2	6	9

677

7	9	2	4	1	3	5	8	6
8	1	5	7	6	2	3	9	4
4	3	6	8	9	5	7	2	1
3	6	1	9	7	4	8	5	2
9	4	8	5	2	6	1	7	3
2	5	7	3	8	1	4	6	9
6	8	4	1	5	9	2	3	7
5	2	3	6	4	7	9	1	8
1	7	9	2	3	8	6	4	5

678

9	2	7	4	3	5	8	6	1
4	8	5	7	1	6	3	2	9
1	6	3	8	2	9	7	5	4
3	7	9	5	8	1	6	4	2
5	1	8	6	4	2	9	3	7
6	4	2	9	7	3	1	8	5
8	5	1	2	6	7	4	9	3
2	3	6	1	9	4	5	7	8
7	9	4	3	5	8	2	1	6

679

5	3	7	6	4	1	9	8	2
2	8	1	5	3	9	4	6	7
4	9	6	8	2	7	1	5	3
8	2	5	4	1	6	7	3	9
6	1	9	7	5	3	2	4	8
7	4	3	9	8	2	6	1	5
3	6	2	1	7	8	5	9	4
9	7	4	3	6	5	8	2	1
1	5	8	2	9	4	3	7	6

680

8	9	4	1	5	6	2	3	7
3	1	6	2	7	9	4	5	8
5	2	7	8	4	3	9	6	1
4	7	8	9	3	2	6	1	5
9	6	5	4	1	7	3	8	2
1	3	2	6	8	5	7	4	9
7	4	9	5	6	1	8	2	3
2	8	1	3	9	4	5	7	6
6	5	3	7	2	8	1	9	4

681

4	9	7	1	6	3	2	5	8
3	5	1	2	4	8	6	7	9
8	2	6	7	5	9	3	1	4
6	3	5	8	9	7	4	2	1
1	4	8	6	2	5	9	3	7
2	7	9	3	1	4	8	6	5
7	6	4	9	3	1	5	8	2
5	8	2	4	7	6	1	9	3
9	1	3	5	8	2	7	4	6

682

4	5	7	2	6	1	9	8	3
9	2	1	8	3	5	6	7	4
8	3	6	4	7	9	2	5	1
5	6	4	3	8	7	1	2	9
1	7	9	5	2	4	3	6	8
3	8	2	1	9	6	7	4	5
7	1	5	9	4	2	8	3	6
2	4	8	6	1	3	5	9	7
6	9	3	7	5	8	4	1	2

683

7	9	6	2	8	1	3	4	5
4	3	2	7	6	5	1	9	8
5	8	1	3	4	9	7	6	2
9	7	5	4	1	3	2	8	6
1	6	8	5	2	7	9	3	4
3	2	4	6	9	8	5	7	1
6	1	7	9	5	4	8	2	3
2	5	9	8	3	6	4	1	7
8	4	3	1	7	2	6	5	9

684

7	5	9	6	8	4	2	3	1
2	4	6	1	3	7	9	5	8
1	3	8	5	9	2	6	4	7
5	9	7	4	1	8	3	6	2
3	8	2	7	6	9	4	1	5
6	1	4	2	5	3	8	7	9
4	2	5	9	7	6	1	8	3
8	6	1	3	2	5	7	9	4
9	7	3	8	4	1	5	2	6

685

8	6	1	3	5	9	4	7	2
9	7	4	8	1	2	6	3	5
2	5	3	4	7	6	8	9	1
6	4	2	9	8	3	1	5	7
5	9	8	1	2	7	3	4	6
1	3	7	6	4	5	2	8	9
3	1	5	2	9	4	7	6	8
7	2	6	5	3	8	9	1	4
4	8	9	7	6	1	5	2	3

686

3	1	5	6	7	8	9	2	4
4	2	6	1	9	5	8	3	7
7	9	8	3	2	4	6	5	1
8	7	4	9	5	1	3	6	2
1	3	9	2	4	6	5	7	8
6	5	2	8	3	7	4	1	9
9	4	1	7	6	3	2	8	5
5	6	7	4	8	2	1	9	3
2	8	3	5	1	9	7	4	6

687

5	1	8	3	2	4	9	6	7
3	6	7	9	8	1	4	5	2
2	4	9	5	6	7	8	3	1
9	8	5	1	7	2	3	4	6
6	3	1	4	5	9	2	7	8
7	2	4	8	3	6	1	9	5
4	5	3	7	1	8	6	2	9
1	9	6	2	4	5	7	8	3
8	7	2	6	9	3	5	1	4

688

6	4	7	8	5	3	1	2	9
1	8	3	7	9	2	6	4	5
2	5	9	1	6	4	7	8	3
8	9	4	5	1	7	2	3	6
7	1	2	3	8	6	5	9	4
3	6	5	4	2	9	8	1	7
5	3	8	6	4	1	9	7	2
9	7	6	2	3	8	4	5	1
4	2	1	9	7	5	3	6	8

689

9	4	3	8	2	7	6	5	1
2	1	5	4	6	3	9	8	7
8	7	6	5	1	9	2	3	4
7	2	8	3	9	4	5	1	6
5	3	9	6	7	1	8	4	2
1	6	4	2	5	8	3	7	9
3	9	2	7	4	5	1	6	8
4	8	1	9	3	6	7	2	5
6	5	7	1	8	2	4	9	3

690

6	3	4	5	9	7	2	1	8
7	9	2	8	1	4	6	5	3
1	5	8	2	6	3	7	9	4
4	7	1	6	3	5	8	2	9
3	8	6	9	4	2	5	7	1
5	2	9	1	7	8	4	3	6
8	1	3	7	5	6	9	4	2
2	4	5	3	8	9	1	6	7
9	6	7	4	2	1	3	8	5

691

1	2	8	6	5	7	9	3	4
9	4	3	1	2	8	7	6	5
5	6	7	9	3	4	2	8	1
6	9	1	4	7	3	5	2	8
4	8	2	5	1	6	3	7	9
3	7	5	2	8	9	1	4	6
7	1	6	3	4	5	8	9	2
2	3	4	8	9	1	6	5	7
8	5	9	7	6	2	4	1	3

692

9	2	8	7	5	3	1	6	4
1	4	6	9	8	2	7	3	5
3	7	5	1	4	6	8	2	9
6	8	2	4	3	7	9	5	1
5	9	3	2	1	8	4	7	6
4	1	7	6	9	5	2	8	3
2	5	9	8	6	1	3	4	7
7	3	1	5	2	4	6	9	8
8	6	4	3	7	9	5	1	2

693

3	9	2	5	7	1	6	4	8
7	5	6	3	8	4	1	2	9
1	4	8	6	9	2	7	5	3
2	1	9	7	4	6	8	3	5
8	7	5	9	1	3	4	6	2
6	3	4	2	5	8	9	1	7
9	8	3	1	6	5	2	7	4
5	6	7	4	2	9	3	8	1
4	2	1	8	3	7	5	9	6

694

1	3	8	7	6	2	4	9	5
5	6	2	4	9	3	1	7	8
4	9	7	1	8	5	2	3	6
6	7	5	2	1	8	3	4	9
3	8	4	9	5	7	6	1	2
2	1	9	3	4	6	5	8	7
8	2	1	5	3	9	7	6	4
9	5	3	6	7	4	8	2	1
7	4	6	8	2	1	9	5	3

695

1	9	7	3	8	2	6	4	5
5	3	8	1	6	4	9	7	2
2	4	6	7	9	5	1	3	8
7	5	2	9	4	6	3	8	1
3	8	4	5	7	1	2	9	6
9	6	1	8	2	3	4	5	7
6	7	5	2	3	9	8	1	4
8	2	9	4	1	7	5	6	3
4	1	3	6	5	8	7	2	9

696

5	1	8	6	3	7	4	9	2
6	4	2	5	8	9	7	1	3
3	9	7	4	2	1	5	8	6
7	3	6	2	9	5	8	4	1
4	2	9	8	1	3	6	7	5
1	8	5	7	4	6	3	2	9
8	5	3	9	7	2	1	6	4
9	7	1	3	6	4	2	5	8
2	6	4	1	5	8	9	3	7

697

1	2	3	5	6	7	4	9	8
9	5	8	4	2	3	6	1	7
6	7	4	9	1	8	5	3	2
3	1	5	2	7	4	9	8	6
4	8	7	6	3	9	1	2	5
2	9	6	1	8	5	3	7	4
7	4	2	3	5	1	8	6	9
8	3	9	7	4	6	2	5	1
5	6	1	8	9	2	7	4	3

698

2	5	3	4	7	9	8	1	6
6	9	8	1	5	2	4	7	3
4	7	1	3	6	8	5	2	9
8	3	6	2	9	5	7	4	1
1	4	9	8	3	7	6	5	2
5	2	7	6	1	4	3	9	8
9	1	4	5	8	6	2	3	7
3	6	2	7	4	1	9	8	5
7	8	5	9	2	3	1	6	4

699

9	8	3	7	4	5	2	6	1
6	2	7	3	1	9	5	8	4
5	4	1	6	8	2	3	7	9
4	9	8	1	2	6	7	5	3
3	1	2	5	9	7	6	4	8
7	5	6	8	3	4	1	9	2
1	6	9	2	5	8	4	3	7
2	7	4	9	6	3	8	1	5
8	3	5	4	7	1	9	2	6

700

6	3	7	9	5	2	1	8	4
8	9	2	1	7	4	3	5	6
1	4	5	8	3	6	7	2	9
9	8	3	2	4	5	6	1	7
7	5	6	3	1	9	2	4	8
4	2	1	7	6	8	9	3	5
3	6	9	4	8	1	5	7	2
2	7	8	5	9	3	4	6	1
5	1	4	6	2	7	8	9	3

701

1	8	7	6	2	5	9	4	3
5	4	6	9	1	3	7	8	2
2	3	9	4	8	7	5	6	1
8	1	3	7	5	2	4	9	6
9	5	4	8	6	1	3	2	7
7	6	2	3	4	9	8	1	5
6	9	5	1	3	4	2	7	8
3	7	8	2	9	6	1	5	4
4	2	1	5	7	8	6	3	9

702

1	2	8	9	5	7	3	4	6
6	3	9	4	8	2	5	7	1
4	5	7	1	6	3	2	8	9
7	8	2	3	1	5	6	9	4
9	6	3	7	2	4	1	5	8
5	1	4	8	9	6	7	3	2
3	9	1	2	7	8	4	6	5
8	4	6	5	3	1	9	2	7
2	7	5	6	4	9	8	1	3

703

8	5	9	3	1	7	4	6	2
6	7	4	9	5	2	1	3	8
3	1	2	4	6	8	9	5	7
2	6	3	5	9	4	7	8	1
5	4	1	7	8	6	2	9	3
7	9	8	2	3	1	6	4	5
1	8	5	6	7	9	3	2	4
4	3	6	1	2	5	8	7	9
9	2	7	8	4	3	5	1	6

704

2	1	3	4	7	8	6	9	5
8	5	9	6	1	2	3	7	4
7	6	4	3	5	9	1	8	2
3	9	1	5	4	6	7	2	8
6	2	8	7	9	3	4	5	1
4	7	5	8	2	1	9	3	6
1	3	2	9	8	4	5	6	7
5	4	6	2	3	7	8	1	9
9	8	7	1	6	5	2	4	3

705

8	4	9	6	7	3	1	5	2
7	5	6	9	2	1	4	3	8
3	2	1	5	4	8	7	9	6
5	3	8	7	9	4	6	2	1
2	9	4	1	3	6	5	8	7
1	6	7	8	5	2	3	4	9
4	7	3	2	6	9	8	1	5
9	1	5	3	8	7	2	6	4
6	8	2	4	1	5	9	7	3

706

3	1	6	4	2	5	9	7	8
8	2	7	6	9	3	1	5	4
4	5	9	1	7	8	6	2	3
2	7	4	8	6	1	3	9	5
6	8	3	9	5	7	4	1	2
1	9	5	2	3	4	8	6	7
7	6	1	3	4	2	5	8	9
5	3	8	7	1	9	2	4	6
9	4	2	5	8	6	7	3	1

707

3	5	1	7	4	9	6	2	8
8	9	2	5	1	6	4	7	3
4	7	6	2	8	3	9	5	1
5	4	9	3	6	7	8	1	2
1	6	7	8	5	2	3	9	4
2	3	8	4	9	1	7	6	5
6	1	3	9	2	8	5	4	7
7	2	4	6	3	5	1	8	9
9	8	5	1	7	4	2	3	6

708

2	1	7	6	5	8	3	9	4
3	5	4	7	2	9	6	1	8
9	8	6	1	3	4	7	5	2
8	3	9	5	4	2	1	6	7
4	7	2	3	6	1	5	8	9
1	6	5	8	9	7	4	2	3
5	9	1	4	8	3	2	7	6
7	2	3	9	1	6	8	4	5
6	4	8	2	7	5	9	3	1

709

6	8	3	1	2	9	5	7	4
2	9	7	4	8	5	3	1	6
5	4	1	3	6	7	8	9	2
7	1	5	6	9	2	4	3	8
4	2	9	8	7	3	6	5	1
8	3	6	5	4	1	7	2	9
9	5	4	7	1	6	2	8	3
3	6	2	9	5	8	1	4	7
1	7	8	2	3	4	9	6	5

710

2	4	3	1	7	6	5	9	8
8	9	6	3	4	5	2	7	1
5	7	1	9	8	2	3	6	4
7	6	2	8	3	1	9	4	5
1	3	5	4	6	9	7	8	2
9	8	4	5	2	7	1	3	6
3	1	9	6	5	4	8	2	7
6	5	7	2	9	8	4	1	3
4	2	8	7	1	3	6	5	9

711

9	3	2	5	4	7	8	6	1
1	7	4	3	8	6	2	5	9
5	8	6	2	9	1	4	3	7
3	9	1	8	7	4	6	2	5
4	2	7	1	6	5	3	9	8
6	5	8	9	2	3	1	7	4
8	4	5	7	3	2	9	1	6
7	6	3	4	1	9	5	8	2
2	1	9	6	5	8	7	4	3

712

8	9	6	1	3	7	4	2	5
4	3	5	6	2	9	1	7	8
7	2	1	5	8	4	9	3	6
9	4	7	3	5	6	8	1	2
1	6	3	8	4	2	7	5	9
2	5	8	7	9	1	3	6	4
3	7	4	9	6	5	2	8	1
5	1	2	4	7	8	6	9	3
6	8	9	2	1	3	5	4	7

713

9	3	4	6	8	1	5	2	7
5	1	6	2	3	7	9	4	8
2	7	8	9	5	4	1	3	6
3	8	5	1	7	6	2	9	4
6	2	9	3	4	5	8	7	1
1	4	7	8	2	9	3	6	5
7	9	3	5	6	8	4	1	2
4	5	1	7	9	2	6	8	3
8	6	2	4	1	3	7	5	9

714

5	3	8	7	1	4	6	2	9
4	9	7	6	2	5	8	1	3
6	1	2	3	8	9	5	4	7
7	2	5	1	4	3	9	6	8
9	8	3	5	6	2	4	7	1
1	6	4	9	7	8	3	5	2
8	7	9	2	5	6	1	3	4
2	4	6	8	3	1	7	9	5
3	5	1	4	9	7	2	8	6

715

1	9	7	4	5	3	8	6	2
3	2	4	9	8	6	7	5	1
8	6	5	2	7	1	3	4	9
6	7	1	3	4	2	5	9	8
4	8	3	5	9	7	2	1	6
2	5	9	1	6	8	4	7	3
5	1	6	8	2	4	9	3	7
9	3	2	7	1	5	6	8	4
7	4	8	6	3	9	1	2	5

716

4	2	7	3	6	1	9	5	8
1	5	9	8	4	7	6	2	3
8	6	3	2	5	9	4	7	1
5	3	1	4	9	8	2	6	7
2	7	8	6	1	5	3	9	4
9	4	6	7	2	3	1	8	5
3	1	2	5	8	6	7	4	9
6	9	5	1	7	4	8	3	2
7	8	4	9	3	2	5	1	6

717

2	4	5	6	9	1	7	3	8
9	7	3	4	5	8	6	1	2
6	8	1	7	3	2	5	9	4
1	6	9	5	2	7	4	8	3
8	3	2	9	6	4	1	7	5
4	5	7	8	1	3	9	2	6
3	9	4	2	7	5	8	6	1
5	2	6	1	8	9	3	4	7
7	1	8	3	4	6	2	5	9

718

4	5	2	6	7	9	1	3	8
1	6	3	8	5	4	2	7	9
9	7	8	2	1	3	4	5	6
2	3	5	9	4	7	8	6	1
7	8	1	3	6	2	5	9	4
6	4	9	5	8	1	3	2	7
5	9	4	7	3	8	6	1	2
3	1	7	4	2	6	9	8	5
8	2	6	1	9	5	7	4	3

719

7	8	5	9	1	2	6	3	4
4	3	6	5	7	8	2	1	9
9	1	2	4	6	3	7	5	8
8	4	3	7	2	9	1	6	5
5	6	7	1	3	4	8	9	2
1	2	9	6	8	5	4	7	3
3	7	4	8	5	6	9	2	1
2	9	1	3	4	7	5	8	6
6	5	8	2	9	1	3	4	7

720

9	4	6	7	5	1	8	3	2
7	3	1	2	8	9	4	5	6
2	5	8	4	6	3	9	7	1
6	1	9	5	2	7	3	4	8
3	8	4	9	1	6	5	2	7
5	7	2	3	4	8	6	1	9
1	9	5	8	7	4	2	6	3
8	2	7	6	3	5	1	9	4
4	6	3	1	9	2	7	8	5

721

9	5	6	1	7	8	2	3	4
1	8	7	4	2	3	9	6	5
3	4	2	9	6	5	1	8	7
5	6	4	8	9	1	3	7	2
7	1	8	3	5	2	4	9	6
2	3	9	7	4	6	5	1	8
8	9	5	6	3	4	7	2	1
4	7	1	2	8	9	6	5	3
6	2	3	5	1	7	8	4	9

722

3	1	2	6	8	4	5	9	7
4	5	6	9	7	1	2	3	8
8	9	7	3	2	5	1	4	6
5	2	1	4	6	8	9	7	3
9	7	4	5	3	2	8	6	1
6	3	8	1	9	7	4	5	2
1	6	3	8	4	9	7	2	5
2	4	5	7	1	6	3	8	9
7	8	9	2	5	3	6	1	4

723

2	8	6	9	5	1	4	3	7
4	9	5	6	3	7	8	1	2
1	7	3	8	2	4	5	9	6
7	5	2	3	4	9	6	8	1
6	4	9	2	1	8	3	7	5
8	3	1	5	7	6	9	2	4
3	6	7	4	9	2	1	5	8
9	2	4	1	8	5	7	6	3
5	1	8	7	6	3	2	4	9

724

3	2	4	7	5	9	1	8	6
6	8	5	3	4	1	9	7	2
7	1	9	8	6	2	5	3	4
2	9	7	1	3	5	6	4	8
4	5	3	6	8	7	2	1	9
8	6	1	9	2	4	7	5	3
1	7	6	4	9	3	8	2	5
9	3	2	5	7	8	4	6	1
5	4	8	2	1	6	3	9	7

725

4	6	3	2	9	7	8	5	1
5	2	9	6	1	8	3	7	4
1	8	7	3	4	5	6	9	2
7	4	2	1	8	3	5	6	9
8	9	5	4	2	6	1	3	7
6	3	1	5	7	9	4	2	8
2	5	8	9	6	4	7	1	3
3	1	4	7	5	2	9	8	6
9	7	6	8	3	1	2	4	5

726

8	1	6	2	5	3	4	7	9
9	5	2	7	1	4	3	6	8
7	4	3	9	6	8	5	1	2
2	8	4	1	3	9	6	5	7
1	7	5	6	4	2	9	8	3
6	3	9	5	8	7	2	4	1
3	6	7	8	9	5	1	2	4
4	2	1	3	7	6	8	9	5
5	9	8	4	2	1	7	3	6

727

2	1	3	7	6	8	5	9	4
6	4	7	5	2	9	3	1	8
8	5	9	1	3	4	7	2	6
1	8	2	9	4	7	6	3	5
9	7	4	3	5	6	1	8	2
3	6	5	2	8	1	9	4	7
7	3	8	6	9	2	4	5	1
4	9	1	8	7	5	2	6	3
5	2	6	4	1	3	8	7	9

728

2	3	8	5	4	9	6	1	7
6	1	9	2	3	7	5	4	8
5	7	4	6	1	8	2	9	3
4	9	3	7	2	5	1	8	6
1	2	7	8	6	4	9	3	5
8	6	5	3	9	1	4	7	2
7	4	6	9	8	2	3	5	1
3	5	1	4	7	6	8	2	9
9	8	2	1	5	3	7	6	4

729

7	1	9	3	4	2	6	8	5
8	2	3	6	9	5	7	1	4
4	5	6	1	8	7	9	2	3
2	4	8	9	5	1	3	6	7
5	9	1	7	6	3	8	4	2
6	3	7	8	2	4	1	5	9
1	6	5	2	3	9	4	7	8
9	7	4	5	1	8	2	3	6
3	8	2	4	7	6	5	9	1

730

3	7	2	9	4	1	5	8	6
8	1	6	3	5	2	9	7	4
9	4	5	7	8	6	1	3	2
4	8	1	6	3	9	2	5	7
6	9	3	5	2	7	4	1	8
5	2	7	4	1	8	3	6	9
1	5	9	8	6	4	7	2	3
2	6	4	1	7	3	8	9	5
7	3	8	2	9	5	6	4	1

731

9	2	8	7	4	6	3	5	1
6	5	3	2	8	1	7	9	4
7	4	1	3	5	9	6	2	8
5	1	7	4	6	2	9	8	3
8	6	2	9	3	5	4	1	7
3	9	4	1	7	8	5	6	2
1	7	5	8	9	3	2	4	6
2	3	6	5	1	4	8	7	9
4	8	9	6	2	7	1	3	5

732

9	4	8	2	7	5	1	6	3
6	1	7	3	9	4	5	8	2
5	2	3	8	6	1	4	9	7
1	7	9	4	2	8	6	3	5
8	3	4	6	5	7	2	1	9
2	5	6	1	3	9	7	4	8
4	6	2	5	8	3	9	7	1
7	8	1	9	4	2	3	5	6
3	9	5	7	1	6	8	2	4

733

2	6	1	7	9	8	4	5	3
8	4	3	1	2	5	9	7	6
7	9	5	4	3	6	1	8	2
6	5	9	8	1	7	3	2	4
3	1	8	2	4	9	5	6	7
4	2	7	6	5	3	8	9	1
5	7	4	9	6	1	2	3	8
1	3	6	5	8	2	7	4	9
9	8	2	3	7	4	6	1	5

734

2	6	8	3	9	5	7	1	4
5	7	1	6	2	4	3	9	8
4	9	3	1	8	7	6	5	2
3	4	2	8	5	9	1	6	7
6	5	9	2	7	1	8	4	3
8	1	7	4	3	6	9	2	5
9	3	4	5	6	8	2	7	1
7	8	5	9	1	2	4	3	6
1	2	6	7	4	3	5	8	9

735

1	3	6	7	8	4	2	5	9
9	5	7	2	3	6	1	8	4
4	2	8	5	9	1	3	6	7
5	4	9	1	6	7	8	3	2
3	8	2	9	4	5	6	7	1
7	6	1	3	2	8	4	9	5
8	9	5	4	1	3	7	2	6
2	1	3	6	7	9	5	4	8
6	7	4	8	5	2	9	1	3

736

4	9	8	7	1	6	5	2	3
1	5	2	3	4	8	7	6	9
3	6	7	5	2	9	1	8	4
8	1	9	2	6	5	3	4	7
5	4	3	1	8	7	2	9	6
7	2	6	4	9	3	8	1	5
9	3	4	8	7	1	6	5	2
2	7	1	6	5	4	9	3	8
6	8	5	9	3	2	4	7	1

737

4	6	1	2	7	9	5	8	3
3	8	2	5	4	6	9	1	7
5	7	9	1	3	8	6	2	4
7	2	6	9	5	4	8	3	1
9	3	8	6	1	7	4	5	2
1	4	5	8	2	3	7	9	6
8	9	7	3	6	2	1	4	5
6	5	3	4	8	1	2	7	9
2	1	4	7	9	5	3	6	8

738

7	4	5	3	9	8	6	2	1
3	6	9	1	2	7	8	5	4
2	8	1	5	4	6	9	3	7
4	3	6	7	8	5	1	9	2
1	2	7	9	6	4	3	8	5
9	5	8	2	3	1	7	4	6
6	7	3	4	5	9	2	1	8
5	1	2	8	7	3	4	6	9
8	9	4	6	1	2	5	7	3

739

1	2	5	3	9	7	6	4	8
6	9	3	2	8	4	7	1	5
4	8	7	5	6	1	2	9	3
2	6	4	1	7	8	3	5	9
9	3	8	6	2	5	4	7	1
5	7	1	9	4	3	8	2	6
3	4	9	7	1	6	5	8	2
7	5	2	8	3	9	1	6	4
8	1	6	4	5	2	9	3	7

740

5	6	3	2	8	4	9	7	1
9	4	7	3	6	1	2	8	5
1	8	2	9	7	5	3	4	6
4	3	6	1	2	9	7	5	8
2	5	8	7	4	6	1	9	3
7	1	9	5	3	8	6	2	4
6	9	5	8	1	7	4	3	2
8	2	4	6	9	3	5	1	7
3	7	1	4	5	2	8	6	9

741

6	9	4	8	5	7	2	3	1
1	5	3	4	6	2	9	8	7
7	2	8	3	9	1	4	6	5
2	3	6	9	1	5	7	4	8
5	7	1	2	8	4	3	9	6
4	8	9	6	7	3	5	1	2
9	1	2	7	3	6	8	5	4
3	4	5	1	2	8	6	7	9
8	6	7	5	4	9	1	2	3

742

3	4	6	1	9	8	5	7	2
2	5	9	3	6	7	4	1	8
7	8	1	5	2	4	3	9	6
1	9	5	8	4	3	2	6	7
4	7	2	6	1	9	8	5	3
6	3	8	7	5	2	1	4	9
5	2	7	9	8	1	6	3	4
8	6	3	4	7	5	9	2	1
9	1	4	2	3	6	7	8	5

743

3	8	2	1	9	5	7	6	4
5	1	4	7	6	3	9	2	8
9	7	6	8	2	4	1	5	3
6	4	1	3	5	7	2	8	9
2	3	9	4	8	6	5	1	7
8	5	7	2	1	9	4	3	6
1	9	3	6	4	2	8	7	5
4	6	8	5	7	1	3	9	2
7	2	5	9	3	8	6	4	1

744

3	8	2	7	4	9	5	1	6
5	4	6	8	1	3	9	2	7
7	1	9	5	6	2	8	4	3
2	7	4	1	9	5	3	6	8
8	9	3	6	2	7	4	5	1
1	6	5	4	3	8	2	7	9
4	2	8	3	7	1	6	9	5
6	3	1	9	5	4	7	8	2
9	5	7	2	8	6	1	3	4

745

6	4	7	9	1	2	5	8	3
5	8	3	7	4	6	1	9	2
9	1	2	5	8	3	7	4	6
4	3	1	2	7	5	9	6	8
7	5	6	8	9	4	3	2	1
8	2	9	3	6	1	4	5	7
3	6	5	4	2	7	8	1	9
1	9	4	6	3	8	2	7	5
2	7	8	1	5	9	6	3	4

746

2	7	9	5	3	6	4	1	8
5	4	8	1	2	9	7	3	6
1	3	6	7	4	8	2	9	5
6	8	7	9	1	2	3	5	4
9	2	4	3	5	7	8	6	1
3	5	1	6	8	4	9	7	2
7	1	2	4	6	3	5	8	9
8	9	5	2	7	1	6	4	3
4	6	3	8	9	5	1	2	7

747

6	9	7	8	2	4	3	5	1
5	8	2	1	3	7	6	9	4
1	4	3	6	9	5	7	8	2
9	7	5	4	6	1	2	3	8
8	3	1	2	5	9	4	6	7
2	6	4	7	8	3	9	1	5
7	5	6	3	1	2	8	4	9
4	1	8	9	7	6	5	2	3
3	2	9	5	4	8	1	7	6

748

5	9	8	7	2	1	6	4	3
4	3	7	6	5	8	9	2	1
2	6	1	9	4	3	5	8	7
9	2	3	8	7	6	1	5	4
7	8	4	5	1	2	3	9	6
1	5	6	4	3	9	8	7	2
8	7	2	3	6	5	4	1	9
3	1	9	2	8	4	7	6	5
6	4	5	1	9	7	2	3	8

749

4	2	3	7	1	6	5	8	9
6	8	9	2	3	5	1	4	7
1	7	5	8	9	4	2	3	6
9	6	8	4	5	2	3	7	1
2	5	1	3	7	8	9	6	4
7	3	4	9	6	1	8	5	2
3	9	6	1	8	7	4	2	5
5	1	2	6	4	3	7	9	8
8	4	7	5	2	9	6	1	3

750

4	2	1	6	5	8	9	7	3
6	9	3	2	7	4	5	8	1
5	7	8	9	1	3	4	2	6
8	6	7	4	3	9	2	1	5
2	1	4	7	6	5	3	9	8
9	3	5	1	8	2	7	6	4
1	8	9	5	4	7	6	3	2
7	4	6	3	2	1	8	5	9
3	5	2	8	9	6	1	4	7

751

5	1	2	7	3	9	8	4	6
3	7	9	6	4	8	5	2	1
8	6	4	5	2	1	3	9	7
4	2	3	9	5	6	1	7	8
9	8	6	1	7	3	4	5	2
7	5	1	4	8	2	6	3	9
1	4	5	8	9	7	2	6	3
2	9	8	3	6	5	7	1	4
6	3	7	2	1	4	9	8	5

752

3	9	7	2	4	5	8	6	1
2	4	8	6	9	1	7	3	5
6	5	1	7	8	3	4	9	2
8	7	5	3	6	2	1	4	9
9	2	6	4	1	8	5	7	3
1	3	4	9	5	7	6	2	8
4	1	3	8	2	6	9	5	7
5	6	2	1	7	9	3	8	4
7	8	9	5	3	4	2	1	6

753

7	6	1	3	4	5	2	9	8
3	5	9	8	2	7	4	1	6
4	8	2	6	1	9	3	5	7
1	9	7	5	8	2	6	4	3
5	2	6	4	3	1	8	7	9
8	3	4	7	9	6	5	2	1
2	7	3	9	6	4	1	8	5
9	1	8	2	5	3	7	6	4
6	4	5	1	7	8	9	3	2

754

6	9	7	5	2	1	3	4	8
8	1	2	3	9	4	5	7	6
4	3	5	7	8	6	9	1	2
1	2	8	9	6	7	4	5	3
5	6	9	4	3	8	1	2	7
7	4	3	2	1	5	6	8	9
9	7	1	6	5	2	8	3	4
2	8	6	1	4	3	7	9	5
3	5	4	8	7	9	2	6	1

755

6	5	3	4	9	7	8	1	2
8	4	2	1	5	3	7	9	6
7	1	9	6	8	2	5	4	3
1	3	5	2	6	4	9	8	7
9	8	4	3	7	5	2	6	1
2	6	7	8	1	9	4	3	5
3	9	8	5	2	6	1	7	4
4	2	1	7	3	8	6	5	9
5	7	6	9	4	1	3	2	8

756

6	2	5	3	8	1	7	9	4
9	3	7	4	2	6	5	8	1
4	8	1	5	9	7	6	3	2
5	9	2	8	7	3	1	4	6
1	6	3	2	4	9	8	5	7
7	4	8	1	6	5	9	2	3
2	5	9	6	1	4	3	7	8
8	7	6	9	3	2	4	1	5
3	1	4	7	5	8	2	6	9

757

1	3	2	4	9	5	8	6	7
9	5	8	7	6	2	1	4	3
4	7	6	1	8	3	2	5	9
5	9	3	6	2	4	7	8	1
8	4	7	9	3	1	6	2	5
6	2	1	8	5	7	3	9	4
3	6	4	5	7	8	9	1	2
7	1	9	2	4	6	5	3	8
2	8	5	3	1	9	4	7	6

758

2	9	6	8	1	5	4	7	3
1	5	7	9	3	4	2	6	8
3	8	4	7	6	2	5	9	1
5	2	3	1	8	7	9	4	6
7	1	8	6	4	9	3	2	5
4	6	9	2	5	3	1	8	7
8	3	2	4	7	1	6	5	9
9	7	5	3	2	6	8	1	4
6	4	1	5	9	8	7	3	2

759

7	2	5	6	9	4	3	8	1
9	6	8	1	3	7	5	2	4
4	1	3	2	5	8	6	9	7
6	8	2	9	7	3	1	4	5
5	7	4	8	1	6	9	3	2
3	9	1	4	2	5	7	6	8
1	4	9	5	6	2	8	7	3
2	5	7	3	8	9	4	1	6
8	3	6	7	4	1	2	5	9

760

2	9	5	7	6	4	8	1	3
7	4	6	1	8	3	5	2	9
8	1	3	5	2	9	7	4	6
9	6	7	4	5	8	2	3	1
4	8	2	3	9	1	6	7	5
5	3	1	6	7	2	9	8	4
6	7	4	2	3	5	1	9	8
1	5	9	8	4	7	3	6	2
3	2	8	9	1	6	4	5	7

761

6	5	9	7	3	1	8	4	2
7	2	3	5	8	4	6	1	9
4	8	1	2	6	9	5	3	7
1	7	4	8	9	2	3	6	5
2	9	6	3	1	5	4	7	8
5	3	8	6	4	7	2	9	1
3	1	2	4	7	8	9	5	6
9	6	5	1	2	3	7	8	4
8	4	7	9	5	6	1	2	3

762

2	9	6	3	8	1	7	4	5
5	4	8	2	9	7	1	3	6
1	3	7	4	5	6	8	2	9
3	2	5	1	7	9	4	6	8
8	1	4	5	6	3	9	7	2
7	6	9	8	4	2	3	5	1
6	5	3	7	1	8	2	9	4
4	7	1	9	2	5	6	8	3
9	8	2	6	3	4	5	1	7

763

3	2	8	9	4	1	7	5	6
7	4	6	5	8	2	9	1	3
1	5	9	6	7	3	4	8	2
4	3	1	2	5	9	6	7	8
5	6	2	7	3	8	1	4	9
8	9	7	4	1	6	2	3	5
9	7	3	1	6	5	8	2	4
6	1	5	8	2	4	3	9	7
2	8	4	3	9	7	5	6	1

764

8	7	4	9	6	3	1	2	5
5	6	9	4	2	1	7	8	3
2	3	1	7	5	8	4	6	9
7	8	3	5	1	4	6	9	2
4	2	6	8	7	9	3	5	1
9	1	5	2	3	6	8	4	7
3	9	2	6	8	7	5	1	4
6	5	7	1	4	2	9	3	8
1	4	8	3	9	5	2	7	6

765

9	2	3	6	7	4	1	5	8
5	6	1	2	9	8	7	3	4
8	4	7	1	5	3	2	9	6
2	9	6	5	8	7	3	4	1
3	7	8	4	1	9	6	2	5
1	5	4	3	6	2	8	7	9
4	8	5	7	3	6	9	1	2
6	3	2	9	4	1	5	8	7
7	1	9	8	2	5	4	6	3

766

6	4	8	5	3	2	9	7	1
1	5	9	8	7	4	6	2	3
3	2	7	1	9	6	8	4	5
9	3	2	7	5	1	4	8	6
8	7	5	4	6	9	1	3	2
4	1	6	3	2	8	7	5	9
7	9	1	2	4	5	3	6	8
5	6	4	9	8	3	2	1	7
2	8	3	6	1	7	5	9	4

767

7	1	5	6	2	3	4	8	9
6	9	4	1	7	8	3	2	5
2	3	8	4	9	5	6	1	7
5	6	3	2	8	1	9	7	4
1	8	7	9	3	4	5	6	2
4	2	9	5	6	7	8	3	1
3	5	6	7	1	9	2	4	8
9	7	2	8	4	6	1	5	3
8	4	1	3	5	2	7	9	6

768

6	7	2	1	9	8	3	5	4
3	4	9	5	7	2	1	8	6
1	8	5	3	4	6	2	9	7
8	3	6	7	5	4	9	2	1
2	9	4	6	3	1	5	7	8
7	5	1	2	8	9	6	4	3
9	6	3	8	2	7	4	1	5
5	2	7	4	1	3	8	6	9
4	1	8	9	6	5	7	3	2

769

3	8	6	5	9	2	7	4	1
1	7	5	4	3	8	9	6	2
9	4	2	6	1	7	8	3	5
5	2	7	1	4	9	6	8	3
8	3	9	2	6	5	4	1	7
6	1	4	8	7	3	5	2	9
7	9	1	3	8	6	2	5	4
4	5	8	7	2	1	3	9	6
2	6	3	9	5	4	1	7	8

770

2	4	1	5	3	8	6	7	9
9	6	5	1	4	7	8	3	2
7	3	8	6	9	2	5	1	4
3	8	9	4	7	5	1	2	6
6	5	7	2	8	1	4	9	3
4	1	2	3	6	9	7	8	5
8	7	6	9	2	4	3	5	1
1	2	4	7	5	3	9	6	8
5	9	3	8	1	6	2	4	7

771

8	3	5	4	2	1	7	9	6
4	6	2	7	9	3	5	1	8
7	9	1	8	5	6	4	2	3
6	2	8	3	7	4	1	5	9
5	1	3	9	6	2	8	4	7
9	7	4	1	8	5	6	3	2
3	5	9	6	1	7	2	8	4
1	8	6	2	4	9	3	7	5
2	4	7	5	3	8	9	6	1

772

5	2	8	1	6	3	7	4	9
1	7	9	2	5	4	8	6	3
4	3	6	7	9	8	2	1	5
8	1	3	4	2	7	9	5	6
9	4	5	6	8	1	3	7	2
7	6	2	9	3	5	4	8	1
6	9	4	8	1	2	5	3	7
3	8	1	5	7	9	6	2	4
2	5	7	3	4	6	1	9	8

773

1	6	8	3	4	9	2	5	7
9	5	2	1	7	6	8	4	3
3	7	4	2	5	8	9	1	6
2	9	3	8	6	1	4	7	5
5	8	6	7	2	4	3	9	1
7	4	1	9	3	5	6	8	2
4	3	9	6	1	7	5	2	8
8	2	7	5	9	3	1	6	4
6	1	5	4	8	2	7	3	9

774

4	8	3	5	6	2	9	7	1
6	9	2	7	8	1	5	3	4
1	5	7	9	4	3	6	8	2
9	2	1	4	3	5	7	6	8
8	3	5	6	1	7	4	2	9
7	6	4	8	2	9	3	1	5
5	1	8	3	9	6	2	4	7
2	7	6	1	5	4	8	9	3
3	4	9	2	7	8	1	5	6

775

7	3	8	4	5	1	6	9	2
2	1	4	8	9	6	7	5	3
5	9	6	3	2	7	8	1	4
6	2	1	9	7	8	3	4	5
8	5	3	2	1	4	9	7	6
4	7	9	5	6	3	2	8	1
1	8	5	6	3	9	4	2	7
3	4	2	7	8	5	1	6	9
9	6	7	1	4	2	5	3	8

776

8	2	5	3	7	4	1	9	6
3	9	6	5	8	1	4	2	7
1	7	4	9	6	2	3	5	8
2	3	7	4	5	8	9	6	1
4	5	8	1	9	6	2	7	3
9	6	1	2	3	7	8	4	5
6	8	2	7	1	9	5	3	4
5	1	9	6	4	3	7	8	2
7	4	3	8	2	5	6	1	9

777

7	4	8	3	2	5	9	6	1
3	9	1	6	7	8	4	5	2
2	5	6	1	9	4	3	8	7
6	2	3	4	5	7	8	1	9
9	8	4	2	1	6	7	3	5
5	1	7	9	8	3	6	2	4
1	3	5	8	4	9	2	7	6
4	6	2	7	3	1	5	9	8
8	7	9	5	6	2	1	4	3

778

1	4	5	3	7	9	2	8	6
9	8	6	1	4	2	7	5	3
7	3	2	8	6	5	4	9	1
5	9	3	4	2	1	6	7	8
6	1	7	9	5	8	3	4	2
4	2	8	6	3	7	5	1	9
3	7	1	2	8	4	9	6	5
8	6	4	5	9	3	1	2	7
2	5	9	7	1	6	8	3	4

779

1	9	8	2	4	3	5	6	7
3	4	6	8	5	7	9	1	2
5	2	7	9	6	1	8	3	4
8	3	2	5	7	6	1	4	9
4	1	9	3	8	2	7	5	6
6	7	5	4	1	9	2	8	3
2	8	1	7	3	4	6	9	5
9	5	3	6	2	8	4	7	1
7	6	4	1	9	5	3	2	8

780

5	7	4	3	9	6	1	2	8
8	1	3	7	4	2	6	5	9
6	9	2	1	5	8	3	4	7
2	8	1	4	6	9	7	3	5
3	5	7	8	2	1	9	6	4
4	6	9	5	3	7	8	1	2
1	4	6	9	8	5	2	7	3
7	3	8	2	1	4	5	9	6
9	2	5	6	7	3	4	8	1

781

2	5	1	4	7	8	9	3	6
6	8	4	9	1	3	2	5	7
7	3	9	5	6	2	4	8	1
4	2	7	1	3	6	5	9	8
3	9	6	2	8	5	7	1	4
5	1	8	7	9	4	3	6	2
9	4	3	8	2	1	6	7	5
1	6	2	3	5	7	8	4	9
8	7	5	6	4	9	1	2	3

782

2	1	5	9	4	3	7	6	8
7	6	4	8	5	2	1	3	9
8	9	3	7	6	1	2	5	4
3	7	6	1	2	4	8	9	5
5	8	9	6	3	7	4	2	1
1	4	2	5	9	8	6	7	3
6	3	7	4	8	9	5	1	2
9	5	8	2	1	6	3	4	7
4	2	1	3	7	5	9	8	6

783

1	5	8	3	9	2	6	4	7
2	4	6	5	7	1	8	9	3
7	3	9	8	6	4	1	5	2
4	7	5	6	1	3	2	8	9
8	1	3	4	2	9	5	7	6
9	6	2	7	8	5	4	3	1
5	8	1	9	3	6	7	2	4
3	2	4	1	5	7	9	6	8
6	9	7	2	4	8	3	1	5

784

2	7	1	8	3	9	4	6	5
5	6	8	7	2	4	3	9	1
9	3	4	6	5	1	7	2	8
3	5	2	9	8	7	6	1	4
7	4	9	1	6	5	2	8	3
1	8	6	2	4	3	9	5	7
4	1	5	3	9	6	8	7	2
8	9	3	5	7	2	1	4	6
6	2	7	4	1	8	5	3	9

785

4	5	1	7	9	3	2	8	6
7	6	9	2	8	4	1	5	3
3	2	8	5	1	6	4	9	7
6	1	5	4	2	8	3	7	9
9	3	7	6	5	1	8	2	4
8	4	2	3	7	9	6	1	5
1	7	4	8	6	5	9	3	2
2	8	3	9	4	7	5	6	1
5	9	6	1	3	2	7	4	8

786

9	7	6	8	2	3	4	1	5
2	3	5	4	1	6	9	7	8
8	1	4	9	5	7	6	3	2
3	2	1	5	7	9	8	6	4
4	6	9	2	3	8	1	5	7
7	5	8	1	6	4	3	2	9
1	4	7	3	8	5	2	9	6
6	9	2	7	4	1	5	8	3
5	8	3	6	9	2	7	4	1

787

5	6	1	9	2	4	8	7	3
9	3	7	8	6	1	4	2	5
2	8	4	5	3	7	9	1	6
1	7	6	4	8	5	2	3	9
4	9	2	3	7	6	5	8	1
3	5	8	1	9	2	6	4	7
6	2	5	7	1	8	3	9	4
7	4	3	2	5	9	1	6	8
8	1	9	6	4	3	7	5	2

788

7	2	5	9	3	8	6	1	4
3	1	6	4	2	5	9	8	7
9	8	4	7	1	6	5	2	3
4	6	1	5	8	3	2	7	9
5	7	9	2	6	4	1	3	8
2	3	8	1	7	9	4	6	5
8	5	2	3	9	1	7	4	6
6	9	7	8	4	2	3	5	1
1	4	3	6	5	7	8	9	2

789

2	7	8	5	1	4	3	9	6
9	6	5	7	8	3	4	1	2
3	4	1	9	6	2	7	8	5
6	9	7	4	3	8	2	5	1
8	3	2	1	9	5	6	4	7
1	5	4	2	7	6	9	3	8
5	2	9	8	4	7	1	6	3
4	8	3	6	2	1	5	7	9
7	1	6	3	5	9	8	2	4

790

3	8	7	6	9	2	4	1	5
9	6	4	1	5	8	3	2	7
2	1	5	3	4	7	9	6	8
5	3	8	9	2	1	7	4	6
6	7	2	5	3	4	8	9	1
1	4	9	7	8	6	2	5	3
8	5	1	2	7	9	6	3	4
7	2	3	4	6	5	1	8	9
4	9	6	8	1	3	5	7	2

791

3	4	1	6	5	8	2	9	7
2	6	8	4	9	7	1	3	5
9	5	7	2	1	3	8	4	6
7	9	6	3	8	2	5	1	4
4	2	5	9	6	1	7	8	3
1	8	3	5	7	4	9	6	2
6	1	4	7	2	9	3	5	8
5	7	9	8	3	6	4	2	1
8	3	2	1	4	5	6	7	9

792

2	5	7	8	6	4	1	3	9
3	8	9	7	2	1	6	4	5
6	1	4	3	9	5	7	8	2
4	6	2	5	7	3	8	9	1
5	7	3	1	8	9	4	2	6
1	9	8	2	4	6	3	5	7
8	3	5	6	1	2	9	7	4
9	2	1	4	3	7	5	6	8
7	4	6	9	5	8	2	1	3

793

9	6	4	8	1	5	3	7	2
7	8	3	6	9	2	4	5	1
2	1	5	3	7	4	6	8	9
3	5	9	4	6	8	2	1	7
8	7	2	1	3	9	5	6	4
1	4	6	5	2	7	9	3	8
5	2	7	9	8	3	1	4	6
4	9	1	7	5	6	8	2	3
6	3	8	2	4	1	7	9	5

794

4	7	2	8	1	9	3	5	6
6	9	1	5	4	3	8	2	7
3	5	8	6	7	2	4	1	9
9	1	7	4	2	6	5	8	3
5	2	6	7	3	8	9	4	1
8	4	3	1	9	5	6	7	2
1	8	9	2	6	4	7	3	5
2	3	5	9	8	7	1	6	4
7	6	4	3	5	1	2	9	8

795

4	7	5	6	3	9	1	8	2
3	6	9	2	1	8	7	4	5
1	2	8	7	4	5	3	9	6
6	1	7	5	9	3	4	2	8
9	8	3	4	2	1	6	5	7
2	5	4	8	6	7	9	1	3
8	9	1	3	5	6	2	7	4
5	3	2	1	7	4	8	6	9
7	4	6	9	8	2	5	3	1

796

5	2	3	4	1	7	9	8	6
7	6	1	9	2	8	5	3	4
9	8	4	5	3	6	2	1	7
2	5	8	7	6	1	4	9	3
3	7	9	2	4	5	1	6	8
4	1	6	8	9	3	7	2	5
1	4	5	6	8	2	3	7	9
8	9	2	3	7	4	6	5	1
6	3	7	1	5	9	8	4	2

797

3	6	9	8	4	1	5	2	7
2	5	4	7	3	6	1	8	9
8	7	1	9	2	5	6	3	4
6	9	3	1	5	7	8	4	2
1	4	2	6	8	3	7	9	5
7	8	5	2	9	4	3	6	1
5	2	7	4	6	8	9	1	3
9	3	8	5	1	2	4	7	6
4	1	6	3	7	9	2	5	8

798

8	2	6	7	3	5	1	9	4
7	9	3	1	4	8	6	5	2
5	4	1	9	6	2	8	3	7
9	7	2	8	5	1	3	4	6
6	3	8	4	9	7	5	2	1
4	1	5	6	2	3	9	7	8
2	8	9	3	1	4	7	6	5
1	6	4	5	7	9	2	8	3
3	5	7	2	8	6	4	1	9

799

8	9	5	2	3	1	7	4	6
6	4	7	8	5	9	1	3	2
2	1	3	4	7	6	9	8	5
3	5	1	6	8	2	4	9	7
4	6	8	7	9	3	5	2	1
9	7	2	1	4	5	8	6	3
1	3	4	5	2	8	6	7	9
5	8	9	3	6	7	2	1	4
7	2	6	9	1	4	3	5	8

800

6	3	8	9	2	1	7	4	5
4	9	7	6	3	5	2	1	8
2	5	1	7	4	8	9	6	3
3	4	2	1	6	9	8	5	7
5	1	6	8	7	2	3	9	4
7	8	9	4	5	3	6	2	1
8	7	5	2	1	6	4	3	9
9	2	3	5	8	4	1	7	6
1	6	4	3	9	7	5	8	2

801

7	8	2	9	5	3	1	6	4
5	6	3	8	1	4	2	7	9
1	4	9	6	2	7	8	5	3
3	2	5	7	8	1	4	9	6
6	7	1	4	9	5	3	2	8
8	9	4	3	6	2	7	1	5
2	1	8	5	4	9	6	3	7
4	5	7	1	3	6	9	8	2
9	3	6	2	7	8	5	4	1

802

4	7	8	3	9	6	5	1	2
6	2	9	1	5	8	4	3	7
5	1	3	4	7	2	8	9	6
9	5	2	6	8	1	7	4	3
7	4	1	5	2	3	9	6	8
3	8	6	9	4	7	1	2	5
2	3	5	8	1	9	6	7	4
1	6	4	7	3	5	2	8	9
8	9	7	2	6	4	3	5	1

803

1	2	6	7	5	3	8	9	4
5	8	7	9	4	1	6	3	2
9	3	4	2	6	8	7	5	1
3	6	1	8	2	4	5	7	9
4	7	5	1	9	6	3	2	8
2	9	8	3	7	5	1	4	6
6	5	2	4	8	7	9	1	3
7	4	3	6	1	9	2	8	5
8	1	9	5	3	2	4	6	7

804

1	9	3	6	7	8	4	2	5
5	7	8	2	4	9	6	1	3
6	4	2	1	3	5	7	9	8
3	5	9	4	2	1	8	6	7
4	2	6	7	8	3	1	5	9
7	8	1	9	5	6	2	3	4
9	3	4	8	6	2	5	7	1
8	6	5	3	1	7	9	4	2
2	1	7	5	9	4	3	8	6

805

5	7	8	6	3	9	2	1	4
4	1	6	2	5	7	8	9	3
9	3	2	8	4	1	7	5	6
8	4	7	9	1	2	3	6	5
6	5	1	3	7	8	9	4	2
2	9	3	5	6	4	1	7	8
7	2	9	4	8	6	5	3	1
3	8	4	1	9	5	6	2	7
1	6	5	7	2	3	4	8	9

806

3	4	7	9	1	6	8	5	2
8	9	6	5	2	7	4	3	1
1	5	2	3	4	8	9	7	6
5	3	1	8	7	2	6	9	4
4	7	9	1	6	5	2	8	3
2	6	8	4	9	3	5	1	7
7	1	5	6	8	4	3	2	9
9	8	4	2	3	1	7	6	5
6	2	3	7	5	9	1	4	8

807

9	2	7	5	4	1	3	6	8
3	6	5	9	7	8	2	1	4
8	4	1	6	2	3	9	7	5
7	3	2	8	1	6	4	5	9
4	5	9	2	3	7	1	8	6
6	1	8	4	5	9	7	2	3
2	9	3	1	6	5	8	4	7
5	8	4	7	9	2	6	3	1
1	7	6	3	8	4	5	9	2

808

2	5	1	9	3	6	8	7	4
6	4	9	7	5	8	3	2	1
3	8	7	4	2	1	6	9	5
1	2	8	3	6	5	7	4	9
9	6	4	1	8	7	5	3	2
7	3	5	2	4	9	1	8	6
8	1	2	6	7	4	9	5	3
4	7	6	5	9	3	2	1	8
5	9	3	8	1	2	4	6	7

809

2	4	1	7	8	6	9	3	5
3	6	8	9	5	2	7	4	1
9	5	7	4	1	3	8	2	6
4	1	2	5	6	8	3	9	7
6	7	3	2	9	1	5	8	4
8	9	5	3	4	7	6	1	2
1	3	6	8	2	5	4	7	9
7	2	4	6	3	9	1	5	8
5	8	9	1	7	4	2	6	3

810

6	4	5	2	3	9	7	8	1
1	9	8	5	4	7	3	6	2
2	3	7	1	8	6	4	5	9
3	8	9	7	1	2	6	4	5
4	1	2	6	5	8	9	3	7
7	5	6	4	9	3	1	2	8
8	7	4	9	6	5	2	1	3
9	6	3	8	2	1	5	7	4
5	2	1	3	7	4	8	9	6

811

1	8	4	3	5	7	6	2	9
2	7	5	8	9	6	3	1	4
6	3	9	1	2	4	7	8	5
7	6	8	2	4	5	9	3	1
9	2	3	7	1	8	5	4	6
4	5	1	9	6	3	8	7	2
8	9	6	4	7	1	2	5	3
3	4	2	5	8	9	1	6	7
5	1	7	6	3	2	4	9	8

812

6	4	8	3	2	9	1	5	7
7	1	9	5	4	8	2	6	3
2	5	3	6	7	1	4	9	8
8	9	7	2	6	3	5	4	1
5	3	1	4	9	7	6	8	2
4	6	2	8	1	5	3	7	9
9	7	6	1	3	4	8	2	5
3	8	4	9	5	2	7	1	6
1	2	5	7	8	6	9	3	4

813

9	7	1	2	6	8	3	5	4
8	2	5	4	3	7	9	6	1
4	3	6	9	5	1	8	7	2
5	9	7	8	1	2	4	3	6
2	8	4	6	9	3	7	1	5
1	6	3	5	7	4	2	9	8
7	5	8	1	4	9	6	2	3
6	4	9	3	2	5	1	8	7
3	1	2	7	8	6	5	4	9

814

3	4	5	6	9	2	7	1	8
8	2	6	4	1	7	3	5	9
1	9	7	3	8	5	2	4	6
7	3	9	2	5	1	6	8	4
4	6	8	9	7	3	5	2	1
2	5	1	8	4	6	9	3	7
9	7	3	1	2	4	8	6	5
6	8	4	5	3	9	1	7	2
5	1	2	7	6	8	4	9	3

815

9	7	4	2	5	1	3	6	8
5	1	3	8	6	7	9	4	2
6	8	2	3	9	4	1	5	7
4	2	1	5	7	8	6	9	3
7	5	9	6	4	3	8	2	1
3	6	8	9	1	2	5	7	4
2	4	6	1	8	9	7	3	5
8	9	7	4	3	5	2	1	6
1	3	5	7	2	6	4	8	9

816

9	1	6	2	7	3	4	5	8
2	5	4	8	1	9	6	3	7
7	8	3	6	5	4	1	2	9
8	2	1	4	9	7	3	6	5
5	6	7	1	3	8	9	4	2
4	3	9	5	6	2	8	7	1
1	7	2	3	8	6	5	9	4
3	4	5	9	2	1	7	8	6
6	9	8	7	4	5	2	1	3

817

9	3	5	2	8	1	6	7	4
1	7	4	5	3	6	2	8	9
6	2	8	7	4	9	5	3	1
2	8	7	1	5	3	4	9	6
3	5	6	9	2	4	8	1	7
4	9	1	6	7	8	3	5	2
8	1	9	3	6	2	7	4	5
7	6	3	4	1	5	9	2	8
5	4	2	8	9	7	1	6	3

818

7	4	3	9	8	5	6	1	2
8	1	5	4	2	6	7	9	3
9	2	6	1	7	3	5	4	8
5	7	1	2	9	4	3	8	6
4	8	9	3	6	7	1	2	5
6	3	2	5	1	8	9	7	4
2	6	4	7	5	9	8	3	1
1	5	7	8	3	2	4	6	9
3	9	8	6	4	1	2	5	7

819

8	9	2	6	3	4	1	5	7
1	5	4	9	2	7	3	8	6
3	7	6	1	5	8	9	2	4
5	3	9	7	6	2	8	4	1
4	2	7	8	1	9	6	3	5
6	1	8	5	4	3	7	9	2
2	8	3	4	7	6	5	1	9
9	6	1	2	8	5	4	7	3
7	4	5	3	9	1	2	6	8

820

7	3	1	8	2	5	6	9	4
8	2	5	9	6	4	7	3	1
9	6	4	7	3	1	2	5	8
5	4	3	6	1	2	9	8	7
1	9	8	5	7	3	4	6	2
6	7	2	4	9	8	5	1	3
2	8	7	1	5	9	3	4	6
3	1	9	2	4	6	8	7	5
4	5	6	3	8	7	1	2	9

821

3	4	8	9	1	6	7	5	2
7	9	2	4	8	5	1	6	3
1	5	6	7	2	3	4	9	8
6	1	4	3	9	7	2	8	5
9	8	7	5	6	2	3	4	1
5	2	3	8	4	1	6	7	9
8	6	1	2	5	4	9	3	7
4	3	9	1	7	8	5	2	6
2	7	5	6	3	9	8	1	4

822

5	3	9	8	4	7	6	2	1
7	6	8	1	2	3	4	5	9
4	1	2	5	9	6	3	8	7
8	2	3	7	6	4	1	9	5
9	5	4	3	1	2	8	7	6
6	7	1	9	5	8	2	4	3
3	9	5	4	8	1	7	6	2
2	4	7	6	3	5	9	1	8
1	8	6	2	7	9	5	3	4

823

9	7	2	5	1	6	3	4	8
3	1	8	2	9	4	7	6	5
4	5	6	7	3	8	2	9	1
8	9	7	1	6	5	4	3	2
1	2	5	3	4	7	9	8	6
6	3	4	8	2	9	1	5	7
7	6	3	4	5	1	8	2	9
5	4	1	9	8	2	6	7	3
2	8	9	6	7	3	5	1	4

824

7	3	8	5	1	9	4	2	6
2	4	9	3	6	8	5	7	1
1	5	6	4	7	2	3	8	9
6	1	5	2	8	3	9	4	7
4	8	2	6	9	7	1	3	5
9	7	3	1	5	4	2	6	8
8	6	4	9	2	1	7	5	3
3	9	7	8	4	5	6	1	2
5	2	1	7	3	6	8	9	4

825

6	5	7	3	4	8	2	9	1
1	3	4	6	9	2	8	7	5
9	8	2	5	1	7	6	4	3
7	1	5	4	8	3	9	2	6
2	6	8	1	5	9	7	3	4
3	4	9	7	2	6	5	1	8
5	2	3	8	7	1	4	6	9
4	7	1	9	6	5	3	8	2
8	9	6	2	3	4	1	5	7

826

1	7	8	6	5	4	3	9	2
2	6	4	9	8	3	1	7	5
3	9	5	7	1	2	4	8	6
7	3	1	5	4	6	9	2	8
4	2	9	1	7	8	6	5	3
5	8	6	3	2	9	7	1	4
8	1	3	2	6	7	5	4	9
9	5	2	4	3	1	8	6	7
6	4	7	8	9	5	2	3	1

827

7	8	2	4	3	1	9	5	6
4	9	3	2	6	5	7	8	1
1	5	6	9	7	8	4	3	2
3	2	5	8	9	4	1	6	7
9	7	4	6	1	3	5	2	8
6	1	8	5	2	7	3	9	4
5	3	7	1	8	2	6	4	9
2	4	9	7	5	6	8	1	3
8	6	1	3	4	9	2	7	5

828

8	1	7	3	9	5	4	6	2
2	5	6	4	1	8	3	7	9
4	9	3	6	2	7	8	1	5
5	8	9	2	6	1	7	4	3
1	7	4	9	8	3	2	5	6
6	3	2	5	7	4	9	8	1
9	4	8	1	5	2	6	3	7
3	6	5	7	4	9	1	2	8
7	2	1	8	3	6	5	9	4

829

4	7	3	9	2	8	1	5	6
6	8	2	7	5	1	9	4	3
5	1	9	6	4	3	8	7	2
3	9	5	8	7	4	2	6	1
8	4	7	1	6	2	3	9	5
2	6	1	3	9	5	7	8	4
7	5	8	2	3	6	4	1	9
1	3	6	4	8	9	5	2	7
9	2	4	5	1	7	6	3	8

830

4	5	7	3	2	6	8	1	9
9	8	3	4	5	1	2	7	6
2	1	6	8	7	9	5	4	3
5	6	9	2	1	4	3	8	7
7	4	1	9	8	3	6	2	5
8	3	2	5	6	7	4	9	1
6	9	8	1	4	5	7	3	2
1	7	4	6	3	2	9	5	8
3	2	5	7	9	8	1	6	4

831

6	1	4	3	5	9	2	8	7
8	7	2	4	1	6	5	9	3
5	9	3	7	2	8	1	4	6
1	2	8	6	7	4	3	5	9
9	4	6	5	8	3	7	2	1
3	5	7	2	9	1	4	6	8
4	8	5	1	6	7	9	3	2
7	3	9	8	4	2	6	1	5
2	6	1	9	3	5	8	7	4

832

9	5	7	2	3	4	8	6	1
3	4	1	9	8	6	2	5	7
2	6	8	7	5	1	4	3	9
1	9	4	8	6	2	3	7	5
7	2	3	1	4	5	6	9	8
5	8	6	3	9	7	1	4	2
4	1	9	5	2	3	7	8	6
8	3	2	6	7	9	5	1	4
6	7	5	4	1	8	9	2	3

833

9	3	4	5	8	2	1	7	6
5	8	6	3	7	1	4	9	2
2	1	7	4	9	6	3	8	5
8	2	1	7	6	5	9	4	3
3	4	5	8	1	9	6	2	7
6	7	9	2	4	3	5	1	8
4	6	2	9	3	7	8	5	1
1	5	8	6	2	4	7	3	9
7	9	3	1	5	8	2	6	4

834

5	2	4	1	7	8	3	9	6
1	3	9	4	6	2	5	8	7
8	6	7	3	5	9	4	1	2
2	8	5	6	9	4	1	7	3
7	4	3	5	2	1	9	6	8
6	9	1	7	8	3	2	4	5
4	5	2	8	1	7	6	3	9
3	7	6	9	4	5	8	2	1
9	1	8	2	3	6	7	5	4

835

7	8	2	1	9	6	5	4	3
1	6	9	4	5	3	7	8	2
3	4	5	7	8	2	6	1	9
8	2	6	3	1	7	4	9	5
5	7	1	9	4	8	2	3	6
9	3	4	2	6	5	8	7	1
2	5	7	8	3	1	9	6	4
4	1	8	6	2	9	3	5	7
6	9	3	5	7	4	1	2	8

836

8	6	1	9	2	4	5	3	7
2	7	5	8	3	6	4	9	1
3	9	4	1	5	7	2	6	8
6	4	3	5	7	8	1	2	9
5	8	7	2	9	1	6	4	3
9	1	2	6	4	3	8	7	5
7	2	8	3	6	5	9	1	4
4	5	6	7	1	9	3	8	2
1	3	9	4	8	2	7	5	6

837

5	4	2	8	3	1	7	9	6
3	9	8	2	7	6	1	4	5
6	1	7	4	9	5	2	8	3
4	5	6	3	1	9	8	7	2
1	2	9	5	8	7	3	6	4
7	8	3	6	2	4	9	5	1
8	7	4	1	6	3	5	2	9
9	6	1	7	5	2	4	3	8
2	3	5	9	4	8	6	1	7

838

8	3	5	4	7	9	2	6	1
7	4	9	1	6	2	3	8	5
1	6	2	8	3	5	4	9	7
5	2	7	6	4	3	9	1	8
3	9	1	2	8	7	5	4	6
4	8	6	9	5	1	7	2	3
9	5	8	3	2	6	1	7	4
6	1	3	7	9	4	8	5	2
2	7	4	5	1	8	6	3	9

839

2	6	4	9	8	3	1	5	7
8	1	3	7	5	2	6	9	4
7	9	5	6	1	4	8	2	3
1	5	8	3	4	9	7	6	2
4	2	7	8	6	5	3	1	9
9	3	6	1	2	7	4	8	5
5	7	1	4	9	6	2	3	8
3	8	2	5	7	1	9	4	6
6	4	9	2	3	8	5	7	1

840

8	7	9	6	2	1	5	4	3
1	6	5	3	4	8	2	9	7
2	3	4	7	9	5	1	6	8
4	5	8	1	7	2	9	3	6
6	9	1	8	5	3	4	7	2
7	2	3	9	6	4	8	1	5
9	4	7	5	8	6	3	2	1
5	1	6	2	3	9	7	8	4
3	8	2	4	1	7	6	5	9

841

4	8	5	9	2	3	7	1	6
9	3	1	4	7	6	5	2	8
2	6	7	5	8	1	3	4	9
1	7	6	2	5	9	8	3	4
5	9	2	8	3	4	6	7	1
3	4	8	6	1	7	2	9	5
6	2	3	1	9	5	4	8	7
7	5	9	3	4	8	1	6	2
8	1	4	7	6	2	9	5	3

842

3	9	6	2	8	5	7	4	1
7	2	4	6	9	1	3	8	5
8	5	1	7	4	3	2	6	9
2	6	5	3	7	9	4	1	8
9	7	8	1	6	4	5	3	2
1	4	3	5	2	8	9	7	6
4	3	2	9	1	6	8	5	7
6	8	9	4	5	7	1	2	3
5	1	7	8	3	2	6	9	4

843

7	9	5	8	2	4	1	6	3
4	3	1	6	5	7	8	9	2
8	2	6	9	3	1	5	7	4
2	1	7	3	4	6	9	8	5
9	8	4	1	7	5	2	3	6
6	5	3	2	8	9	7	4	1
1	4	2	7	6	8	3	5	9
5	7	9	4	1	3	6	2	8
3	6	8	5	9	2	4	1	7

844

1	7	6	8	9	4	2	5	3
4	8	9	5	2	3	1	7	6
5	2	3	1	7	6	9	8	4
9	6	7	4	5	2	3	1	8
3	1	4	6	8	9	7	2	5
2	5	8	3	1	7	4	6	9
8	4	5	7	3	1	6	9	2
6	9	1	2	4	5	8	3	7
7	3	2	9	6	8	5	4	1

845

8	9	4	6	5	2	3	1	7
6	3	7	1	9	4	5	8	2
5	2	1	8	3	7	4	9	6
3	1	8	7	2	9	6	4	5
2	4	9	5	6	3	1	7	8
7	6	5	4	1	8	2	3	9
4	8	2	3	7	5	9	6	1
1	5	3	9	8	6	7	2	4
9	7	6	2	4	1	8	5	3

846

6	1	4	8	7	3	5	9	2
8	9	2	5	6	4	3	1	7
5	7	3	1	9	2	6	8	4
3	2	8	4	5	7	9	6	1
1	6	9	3	2	8	4	7	5
4	5	7	6	1	9	8	2	3
9	4	6	2	3	1	7	5	8
2	3	5	7	8	6	1	4	9
7	8	1	9	4	5	2	3	6

847

2	1	8	4	9	3	7	6	5
3	4	6	2	5	7	9	8	1
9	7	5	1	6	8	2	4	3
5	8	9	6	3	4	1	2	7
1	2	3	8	7	9	4	5	6
7	6	4	5	2	1	8	3	9
4	9	2	3	1	6	5	7	8
8	3	7	9	4	5	6	1	2
6	5	1	7	8	2	3	9	4

848

6	4	8	3	5	9	2	7	1
7	2	3	4	8	1	6	9	5
5	1	9	2	7	6	4	8	3
9	8	1	7	4	2	3	5	6
4	7	5	6	3	8	1	2	9
2	3	6	1	9	5	7	4	8
8	6	4	5	2	3	9	1	7
1	5	2	9	6	7	8	3	4
3	9	7	8	1	4	5	6	2

849

8	4	5	1	2	9	3	6	7
6	2	1	7	3	4	5	9	8
7	9	3	8	6	5	2	4	1
1	6	4	5	9	2	8	7	3
2	3	8	4	7	1	9	5	6
9	5	7	6	8	3	1	2	4
4	8	2	9	1	6	7	3	5
5	7	9	3	4	8	6	1	2
3	1	6	2	5	7	4	8	9

850

4	7	6	3	1	2	8	5	9
1	2	5	9	8	7	3	6	4
3	9	8	4	6	5	1	7	2
7	8	4	2	9	1	5	3	6
6	5	3	7	4	8	9	2	1
2	1	9	5	3	6	4	8	7
5	4	2	8	7	9	6	1	3
9	6	7	1	5	3	2	4	8
8	3	1	6	2	4	7	9	5

851

7	2	1	4	3	8	6	9	5
5	9	4	2	6	7	3	8	1
3	8	6	9	5	1	2	4	7
6	7	3	8	1	5	9	2	4
1	5	2	6	9	4	7	3	8
9	4	8	3	7	2	1	5	6
8	6	5	1	2	9	4	7	3
2	1	7	5	4	3	8	6	9
4	3	9	7	8	6	5	1	2

852

9	5	1	8	7	6	4	3	2
7	6	3	9	4	2	8	5	1
4	8	2	5	3	1	9	6	7
1	3	6	7	5	8	2	9	4
5	9	4	2	1	3	6	7	8
2	7	8	4	6	9	5	1	3
3	2	5	6	8	7	1	4	9
6	1	9	3	2	4	7	8	5
8	4	7	1	9	5	3	2	6

853

2	9	3	4	1	5	6	7	8
1	5	6	7	8	2	3	4	9
7	4	8	9	3	6	1	5	2
3	6	2	8	4	7	5	9	1
9	1	5	6	2	3	4	8	7
8	7	4	5	9	1	2	3	6
4	3	9	1	6	8	7	2	5
6	8	7	2	5	4	9	1	3
5	2	1	3	7	9	8	6	4

854

7	9	8	2	6	1	3	4	5
3	1	2	4	5	9	8	7	6
4	6	5	3	8	7	2	1	9
9	3	7	8	1	4	5	6	2
1	5	6	7	3	2	9	8	4
8	2	4	5	9	6	1	3	7
5	7	1	9	4	8	6	2	3
2	8	3	6	7	5	4	9	1
6	4	9	1	2	3	7	5	8

855

6	7	9	5	8	1	2	4	3
4	3	2	7	9	6	5	1	8
1	5	8	2	4	3	7	9	6
9	4	7	1	5	8	6	3	2
8	6	5	3	2	9	4	7	1
3	2	1	6	7	4	8	5	9
2	8	4	9	3	7	1	6	5
5	1	3	4	6	2	9	8	7
7	9	6	8	1	5	3	2	4

856

1	4	3	7	5	2	6	9	8
7	6	8	9	3	4	5	1	2
2	5	9	1	6	8	3	4	7
9	3	4	2	8	5	7	6	1
6	8	7	4	1	3	2	5	9
5	1	2	6	9	7	8	3	4
8	9	1	5	2	6	4	7	3
3	7	6	8	4	1	9	2	5
4	2	5	3	7	9	1	8	6

857

4	2	8	9	6	3	7	5	1
6	9	3	5	7	1	2	4	8
1	5	7	2	8	4	9	3	6
2	4	1	8	3	5	6	7	9
7	3	6	1	2	9	4	8	5
5	8	9	6	4	7	3	1	2
3	1	2	4	9	8	5	6	7
8	6	4	7	5	2	1	9	3
9	7	5	3	1	6	8	2	4

858

9	2	3	4	8	1	5	7	6
1	5	7	6	9	2	3	8	4
4	6	8	7	5	3	2	9	1
3	1	9	8	2	4	7	6	5
5	8	2	1	7	6	9	4	3
6	7	4	9	3	5	8	1	2
2	9	1	3	4	8	6	5	7
8	4	5	2	6	7	1	3	9
7	3	6	5	1	9	4	2	8

859

6	4	2	5	1	9	8	3	7
7	9	8	6	4	3	5	2	1
5	1	3	8	7	2	6	4	9
9	6	7	2	8	4	3	1	5
1	8	4	3	5	7	2	9	6
2	3	5	9	6	1	7	8	4
4	2	9	7	3	5	1	6	8
3	5	6	1	9	8	4	7	2
8	7	1	4	2	6	9	5	3

860

9	8	6	2	7	4	3	1	5
5	3	1	6	9	8	2	4	7
7	4	2	3	1	5	6	9	8
3	7	4	8	6	9	5	2	1
1	9	8	5	2	3	7	6	4
6	2	5	1	4	7	8	3	9
2	1	7	9	5	6	4	8	3
8	5	9	4	3	2	1	7	6
4	6	3	7	8	1	9	5	2

861

9	3	8	5	2	7	4	6	1
5	4	7	8	6	1	9	3	2
2	1	6	4	9	3	5	8	7
6	9	4	3	7	2	1	5	8
3	5	1	6	8	4	7	2	9
8	7	2	9	1	5	6	4	3
7	6	3	2	5	9	8	1	4
4	8	9	1	3	6	2	7	5
1	2	5	7	4	8	3	9	6

862

7	6	1	3	8	4	5	2	9
3	5	8	9	7	2	6	1	4
2	9	4	5	1	6	8	3	7
6	7	5	4	2	8	3	9	1
1	3	9	7	6	5	4	8	2
8	4	2	1	3	9	7	6	5
5	1	6	8	9	7	2	4	3
4	8	3	2	5	1	9	7	6
9	2	7	6	4	3	1	5	8

863

3	7	8	2	4	9	5	1	6
5	6	9	7	8	1	2	3	4
1	4	2	5	6	3	7	9	8
2	8	7	3	5	6	9	4	1
6	5	1	9	7	4	8	2	3
9	3	4	1	2	8	6	5	7
7	9	6	4	3	5	1	8	2
8	1	3	6	9	2	4	7	5
4	2	5	8	1	7	3	6	9

864

3	4	6	2	8	5	9	7	1
2	8	1	3	9	7	6	4	5
7	9	5	1	6	4	3	8	2
6	3	4	7	1	8	2	5	9
5	1	8	9	3	2	7	6	4
9	7	2	4	5	6	1	3	8
1	2	7	5	4	3	8	9	6
8	5	9	6	7	1	4	2	3
4	6	3	8	2	9	5	1	7

865

1	3	6	5	7	4	8	9	2
7	8	2	9	6	3	4	1	5
5	9	4	8	1	2	3	6	7
2	7	1	3	5	9	6	4	8
3	5	8	1	4	6	7	2	9
4	6	9	2	8	7	1	5	3
9	1	7	6	3	5	2	8	4
6	4	5	7	2	8	9	3	1
8	2	3	4	9	1	5	7	6

866

9	1	3	2	7	5	8	6	4
5	2	6	8	1	4	3	7	9
7	8	4	3	9	6	5	2	1
1	4	9	7	5	8	2	3	6
3	6	5	9	4	2	7	1	8
8	7	2	1	6	3	9	4	5
4	3	1	5	2	9	6	8	7
6	9	8	4	3	7	1	5	2
2	5	7	6	8	1	4	9	3

867

9	7	3	1	4	6	5	8	2
1	8	4	2	5	7	3	6	9
5	6	2	9	3	8	1	4	7
4	5	7	3	2	9	8	1	6
3	2	9	8	6	1	7	5	4
6	1	8	4	7	5	2	9	3
7	3	1	5	9	4	6	2	8
8	9	6	7	1	2	4	3	5
2	4	5	6	8	3	9	7	1

868

4	9	5	2	1	6	8	7	3
8	7	2	9	5	3	6	4	1
6	1	3	8	7	4	5	9	2
2	6	7	4	3	9	1	8	5
5	8	4	1	2	7	9	3	6
9	3	1	6	8	5	4	2	7
7	4	8	3	6	1	2	5	9
3	2	6	5	9	8	7	1	4
1	5	9	7	4	2	3	6	8

869

9	2	4	5	1	3	7	6	8
6	3	5	8	7	2	1	9	4
8	7	1	9	4	6	3	5	2
7	4	2	6	9	1	5	8	3
5	6	3	2	8	4	9	1	7
1	9	8	3	5	7	2	4	6
2	5	9	7	6	8	4	3	1
4	8	7	1	3	5	6	2	9
3	1	6	4	2	9	8	7	5

870

9	4	8	6	1	7	2	5	3
6	1	3	4	5	2	8	7	9
7	5	2	8	9	3	6	1	4
3	9	5	1	4	6	7	8	2
8	2	4	9	7	5	3	6	1
1	7	6	3	2	8	9	4	5
5	3	9	7	6	1	4	2	8
2	8	7	5	3	4	1	9	6
4	6	1	2	8	9	5	3	7

871

7	6	2	4	5	3	8	1	9
9	3	8	1	7	2	6	5	4
1	5	4	6	9	8	7	2	3
2	4	6	8	3	7	1	9	5
5	7	9	2	1	4	3	8	6
8	1	3	5	6	9	2	4	7
3	2	5	9	8	6	4	7	1
6	8	1	7	4	5	9	3	2
4	9	7	3	2	1	5	6	8

872

2	4	6	8	5	1	9	7	3
9	5	8	2	3	7	4	1	6
7	3	1	9	4	6	5	8	2
4	7	3	5	1	8	6	2	9
8	1	5	6	2	9	3	4	7
6	2	9	3	7	4	8	5	1
5	9	4	1	6	2	7	3	8
3	8	2	7	9	5	1	6	4
1	6	7	4	8	3	2	9	5

873

4	9	2	3	6	5	8	1	7
5	7	6	8	1	2	4	3	9
8	3	1	4	9	7	5	2	6
9	4	5	2	7	1	3	6	8
3	1	8	9	4	6	2	7	5
2	6	7	5	3	8	9	4	1
1	5	3	6	8	4	7	9	2
6	8	4	7	2	9	1	5	3
7	2	9	1	5	3	6	8	4

874

9	8	3	7	1	6	4	5	2
2	5	4	3	8	9	1	7	6
6	7	1	2	5	4	3	9	8
7	1	8	5	4	3	6	2	9
3	6	2	9	7	8	5	1	4
4	9	5	6	2	1	7	8	3
8	4	6	1	9	7	2	3	5
5	3	7	8	6	2	9	4	1
1	2	9	4	3	5	8	6	7

875

3	5	9	8	4	1	2	6	7
2	6	4	5	7	9	3	1	8
7	1	8	6	2	3	4	9	5
5	3	1	4	9	8	7	2	6
8	9	6	2	1	7	5	4	3
4	2	7	3	6	5	1	8	9
9	4	3	7	8	2	6	5	1
1	7	2	9	5	6	8	3	4
6	8	5	1	3	4	9	7	2

876

2	9	3	7	1	5	4	8	6
5	7	4	3	8	6	9	1	2
8	6	1	4	9	2	5	3	7
4	5	8	1	6	3	7	2	9
6	3	9	2	4	7	8	5	1
1	2	7	9	5	8	6	4	3
7	4	5	6	2	1	3	9	8
3	8	2	5	7	9	1	6	4
9	1	6	8	3	4	2	7	5

877

2	6	9	4	3	5	1	7	8
7	5	8	2	1	6	3	9	4
3	4	1	8	9	7	6	5	2
5	2	6	1	4	3	9	8	7
8	9	7	5	6	2	4	1	3
4	1	3	9	7	8	5	2	6
6	8	4	7	5	1	2	3	9
9	7	5	3	2	4	8	6	1
1	3	2	6	8	9	7	4	5

878

3	5	2	8	6	7	9	1	4
1	6	9	4	2	3	5	7	8
8	7	4	5	1	9	3	6	2
9	4	3	1	5	2	6	8	7
6	2	8	7	9	4	1	5	3
5	1	7	3	8	6	2	4	9
2	9	1	6	4	8	7	3	5
7	8	5	2	3	1	4	9	6
4	3	6	9	7	5	8	2	1

879

9	6	8	1	3	7	5	2	4
1	5	3	2	6	4	8	9	7
4	7	2	8	9	5	3	1	6
6	3	5	9	7	2	4	8	1
7	8	4	3	1	6	2	5	9
2	1	9	5	4	8	6	7	3
8	9	7	4	2	3	1	6	5
5	4	6	7	8	1	9	3	2
3	2	1	6	5	9	7	4	8

880

4	8	3	7	9	1	6	5	2
6	1	7	2	5	8	9	4	3
9	2	5	4	3	6	7	1	8
3	9	2	1	8	7	5	6	4
1	6	4	9	2	5	3	8	7
7	5	8	3	6	4	2	9	1
2	4	6	5	1	3	8	7	9
5	7	9	8	4	2	1	3	6
8	3	1	6	7	9	4	2	5

881

9	4	1	6	8	7	3	5	2
8	3	5	4	2	1	6	7	9
6	2	7	3	5	9	1	4	8
7	9	8	5	6	3	2	1	4
4	5	3	9	1	2	7	8	6
2	1	6	8	7	4	5	9	3
1	6	9	7	3	8	4	2	5
3	8	2	1	4	5	9	6	7
5	7	4	2	9	6	8	3	1

882

3	8	5	9	4	1	7	2	6
9	7	1	3	2	6	8	4	5
6	4	2	7	8	5	3	9	1
4	5	6	8	9	3	2	1	7
2	9	8	1	6	7	4	5	3
7	1	3	4	5	2	6	8	9
8	2	7	6	1	9	5	3	4
1	6	4	5	3	8	9	7	2
5	3	9	2	7	4	1	6	8

883

4	2	7	3	6	5	9	1	8
8	5	1	9	7	2	3	4	6
3	9	6	4	8	1	7	5	2
5	6	2	7	1	3	8	9	4
1	4	3	6	9	8	2	7	5
9	7	8	5	2	4	6	3	1
6	1	5	8	3	9	4	2	7
2	8	9	1	4	7	5	6	3
7	3	4	2	5	6	1	8	9

884

3	6	7	9	5	2	1	4	8
8	9	4	3	1	7	2	5	6
5	2	1	4	8	6	3	9	7
7	8	2	1	6	9	4	3	5
1	3	6	5	4	8	7	2	9
9	4	5	2	7	3	8	6	1
6	1	9	8	2	4	5	7	3
2	7	8	6	3	5	9	1	4
4	5	3	7	9	1	6	8	2

885

8	9	3	7	4	6	5	1	2
2	5	4	8	3	1	9	7	6
7	1	6	5	9	2	8	3	4
1	6	7	2	8	5	4	9	3
3	2	8	9	6	4	7	5	1
5	4	9	3	1	7	2	6	8
6	8	2	1	5	9	3	4	7
4	7	5	6	2	3	1	8	9
9	3	1	4	7	8	6	2	5

886

3	9	7	2	4	1	6	5	8
4	6	2	9	8	5	3	7	1
1	8	5	6	3	7	4	9	2
9	3	4	7	2	6	1	8	5
6	2	1	5	9	8	7	3	4
7	5	8	3	1	4	2	6	9
8	4	3	1	6	9	5	2	7
2	7	9	4	5	3	8	1	6
5	1	6	8	7	2	9	4	3

887

3	5	7	1	6	8	4	2	9
6	8	9	4	2	5	1	7	3
4	1	2	3	7	9	6	5	8
1	2	3	5	8	7	9	6	4
9	7	5	6	4	3	2	8	1
8	6	4	9	1	2	7	3	5
7	4	6	8	5	1	3	9	2
5	3	1	2	9	6	8	4	7
2	9	8	7	3	4	5	1	6

888

3	1	4	6	7	5	9	2	8
8	2	7	4	1	9	3	6	5
9	6	5	3	2	8	4	1	7
2	5	8	1	9	7	6	4	3
4	3	9	8	5	6	2	7	1
6	7	1	2	3	4	8	5	9
5	8	2	9	6	1	7	3	4
7	4	6	5	8	3	1	9	2
1	9	3	7	4	2	5	8	6

889

5	1	8	9	2	3	6	4	7
2	7	4	6	1	5	8	9	3
3	9	6	8	7	4	5	1	2
1	6	2	3	9	8	4	7	5
4	8	3	7	5	1	2	6	9
7	5	9	4	6	2	3	8	1
8	2	5	1	4	7	9	3	6
9	3	1	2	8	6	7	5	4
6	4	7	5	3	9	1	2	8

890

4	7	9	5	3	8	6	1	2
5	2	6	7	1	4	3	8	9
8	1	3	6	9	2	5	4	7
2	5	4	3	8	9	7	6	1
9	3	8	1	6	7	4	2	5
1	6	7	2	4	5	8	9	3
6	9	5	4	2	3	1	7	8
3	4	2	8	7	1	9	5	6
7	8	1	9	5	6	2	3	4

891

4	6	3	2	5	1	9	8	7
1	5	9	8	3	7	2	6	4
2	7	8	9	4	6	5	1	3
6	2	7	4	1	9	8	3	5
3	8	4	5	6	2	7	9	1
5	9	1	3	7	8	4	2	6
7	3	2	6	8	4	1	5	9
9	4	5	1	2	3	6	7	8
8	1	6	7	9	5	3	4	2

892

9	7	5	3	1	6	4	8	2
3	8	6	5	2	4	7	9	1
2	4	1	8	7	9	3	6	5
7	3	9	4	6	5	2	1	8
6	1	4	2	8	3	5	7	9
5	2	8	7	9	1	6	4	3
1	5	2	9	4	7	8	3	6
8	9	7	6	3	2	1	5	4
4	6	3	1	5	8	9	2	7

893

8	1	6	2	9	4	5	7	3
2	3	9	7	5	6	4	1	8
4	7	5	8	1	3	6	2	9
1	5	2	6	4	8	3	9	7
6	4	3	9	7	1	2	8	5
9	8	7	3	2	5	1	4	6
7	2	4	5	6	9	8	3	1
5	9	8	1	3	2	7	6	4
3	6	1	4	8	7	9	5	2

894

3	6	1	9	8	2	5	7	4
9	2	7	6	4	5	1	8	3
4	5	8	7	3	1	9	6	2
2	3	5	1	7	6	4	9	8
1	8	6	4	2	9	7	3	5
7	9	4	8	5	3	6	2	1
8	1	2	5	9	7	3	4	6
6	7	3	2	1	4	8	5	9
5	4	9	3	6	8	2	1	7

895

5	8	7	4	2	3	1	9	6
3	2	6	9	1	8	7	4	5
4	9	1	7	5	6	8	2	3
6	4	8	1	3	2	9	5	7
9	3	5	8	4	7	2	6	1
7	1	2	5	6	9	3	8	4
1	6	9	3	8	4	5	7	2
8	5	4	2	7	1	6	3	9
2	7	3	6	9	5	4	1	8

896

2	3	9	5	1	7	4	6	8
4	5	8	3	9	6	7	1	2
1	7	6	4	8	2	3	5	9
7	6	5	9	3	8	1	2	4
3	8	1	2	7	4	5	9	6
9	2	4	6	5	1	8	3	7
8	9	7	1	6	3	2	4	5
6	1	2	8	4	5	9	7	3
5	4	3	7	2	9	6	8	1

897

6	7	5	1	3	4	9	2	8
3	4	8	7	9	2	1	5	6
2	9	1	8	5	6	7	4	3
5	3	9	4	8	7	6	1	2
8	6	4	2	1	9	3	7	5
7	1	2	3	6	5	8	9	4
4	5	3	6	7	1	2	8	9
9	8	7	5	2	3	4	6	1
1	2	6	9	4	8	5	3	7

898

4	5	1	6	3	9	2	7	8
6	7	8	5	2	4	1	3	9
9	2	3	8	1	7	4	6	5
7	4	5	2	9	1	6	8	3
8	6	9	4	5	3	7	1	2
1	3	2	7	8	6	5	9	4
5	9	4	1	6	8	3	2	7
2	8	6	3	7	5	9	4	1
3	1	7	9	4	2	8	5	6

899

6	3	4	8	7	1	9	2	5
9	2	5	4	3	6	1	7	8
7	8	1	9	2	5	4	3	6
1	6	3	5	9	2	7	8	4
4	7	2	6	8	3	5	1	9
5	9	8	1	4	7	2	6	3
8	4	6	7	1	9	3	5	2
2	1	9	3	5	8	6	4	7
3	5	7	2	6	4	8	9	1

900

7	3	2	1	4	9	5	6	8
4	8	5	3	2	6	1	7	9
6	9	1	5	8	7	3	2	4
8	1	7	9	3	2	6	4	5
2	4	3	6	7	5	9	8	1
5	6	9	4	1	8	2	3	7
1	7	8	2	9	3	4	5	6
3	5	4	7	6	1	8	9	2
9	2	6	8	5	4	7	1	3

901

1	9	2	5	3	8	7	6	4
6	4	7	1	2	9	8	3	5
3	8	5	6	4	7	9	1	2
8	7	1	3	6	4	5	2	9
4	5	9	2	8	1	6	7	3
2	3	6	9	7	5	1	4	8
7	1	8	4	9	3	2	5	6
9	6	3	7	5	2	4	8	1
5	2	4	8	1	6	3	9	7

902

5	2	8	7	1	9	3	4	6
7	1	9	4	6	3	2	5	8
3	6	4	2	5	8	7	1	9
6	9	2	5	4	7	1	8	3
1	5	7	8	3	6	9	2	4
4	8	3	9	2	1	6	7	5
8	3	5	1	9	2	4	6	7
9	7	1	6	8	4	5	3	2
2	4	6	3	7	5	8	9	1

903

5	8	9	4	1	2	6	3	7
2	6	1	9	7	3	5	4	8
4	7	3	6	5	8	2	9	1
8	5	4	7	9	6	1	2	3
9	1	7	2	3	5	8	6	4
3	2	6	8	4	1	7	5	9
7	9	8	5	2	4	3	1	6
1	4	2	3	6	7	9	8	5
6	3	5	1	8	9	4	7	2

904

9	5	7	4	6	2	3	1	8
2	4	1	3	8	9	5	7	6
3	8	6	5	1	7	9	4	2
7	3	8	1	9	5	6	2	4
4	6	2	8	7	3	1	9	5
5	1	9	6	2	4	8	3	7
8	2	3	9	4	6	7	5	1
1	9	4	7	5	8	2	6	3
6	7	5	2	3	1	4	8	9

905

8	7	1	4	6	2	3	5	9
3	9	6	5	8	1	4	7	2
2	4	5	7	3	9	6	8	1
7	6	3	9	4	5	1	2	8
9	5	2	8	1	3	7	6	4
1	8	4	2	7	6	5	9	3
6	2	9	3	5	4	8	1	7
5	3	7	1	2	8	9	4	6
4	1	8	6	9	7	2	3	5

906

5	1	2	4	7	9	6	3	8
9	6	7	8	5	3	2	4	1
8	3	4	6	1	2	5	9	7
3	7	9	5	8	4	1	6	2
6	2	8	7	9	1	4	5	3
1	4	5	3	2	6	7	8	9
7	9	3	1	4	5	8	2	6
2	5	1	9	6	8	3	7	4
4	8	6	2	3	7	9	1	5

907

7	1	9	3	4	2	5	8	6
2	8	6	9	7	5	3	1	4
3	4	5	8	6	1	9	7	2
1	7	3	2	9	4	6	5	8
6	9	4	5	8	7	2	3	1
5	2	8	1	3	6	4	9	7
8	5	7	6	2	3	1	4	9
4	3	2	7	1	9	8	6	5
9	6	1	4	5	8	7	2	3

908

1	7	3	4	2	5	9	6	8
9	4	6	3	8	1	5	7	2
5	8	2	7	6	9	1	4	3
2	5	8	1	3	4	7	9	6
4	6	9	5	7	8	3	2	1
7	3	1	2	9	6	4	8	5
8	2	5	9	1	7	6	3	4
6	9	4	8	5	3	2	1	7
3	1	7	6	4	2	8	5	9

909

2	9	8	6	3	4	5	1	7
6	7	1	2	8	5	9	3	4
5	3	4	1	7	9	2	6	8
9	8	7	3	1	2	6	4	5
1	2	5	4	6	7	3	8	9
4	6	3	9	5	8	1	7	2
8	5	6	7	2	1	4	9	3
7	1	9	5	4	3	8	2	6
3	4	2	8	9	6	7	5	1

910

1	8	3	4	2	7	9	5	6
2	5	9	1	8	6	7	3	4
7	6	4	3	5	9	2	8	1
6	3	2	9	7	5	1	4	8
8	4	7	2	1	3	6	9	5
5	9	1	8	6	4	3	7	2
4	2	5	7	3	1	8	6	9
9	7	8	6	4	2	5	1	3
3	1	6	5	9	8	4	2	7

911

8	2	7	1	4	9	5	6	3
6	3	5	2	7	8	1	4	9
1	4	9	5	6	3	2	7	8
4	9	6	7	2	5	8	3	1
7	5	8	3	1	4	6	9	2
3	1	2	8	9	6	4	5	7
2	6	3	9	5	1	7	8	4
5	8	1	4	3	7	9	2	6
9	7	4	6	8	2	3	1	5

912

5	3	2	1	4	7	8	9	6
1	7	8	2	6	9	5	3	4
4	6	9	8	5	3	1	2	7
6	9	5	3	2	1	7	4	8
3	2	1	7	8	4	9	6	5
8	4	7	6	9	5	3	1	2
2	5	6	9	3	8	4	7	1
7	8	3	4	1	2	6	5	9
9	1	4	5	7	6	2	8	3

913

5	8	9	2	3	7	1	4	6
6	4	7	8	9	1	2	5	3
1	3	2	4	6	5	8	7	9
4	7	6	3	8	2	5	9	1
2	1	8	5	7	9	6	3	4
3	9	5	1	4	6	7	2	8
7	6	1	9	5	4	3	8	2
8	5	4	6	2	3	9	1	7
9	2	3	7	1	8	4	6	5

914

8	5	6	1	2	9	3	7	4
2	3	1	7	4	6	8	9	5
7	9	4	8	5	3	6	1	2
5	6	8	2	7	4	9	3	1
4	1	3	9	6	8	2	5	7
9	2	7	3	1	5	4	6	8
3	8	5	4	9	1	7	2	6
6	4	2	5	3	7	1	8	9
1	7	9	6	8	2	5	4	3

915

5	9	3	7	6	4	2	8	1
7	2	4	9	8	1	6	3	5
8	6	1	2	5	3	4	9	7
2	5	9	4	1	8	7	6	3
4	7	6	5	3	2	9	1	8
1	3	8	6	7	9	5	2	4
3	4	5	1	9	6	8	7	2
9	1	7	8	2	5	3	4	6
6	8	2	3	4	7	1	5	9

916

3	6	9	8	2	7	1	4	5
5	8	1	6	3	4	9	7	2
2	4	7	1	5	9	8	6	3
1	9	2	7	6	8	5	3	4
6	5	8	3	4	2	7	1	9
4	7	3	9	1	5	2	8	6
8	1	4	5	9	6	3	2	7
7	2	5	4	8	3	6	9	1
9	3	6	2	7	1	4	5	8

917

5	6	7	2	4	8	9	3	1
8	3	2	9	1	5	4	7	6
9	4	1	6	7	3	2	5	8
7	1	6	5	3	9	8	4	2
4	9	8	7	2	1	5	6	3
2	5	3	8	6	4	7	1	9
1	2	9	4	5	6	3	8	7
6	7	5	3	8	2	1	9	4
3	8	4	1	9	7	6	2	5

918

2	6	9	4	5	1	8	3	7
8	5	3	9	6	7	4	2	1
4	1	7	8	3	2	5	9	6
3	2	1	5	4	9	7	6	8
6	9	4	7	8	3	2	1	5
7	8	5	1	2	6	3	4	9
1	4	8	3	9	5	6	7	2
5	7	2	6	1	4	9	8	3
9	3	6	2	7	8	1	5	4

919

1	4	8	2	6	5	9	7	3
2	3	9	4	7	8	5	6	1
6	7	5	3	1	9	2	4	8
9	1	3	8	5	6	4	2	7
5	2	4	1	3	7	8	9	6
8	6	7	9	2	4	1	3	5
3	9	6	5	8	2	7	1	4
4	5	1	7	9	3	6	8	2
7	8	2	6	4	1	3	5	9

920

6	9	1	8	5	2	7	3	4
3	7	2	4	9	6	5	1	8
8	5	4	7	3	1	6	2	9
9	1	6	5	2	8	4	7	3
7	2	3	1	4	9	8	5	6
5	4	8	3	6	7	2	9	1
4	6	7	9	1	5	3	8	2
1	3	5	2	8	4	9	6	7
2	8	9	6	7	3	1	4	5

921

7	8	6	3	1	9	5	4	2
5	2	1	4	7	8	3	6	9
4	9	3	6	2	5	1	8	7
8	5	9	7	4	2	6	3	1
1	6	4	9	8	3	2	7	5
2	3	7	1	5	6	4	9	8
3	1	2	8	6	7	9	5	4
9	4	8	5	3	1	7	2	6
6	7	5	2	9	4	8	1	3

922

4	3	9	8	6	2	5	1	7
1	8	6	3	5	7	4	2	9
2	7	5	9	4	1	6	8	3
3	2	7	5	1	9	8	4	6
6	4	1	7	2	8	3	9	5
5	9	8	6	3	4	2	7	1
7	1	3	4	8	5	9	6	2
9	6	4	2	7	3	1	5	8
8	5	2	1	9	6	7	3	4

923

2	6	9	1	5	8	7	4	3
5	4	1	3	2	7	8	6	9
7	8	3	6	4	9	5	1	2
8	7	6	2	3	5	4	9	1
9	5	4	8	6	1	3	2	7
3	1	2	9	7	4	6	8	5
6	9	7	5	8	2	1	3	4
1	3	5	4	9	6	2	7	8
4	2	8	7	1	3	9	5	6

924

4	5	1	8	9	2	7	3	6
8	2	6	7	5	3	1	4	9
3	7	9	6	4	1	2	8	5
5	1	8	3	2	6	9	7	4
6	3	2	4	7	9	5	1	8
7	9	4	5	1	8	3	6	2
1	8	7	2	6	5	4	9	3
9	6	5	1	3	4	8	2	7
2	4	3	9	8	7	6	5	1

925

9	3	6	7	2	8	1	4	5
2	5	7	9	4	1	8	6	3
4	1	8	5	3	6	9	2	7
8	4	1	2	6	5	7	3	9
3	2	9	4	1	7	5	8	6
7	6	5	3	8	9	2	1	4
1	9	3	8	5	4	6	7	2
5	8	4	6	7	2	3	9	1
6	7	2	1	9	3	4	5	8

926

9	2	4	1	6	3	5	7	8
7	3	5	2	4	8	9	6	1
1	6	8	9	5	7	2	4	3
4	7	3	5	8	1	6	2	9
8	5	1	6	2	9	7	3	4
6	9	2	7	3	4	1	8	5
5	8	7	4	1	2	3	9	6
3	1	9	8	7	6	4	5	2
2	4	6	3	9	5	8	1	7

927

6	5	2	4	9	1	3	8	7
4	3	8	6	2	7	1	9	5
1	7	9	3	8	5	6	4	2
5	4	1	2	7	6	9	3	8
9	8	3	5	1	4	7	2	6
7	2	6	9	3	8	4	5	1
2	1	4	7	5	3	8	6	9
3	9	7	8	6	2	5	1	4
8	6	5	1	4	9	2	7	3

928

3	2	1	8	5	4	6	9	7
6	8	4	3	9	7	2	1	5
7	9	5	6	2	1	8	4	3
4	1	2	7	3	8	9	5	6
8	3	9	5	1	6	4	7	2
5	6	7	2	4	9	1	3	8
9	5	3	1	6	2	7	8	4
2	4	8	9	7	5	3	6	1
1	7	6	4	8	3	5	2	9

929

3	4	2	7	8	6	9	1	5
8	6	1	2	5	9	7	4	3
7	9	5	3	1	4	2	8	6
5	1	8	6	9	3	4	2	7
9	2	6	4	7	5	1	3	8
4	3	7	1	2	8	6	5	9
2	8	3	9	6	1	5	7	4
1	5	9	8	4	7	3	6	2
6	7	4	5	3	2	8	9	1

930

8	5	9	1	6	4	7	2	3
2	6	7	3	8	5	4	1	9
3	1	4	7	9	2	6	8	5
6	4	8	5	2	3	9	7	1
5	7	3	8	1	9	2	6	4
1	9	2	4	7	6	3	5	8
7	2	5	9	3	8	1	4	6
9	8	6	2	4	1	5	3	7
4	3	1	6	5	7	8	9	2

931

9	4	2	3	8	1	6	5	7
3	5	8	9	7	6	2	4	1
1	7	6	5	4	2	8	9	3
6	3	4	1	2	7	5	8	9
7	2	1	8	9	5	4	3	6
8	9	5	4	6	3	7	1	2
2	8	3	6	1	4	9	7	5
4	1	7	2	5	9	3	6	8
5	6	9	7	3	8	1	2	4

932

2	1	9	5	6	4	7	3	8
6	8	5	2	3	7	1	4	9
4	3	7	9	1	8	6	2	5
9	4	1	8	7	3	2	5	6
7	2	6	4	5	1	9	8	3
8	5	3	6	9	2	4	7	1
1	6	8	7	2	5	3	9	4
5	9	2	3	4	6	8	1	7
3	7	4	1	8	9	5	6	2

933

5	9	4	3	8	7	2	1	6
7	3	2	9	1	6	5	4	8
1	8	6	2	5	4	7	3	9
4	1	7	6	2	3	8	9	5
3	2	5	8	9	1	4	6	7
8	6	9	4	7	5	1	2	3
2	7	3	1	6	8	9	5	4
9	4	8	5	3	2	6	7	1
6	5	1	7	4	9	3	8	2

934

5	3	1	7	8	2	4	6	9
2	6	4	9	1	5	7	8	3
7	8	9	3	6	4	5	2	1
6	4	3	5	7	1	2	9	8
9	5	2	4	3	8	1	7	6
1	7	8	2	9	6	3	5	4
4	9	5	8	2	3	6	1	7
3	1	7	6	5	9	8	4	2
8	2	6	1	4	7	9	3	5

935

5	4	6	1	3	7	2	8	9
8	7	3	2	9	6	1	4	5
1	2	9	4	5	8	6	3	7
9	6	5	3	7	1	8	2	4
3	1	7	8	4	2	5	9	6
2	8	4	5	6	9	3	7	1
7	3	1	9	2	5	4	6	8
6	5	2	7	8	4	9	1	3
4	9	8	6	1	3	7	5	2

936

9	7	8	1	4	2	3	6	5
1	3	4	7	6	5	8	2	9
6	5	2	8	9	3	7	4	1
4	2	3	9	1	7	5	8	6
7	1	9	6	5	8	2	3	4
8	6	5	3	2	4	1	9	7
3	4	1	2	7	6	9	5	8
5	8	7	4	3	9	6	1	2
2	9	6	5	8	1	4	7	3

937

7	9	6	4	5	1	2	8	3
8	3	5	2	6	7	4	1	9
1	4	2	9	8	3	5	7	6
4	5	7	1	3	6	9	2	8
9	2	3	7	4	8	1	6	5
6	8	1	5	9	2	7	3	4
2	6	9	3	7	4	8	5	1
5	7	8	6	1	9	3	4	2
3	1	4	8	2	5	6	9	7

938

4	6	2	9	1	5	7	8	3
7	8	5	2	3	6	1	4	9
1	3	9	7	4	8	6	2	5
8	1	6	3	5	9	2	7	4
5	9	4	1	2	7	3	6	8
2	7	3	6	8	4	9	5	1
9	5	1	8	6	2	4	3	7
6	4	7	5	9	3	8	1	2
3	2	8	4	7	1	5	9	6

939

6	5	3	8	9	2	1	7	4
8	1	7	4	6	3	5	2	9
9	2	4	5	1	7	8	3	6
1	7	6	2	3	9	4	5	8
2	4	8	7	5	1	9	6	3
5	3	9	6	8	4	7	1	2
3	6	1	9	7	8	2	4	5
7	9	2	3	4	5	6	8	1
4	8	5	1	2	6	3	9	7

940

7	8	9	3	6	5	4	1	2
3	1	6	9	4	2	5	8	7
4	5	2	8	1	7	3	6	9
6	7	4	5	2	8	9	3	1
2	9	5	6	3	1	7	4	8
1	3	8	4	7	9	6	2	5
5	2	3	7	8	4	1	9	6
9	6	1	2	5	3	8	7	4
8	4	7	1	9	6	2	5	3

941

1	7	4	3	6	8	2	5	9
8	5	9	2	1	4	6	3	7
3	6	2	5	7	9	8	1	4
2	8	5	4	9	1	3	7	6
7	3	6	8	5	2	4	9	1
9	4	1	7	3	6	5	2	8
5	9	8	1	4	3	7	6	2
6	2	7	9	8	5	1	4	3
4	1	3	6	2	7	9	8	5

942

8	5	7	6	1	9	4	2	3
9	2	6	5	4	3	1	8	7
3	4	1	2	8	7	9	6	5
2	9	4	8	5	6	3	7	1
5	6	3	7	9	1	2	4	8
1	7	8	3	2	4	5	9	6
6	3	2	9	7	5	8	1	4
4	8	5	1	6	2	7	3	9
7	1	9	4	3	8	6	5	2

943

1	5	8	4	3	6	2	7	9
6	2	7	9	8	1	4	3	5
4	3	9	2	7	5	6	1	8
3	6	2	1	5	8	9	4	7
5	8	4	7	6	9	1	2	3
9	7	1	3	2	4	8	5	6
2	9	5	6	1	7	3	8	4
8	4	3	5	9	2	7	6	1
7	1	6	8	4	3	5	9	2

944

7	2	6	8	5	9	1	3	4
4	5	1	3	6	7	2	8	9
8	3	9	1	4	2	7	6	5
9	4	2	5	3	1	8	7	6
5	6	3	7	9	8	4	1	2
1	7	8	6	2	4	9	5	3
3	9	7	4	1	5	6	2	8
2	8	5	9	7	6	3	4	1
6	1	4	2	8	3	5	9	7

945

9	7	3	6	2	1	5	4	8
5	4	1	7	3	8	9	6	2
6	2	8	5	4	9	7	1	3
7	1	4	9	6	2	3	8	5
2	8	9	3	1	5	6	7	4
3	5	6	8	7	4	2	9	1
8	6	5	1	9	3	4	2	7
4	3	7	2	8	6	1	5	9
1	9	2	4	5	7	8	3	6

946

5	1	6	9	7	2	3	4	8
3	8	2	6	5	4	1	9	7
4	7	9	1	8	3	5	2	6
8	2	3	7	1	9	6	5	4
6	9	5	2	4	8	7	3	1
1	4	7	3	6	5	9	8	2
7	3	8	5	2	6	4	1	9
9	6	4	8	3	1	2	7	5
2	5	1	4	9	7	8	6	3

947

1	9	4	7	5	3	6	2	8
6	5	2	8	4	9	1	3	7
7	3	8	1	2	6	4	5	9
4	7	3	5	9	2	8	1	6
8	2	9	3	6	1	5	7	4
5	1	6	4	7	8	3	9	2
2	8	5	9	1	4	7	6	3
3	6	1	2	8	7	9	4	5
9	4	7	6	3	5	2	8	1

948

6	5	8	9	3	7	2	1	4
4	2	3	5	1	8	6	7	9
9	7	1	4	6	2	5	3	8
2	1	6	8	4	9	3	5	7
8	9	5	3	7	6	4	2	1
3	4	7	2	5	1	9	8	6
1	8	4	6	2	3	7	9	5
7	6	2	1	9	5	8	4	3
5	3	9	7	8	4	1	6	2

949

4	1	5	8	9	6	7	2	3
7	8	6	3	2	1	9	4	5
9	3	2	4	5	7	8	1	6
6	5	7	1	3	4	2	8	9
8	2	9	6	7	5	1	3	4
1	4	3	2	8	9	5	6	7
3	9	4	7	1	8	6	5	2
5	6	8	9	4	2	3	7	1
2	7	1	5	6	3	4	9	8

950

2	8	1	4	7	5	9	3	6
6	9	7	3	8	2	1	5	4
5	4	3	1	6	9	2	8	7
1	6	8	2	4	7	3	9	5
7	5	9	8	3	6	4	1	2
3	2	4	5	9	1	6	7	8
8	3	6	7	1	4	5	2	9
4	1	2	9	5	8	7	6	3
9	7	5	6	2	3	8	4	1

951

8	2	4	9	3	7	1	6	5
9	5	7	8	1	6	3	4	2
6	3	1	4	5	2	9	7	8
3	4	6	1	2	5	8	9	7
2	7	5	3	9	8	6	1	4
1	9	8	6	7	4	2	5	3
5	6	9	2	4	3	7	8	1
7	8	3	5	6	1	4	2	9
4	1	2	7	8	9	5	3	6

952

7	9	6	3	1	8	4	5	2
2	1	3	5	4	6	9	8	7
8	5	4	7	9	2	6	1	3
1	4	7	2	5	9	8	3	6
6	8	9	1	3	4	2	7	5
3	2	5	8	6	7	1	9	4
4	6	1	9	7	3	5	2	8
5	7	8	6	2	1	3	4	9
9	3	2	4	8	5	7	6	1

953

6	9	5	1	2	4	3	7	8
3	2	4	7	8	6	1	5	9
1	7	8	9	5	3	4	6	2
5	8	6	3	1	2	9	4	7
2	4	9	6	7	5	8	3	1
7	1	3	4	9	8	6	2	5
9	6	1	2	4	7	5	8	3
4	5	7	8	3	1	2	9	6
8	3	2	5	6	9	7	1	4

954

4	2	7	9	6	8	3	1	5
6	1	3	2	5	7	4	8	9
9	5	8	3	4	1	6	2	7
5	7	4	6	8	2	9	3	1
8	9	2	7	1	3	5	6	4
3	6	1	5	9	4	2	7	8
2	8	6	4	7	9	1	5	3
1	3	9	8	2	5	7	4	6
7	4	5	1	3	6	8	9	2

955

4	3	7	2	5	6	8	9	1
1	8	5	9	3	7	4	2	6
6	2	9	4	1	8	5	7	3
2	1	6	8	7	3	9	5	4
8	7	3	5	9	4	1	6	2
9	5	4	1	6	2	7	3	8
7	9	2	6	8	1	3	4	5
3	6	1	7	4	5	2	8	9
5	4	8	3	2	9	6	1	7

956

4	6	9	8	5	2	3	1	7
8	3	5	7	1	6	2	9	4
7	1	2	4	9	3	6	8	5
1	2	4	6	3	5	9	7	8
9	7	6	2	8	4	5	3	1
5	8	3	1	7	9	4	6	2
3	9	1	5	2	7	8	4	6
2	4	8	9	6	1	7	5	3
6	5	7	3	4	8	1	2	9

957

4	9	5	3	7	1	6	2	8
3	1	6	8	2	5	7	4	9
2	7	8	6	4	9	5	1	3
8	4	9	1	5	2	3	6	7
5	2	3	9	6	7	4	8	1
7	6	1	4	3	8	2	9	5
9	3	2	5	1	6	8	7	4
1	5	7	2	8	4	9	3	6
6	8	4	7	9	3	1	5	2

958

1	8	4	2	3	6	9	5	7
6	9	2	5	7	1	3	8	4
3	5	7	8	4	9	2	6	1
8	3	6	9	1	5	7	4	2
4	7	9	3	2	8	5	1	6
5	2	1	7	6	4	8	3	9
7	6	5	4	8	2	1	9	3
9	4	3	1	5	7	6	2	8
2	1	8	6	9	3	4	7	5

959

3	2	8	1	7	5	6	9	4
4	5	7	9	2	6	3	8	1
9	6	1	4	3	8	5	2	7
8	4	5	2	1	9	7	6	3
6	3	9	8	4	7	1	5	2
7	1	2	5	6	3	9	4	8
1	8	6	3	9	2	4	7	5
5	9	4	7	8	1	2	3	6
2	7	3	6	5	4	8	1	9

960

2	9	6	1	7	3	8	4	5
8	4	1	5	6	9	2	7	3
3	7	5	8	4	2	1	6	9
6	2	3	4	5	1	7	9	8
5	1	4	7	9	8	6	3	2
9	8	7	2	3	6	4	5	1
1	5	9	6	2	4	3	8	7
4	3	8	9	1	7	5	2	6
7	6	2	3	8	5	9	1	4

961

9	1	6	7	5	2	4	3	8
8	3	5	4	6	9	2	7	1
2	7	4	1	8	3	6	9	5
1	4	3	9	2	6	8	5	7
5	9	2	3	7	8	1	6	4
6	8	7	5	1	4	9	2	3
4	5	9	2	3	1	7	8	6
7	2	8	6	4	5	3	1	9
3	6	1	8	9	7	5	4	2

962

2	6	4	5	8	9	3	1	7
9	7	5	4	3	1	6	2	8
8	1	3	7	6	2	5	9	4
5	8	2	9	1	6	4	7	3
6	9	1	3	4	7	2	8	5
3	4	7	2	5	8	1	6	9
1	5	8	6	7	3	9	4	2
4	2	6	8	9	5	7	3	1
7	3	9	1	2	4	8	5	6

963

7	5	4	6	9	1	2	3	8
8	9	1	3	2	5	4	6	7
6	3	2	7	4	8	5	1	9
1	2	5	8	3	4	7	9	6
9	6	8	1	5	7	3	2	4
4	7	3	9	6	2	1	8	5
2	8	7	4	1	9	6	5	3
3	1	9	5	7	6	8	4	2
5	4	6	2	8	3	9	7	1

964

4	5	6	8	9	2	7	1	3
2	9	1	4	3	7	8	6	5
3	8	7	1	6	5	2	9	4
9	7	2	3	8	4	1	5	6
8	6	4	5	1	9	3	7	2
5	1	3	7	2	6	4	8	9
6	3	8	9	4	1	5	2	7
7	4	9	2	5	8	6	3	1
1	2	5	6	7	3	9	4	8

965

7	8	6	5	2	1	9	4	3
5	1	3	9	6	4	2	7	8
4	9	2	7	8	3	1	5	6
3	5	7	4	1	6	8	9	2
9	2	8	3	5	7	4	6	1
1	6	4	2	9	8	5	3	7
6	7	9	1	4	2	3	8	5
2	3	5	8	7	9	6	1	4
8	4	1	6	3	5	7	2	9

966

9	6	5	4	1	2	7	3	8
1	8	4	9	7	3	2	6	5
2	7	3	6	8	5	4	9	1
3	5	1	8	2	6	9	4	7
4	2	6	5	9	7	1	8	3
7	9	8	1	3	4	6	5	2
6	1	2	3	5	9	8	7	4
5	4	7	2	6	8	3	1	9
8	3	9	7	4	1	5	2	6

967

9	6	5	1	7	4	3	8	2
7	4	2	3	8	6	1	9	5
1	3	8	9	5	2	7	4	6
6	5	7	8	3	9	2	1	4
8	2	1	4	6	7	9	5	3
4	9	3	5	2	1	8	6	7
3	7	4	6	1	8	5	2	9
2	8	6	7	9	5	4	3	1
5	1	9	2	4	3	6	7	8

968

7	9	3	2	8	4	5	1	6
8	5	1	9	3	6	7	2	4
6	4	2	5	1	7	9	8	3
2	8	5	4	9	3	1	6	7
9	3	7	6	5	1	8	4	2
1	6	4	7	2	8	3	5	9
5	7	9	1	4	2	6	3	8
3	2	6	8	7	5	4	9	1
4	1	8	3	6	9	2	7	5

969

6	3	8	7	4	2	1	5	9
7	5	4	1	9	8	2	3	6
1	2	9	5	3	6	8	7	4
5	6	1	2	8	9	3	4	7
2	4	3	6	7	1	5	9	8
9	8	7	3	5	4	6	1	2
8	1	5	9	2	7	4	6	3
3	7	2	4	6	5	9	8	1
4	9	6	8	1	3	7	2	5

970

1	8	4	9	5	3	2	7	6
2	7	6	4	8	1	5	9	3
5	3	9	2	7	6	1	8	4
7	4	8	1	3	9	6	2	5
9	6	2	5	4	7	8	3	1
3	1	5	6	2	8	7	4	9
8	2	1	3	9	5	4	6	7
4	5	3	7	6	2	9	1	8
6	9	7	8	1	4	3	5	2

971

3	6	9	4	7	2	8	5	1
7	5	1	8	3	9	2	6	4
2	4	8	6	5	1	9	3	7
9	8	3	2	6	7	1	4	5
1	2	5	9	4	3	7	8	6
6	7	4	1	8	5	3	2	9
8	3	6	7	9	4	5	1	2
4	1	7	5	2	8	6	9	3
5	9	2	3	1	6	4	7	8

972

4	3	8	6	7	9	5	2	1
1	2	5	8	3	4	7	6	9
6	7	9	5	2	1	3	4	8
9	1	7	4	8	5	2	3	6
5	8	4	2	6	3	9	1	7
2	6	3	9	1	7	4	8	5
3	9	2	1	5	8	6	7	4
7	5	1	3	4	6	8	9	2
8	4	6	7	9	2	1	5	3

973

5	6	9	1	3	2	7	4	8
1	4	8	9	6	7	2	3	5
2	3	7	4	8	5	9	6	1
7	8	6	2	1	9	3	5	4
3	5	2	6	4	8	1	7	9
9	1	4	7	5	3	8	2	6
8	2	3	5	9	4	6	1	7
4	7	1	8	2	6	5	9	3
6	9	5	3	7	1	4	8	2

974

9	3	2	4	5	6	8	1	7
6	1	5	8	9	7	3	2	4
7	4	8	2	3	1	6	9	5
8	9	1	7	6	3	4	5	2
5	7	4	9	2	8	1	6	3
3	2	6	5	1	4	7	8	9
1	5	7	3	8	2	9	4	6
4	8	9	6	7	5	2	3	1
2	6	3	1	4	9	5	7	8

975

8	4	1	5	3	6	9	2	7
5	2	3	7	8	9	6	4	1
6	7	9	1	2	4	5	3	8
4	9	8	2	7	5	1	6	3
7	1	5	4	6	3	8	9	2
2	3	6	9	1	8	7	5	4
9	8	2	6	4	7	3	1	5
3	5	4	8	9	1	2	7	6
1	6	7	3	5	2	4	8	9

976

3	2	5	4	9	7	6	1	8
7	9	4	6	1	8	2	5	3
6	1	8	3	2	5	9	7	4
8	5	2	7	3	9	1	4	6
4	3	6	8	5	1	7	2	9
9	7	1	2	6	4	3	8	5
5	6	7	9	4	2	8	3	1
2	4	3	1	8	6	5	9	7
1	8	9	5	7	3	4	6	2

977

7	1	5	6	9	2	8	4	3
2	6	3	4	8	5	7	9	1
4	9	8	7	1	3	5	6	2
9	5	7	2	4	8	3	1	6
6	3	1	5	7	9	2	8	4
8	4	2	3	6	1	9	7	5
1	2	9	8	5	6	4	3	7
5	7	6	9	3	4	1	2	8
3	8	4	1	2	7	6	5	9

978

8	1	6	7	5	2	4	3	9
7	2	4	3	9	8	6	1	5
5	3	9	1	6	4	8	2	7
1	4	7	2	3	6	9	5	8
9	8	2	5	4	7	1	6	3
6	5	3	8	1	9	2	7	4
4	6	5	9	7	1	3	8	2
2	7	1	4	8	3	5	9	6
3	9	8	6	2	5	7	4	1

979

8	4	3	6	1	2	9	7	5
5	1	2	7	9	8	3	4	6
9	6	7	3	5	4	8	2	1
4	3	1	5	8	7	6	9	2
2	5	8	9	6	1	4	3	7
6	7	9	4	2	3	1	5	8
1	9	4	8	7	5	2	6	3
3	2	5	1	4	6	7	8	9
7	8	6	2	3	9	5	1	4

980

4	3	8	5	2	1	9	6	7
5	1	2	7	6	9	8	3	4
9	6	7	8	3	4	5	2	1
8	5	3	6	7	2	4	1	9
2	9	4	1	5	8	3	7	6
6	7	1	9	4	3	2	5	8
7	4	6	3	8	5	1	9	2
3	2	9	4	1	6	7	8	5
1	8	5	2	9	7	6	4	3

981

4	9	2	7	3	5	8	1	6
7	1	3	6	2	8	4	5	9
6	8	5	1	4	9	2	3	7
8	6	4	5	9	2	3	7	1
9	5	1	3	7	4	6	2	8
2	3	7	8	6	1	9	4	5
3	4	8	9	5	7	1	6	2
1	7	6	2	8	3	5	9	4
5	2	9	4	1	6	7	8	3

982

8	5	3	4	2	9	6	7	1
2	9	6	1	7	8	3	4	5
1	4	7	5	6	3	9	8	2
3	8	9	7	4	1	2	5	6
5	1	2	8	3	6	4	9	7
7	6	4	2	9	5	8	1	3
9	2	1	6	8	7	5	3	4
4	7	8	3	5	2	1	6	9
6	3	5	9	1	4	7	2	8

983

3	1	4	6	8	7	5	2	9
5	8	7	2	9	4	6	1	3
2	9	6	3	1	5	4	7	8
9	6	3	4	7	8	1	5	2
8	4	1	5	2	6	3	9	7
7	5	2	9	3	1	8	6	4
6	7	5	8	4	2	9	3	1
1	3	8	7	6	9	2	4	5
4	2	9	1	5	3	7	8	6

984

2	3	1	4	8	6	5	7	9
6	8	9	7	5	3	2	4	1
7	5	4	2	1	9	3	6	8
3	9	2	6	7	5	8	1	4
8	4	6	9	3	1	7	5	2
5	1	7	8	2	4	6	9	3
9	7	3	5	4	2	1	8	6
1	6	5	3	9	8	4	2	7
4	2	8	1	6	7	9	3	5

985

7	9	2	8	6	4	5	3	1
5	3	1	9	2	7	4	8	6
4	6	8	5	3	1	9	2	7
2	8	7	4	9	6	3	1	5
6	4	9	1	5	3	2	7	8
3	1	5	7	8	2	6	4	9
9	5	4	2	1	8	7	6	3
8	2	3	6	7	9	1	5	4
1	7	6	3	4	5	8	9	2

986

5	9	1	2	7	3	8	4	6
4	7	6	5	9	8	3	1	2
2	3	8	4	6	1	5	9	7
1	8	7	3	5	9	2	6	4
9	5	3	6	2	4	7	8	1
6	2	4	8	1	7	9	3	5
3	1	9	7	4	5	6	2	8
7	4	2	9	8	6	1	5	3
8	6	5	1	3	2	4	7	9

987

4	3	9	7	2	6	5	8	1
7	1	8	9	3	5	2	4	6
2	5	6	8	1	4	9	3	7
9	2	7	6	8	3	4	1	5
5	8	3	4	9	1	6	7	2
1	6	4	5	7	2	8	9	3
6	7	5	1	4	9	3	2	8
8	4	2	3	6	7	1	5	9
3	9	1	2	5	8	7	6	4

988

4	2	9	7	5	6	1	3	8
7	5	3	1	8	9	2	6	4
1	8	6	4	2	3	5	7	9
2	3	7	6	9	8	4	1	5
6	9	1	5	4	2	3	8	7
5	4	8	3	7	1	9	2	6
3	7	2	9	6	4	8	5	1
8	6	4	2	1	5	7	9	3
9	1	5	8	3	7	6	4	2

989

1	5	9	8	6	3	4	2	7
4	2	6	5	1	7	9	3	8
8	3	7	4	2	9	5	6	1
9	8	1	3	5	4	6	7	2
6	7	5	2	9	8	1	4	3
3	4	2	6	7	1	8	9	5
2	1	8	9	3	6	7	5	4
7	9	3	1	4	5	2	8	6
5	6	4	7	8	2	3	1	9

990

7	4	8	5	9	2	6	3	1
5	1	2	7	3	6	9	4	8
6	9	3	1	4	8	7	5	2
4	7	5	6	8	3	1	2	9
1	2	9	4	5	7	8	6	3
8	3	6	9	2	1	4	7	5
2	5	1	8	6	4	3	9	7
9	8	4	3	7	5	2	1	6
3	6	7	2	1	9	5	8	4

991

9	1	2	6	3	5	8	4	7
3	5	7	9	8	4	6	1	2
4	8	6	7	2	1	9	3	5
1	9	8	4	5	7	2	6	3
6	3	4	2	1	8	5	7	9
7	2	5	3	9	6	1	8	4
8	4	9	1	7	2	3	5	6
5	6	3	8	4	9	7	2	1
2	7	1	5	6	3	4	9	8

992

2	9	3	6	5	7	8	4	1
5	6	8	3	4	1	2	9	7
7	1	4	8	9	2	3	5	6
9	2	7	5	8	3	6	1	4
3	4	1	9	7	6	5	8	2
6	8	5	2	1	4	9	7	3
8	7	2	1	6	5	4	3	9
1	3	9	4	2	8	7	6	5
4	5	6	7	3	9	1	2	8

993

4	7	5	9	8	2	6	1	3
2	3	8	6	1	4	9	5	7
6	1	9	3	7	5	2	8	4
1	5	2	7	9	3	8	4	6
9	6	7	8	4	1	5	3	2
8	4	3	2	5	6	1	7	9
3	8	1	4	2	9	7	6	5
5	9	4	1	6	7	3	2	8
7	2	6	5	3	8	4	9	1

994

6	8	9	5	3	2	7	1	4
7	5	1	8	9	4	2	3	6
4	2	3	7	1	6	5	8	9
3	7	6	4	5	8	1	9	2
8	9	5	2	6	1	4	7	3
2	1	4	9	7	3	6	5	8
9	6	8	1	4	5	3	2	7
1	3	2	6	8	7	9	4	5
5	4	7	3	2	9	8	6	1

995

2	5	4	1	7	9	3	6	8
1	9	6	8	2	3	5	7	4
8	7	3	4	6	5	1	9	2
7	8	9	5	3	1	4	2	6
4	2	5	7	8	6	9	3	1
3	6	1	9	4	2	8	5	7
9	3	8	2	1	7	6	4	5
5	4	7	6	9	8	2	1	3
6	1	2	3	5	4	7	8	9

996

9	7	2	5	4	1	6	3	8
3	8	5	2	7	6	9	4	1
1	6	4	3	8	9	5	2	7
7	3	9	8	5	2	4	1	6
5	4	6	1	9	7	2	8	3
8	2	1	6	3	4	7	9	5
4	9	8	7	6	3	1	5	2
2	5	7	4	1	8	3	6	9
6	1	3	9	2	5	8	7	4

997

2	4	3	6	1	5	8	7	9
7	6	9	3	4	8	5	1	2
1	8	5	7	9	2	3	6	4
8	5	1	2	3	6	4	9	7
6	2	4	8	7	9	1	3	5
9	3	7	4	5	1	2	8	6
5	9	8	1	2	7	6	4	3
3	7	6	5	8	4	9	2	1
4	1	2	9	6	3	7	5	8

998

4	1	7	9	8	2	6	5	3
3	8	6	5	4	7	2	1	9
5	9	2	1	3	6	7	4	8
6	7	8	3	9	4	5	2	1
2	4	5	6	1	8	3	9	7
1	3	9	2	7	5	4	8	6
9	6	1	4	5	3	8	7	2
8	2	4	7	6	1	9	3	5
7	5	3	8	2	9	1	6	4

999

1	8	4	6	7	9	5	2	3
9	3	2	5	1	8	4	7	6
7	5	6	4	3	2	9	8	1
5	2	8	7	6	3	1	4	9
4	1	9	2	8	5	6	3	7
6	7	3	9	4	1	2	5	8
3	9	7	1	2	4	8	6	5
8	4	1	3	5	6	7	9	2
2	6	5	8	9	7	3	1	4

1000

1	2	6	7	9	3	8	4	5
8	9	4	5	1	6	3	7	2
7	3	5	2	8	4	9	6	1
2	4	1	3	7	9	5	8	6
6	5	9	8	4	2	7	1	3
3	8	7	6	5	1	4	2	9
4	6	3	9	2	8	1	5	7
5	1	2	4	3	7	6	9	8
9	7	8	1	6	5	2	3	4

www.ingramcontent.com/pod-product-compliance
Lightning Source LLC
Chambersburg PA
CBHW081333080526
44588CB00017B/2602
* 9 7 8 1 9 2 2 3 6 4 4 3 2 *